南京大学人文基金资助集刊
中文社会科学引文索引（CSSCI）来源集刊

民国研究

STUDIES ON REPUBLICAN CHINA

2016年秋季号　总第30辑

主　编／朱庆葆

社会科学文献出版社
SOCIAL SCIENCES ACADEMIC PRESS (CHINA)

《民国研究》学术委员会

民国研究
2016年秋季号　总第30辑

目　录

经济史研究

文化与社会

孙中山研究

研究评述

书评

Studies on Republican China
Autumn 2016 No. 30

Contents

Special Topic of Sun Yat-Sen

Academic Review

Book Review

Call for Papers

【抗日战争研究】

雷鸣远的抗日实践及其救国思想

张献忠*

提　要　雷鸣远是比利时籍传教士，也是《益世报》的创办人。他不仅积极倡导中国本土化的传教策略，而且还努力"成为其中的一员"，实现了"中国人"的自我认同。为此他经常以中国人自居，并加入中国国籍。抗战爆发后，他率领耀汉兄弟会和德来修女会的修士参加中国的抗战事业，不仅积极进行抗日宣传和舆论动员，还追随二十九军，成立救护队和野战医院，全力救护伤员。他还在中条山成立了公教便衣队，亲自参加战斗。

关键词　雷鸣远　公教便衣队　救国思想

雷鸣远（Vincent Lebbe，1877－1940），原名腓特烈，是清末民初来华的比利时籍传教士，也是民国四大报刊之一——《益世报》的创办人。抗战爆发后，雷鸣远又积极支持并亲率修士参与中国的抗日事业。对于这样一位对中国近代报刊业和抗战事业都做出卓越贡献的传教士，国内学术界理应引起重视，但截至目前，对于雷鸣远的研究还非常薄弱。虽然中国近代报刊史的专著基本上都无法绕开雷鸣远及其创办的《益世报》，但大都停留于简单的介绍，对于雷鸣远在中国的活动未能展开论述。关于雷鸣远的专题论文仅有寥寥数篇，且大都集中在其在中国的传教活动和社会改良上。如侯杰、刘宇聪《雷鸣远与清末民初天津社会》（赵建敏主编《天主教研究论辑》第3辑，宗教文化出版社，2006），王玉鹏《国家主义视野下的雷鸣远和他在中国的事业》（华中师范大学硕士学位论文，2008）、李

* 天津社会科学院历史研究所、天津历史文化研究中心研究员。

钊《雷鸣远凭借〈益世报〉的传教活动——以〈益世报〉“宗教丛谈”栏目为中心的考察》（《天津档案与历史》第 1 辑，天津人民出版社，2008），《雷鸣远与近代中国天主教本地化运动的发端》（《基督宗教研究》2014 年第 1 期），侯杰、王凤《〈益世报〉与雷鸣远探析——以〈天津文史资料选辑〉为中心的考察》等。这些论文只有《〈益世报〉与雷鸣远探析》中有一部分讲到雷鸣远的抗日活动。另外，还有几篇文章虽然在谈及《益世报》与抗日舆论时提到雷鸣远，如杨东伶《二十世纪三十年代〈益世报〉罗隆基抗日言论述评》（天津师范大学硕士论文，2007）、马彬《九一八事变后〈益世报〉的对日舆论》（《首都师范大学学报》2011 年增刊）等，但主要是围绕全面抗战前《益世报》的抗日宣传与动员展开，基本未涉及雷鸣远本人的抗日活动。迄今为止，对于雷鸣远的抗日活动，尚未有专文论述。下面，笔者在分析雷鸣远的“中国人”自我身份认同的基础上，对其抗日活动及爱国救国思想加以系统阐释，以就教于方家。

一　雷鸣远的“中国人”自我身份认同

雷鸣远的父母都是天主教徒。11 岁时，雷鸣远就决心加入遣使会并赴中国传教，18 岁时正式加入遣使会。1901 年，24 岁的雷鸣远终于实现了自己的夙愿，被派往中国传教，先是任京东大口屯总堂区（在今天津宝坻区大口屯镇）副本堂司铎，次年又先后任武清小韩村、皇后店（位于北京海淀区北部）等地本堂司铎。1906 年 9 月，升任天津总堂区总铎职，后因在老西开事件中积极支持中国人民反对法国占领老西开地区而与上司产生矛盾，先后被充军正定和嘉兴。在天津的这段时期是雷鸣远传教生涯中最辉煌的时期，也奠定了他在全国和整个天主教界的声望与地位。为了使中国人归化天主教，实现他所提出的“中国归中国人，中国人归基督”的口号，雷鸣远积极开展各种社会工作，广泛结交社会各界人士，到天津没几天，“就拜会了本城的军政各界，并且得到了他们荣耀的接待与回拜”，“在职之官宪，如省长曹锐、厅长杨敬林，在野者如熊希龄、严范孙，皆常往来，有事随时可见，皆以交公为荣”，“雷神父与社会上的名流学者，也渐渐有了往来，并且也结了相当的友谊，这则多是由于英敛之先生的协助”。①

① 赵雅博：《雷鸣远神父传》，台中：耀汉小兄弟会，1990，第 131、132 页。该传记由雷鸣远的门生赵雅博译编汇辑，自 1957 年来，先后在《自由太平洋月刊》发表，后由雷鸣远故友牛若望副主教与张作义先生等整理编订，1963 年以单行本形式出版，1977、1990 年先后再版。

1920年，雷鸣远返欧从事中国留学生的传教工作，并就任命中国籍主教问题觐见罗马教廷传信部部长。1927年，雷鸣远重返中国，在河北省安国县一带传教，先后成立了耀汉小兄弟会和德来修女会。九一八事变后，雷鸣远神父开始投身于中国的抗日事业，1933年成立了救护队，参加长城抗战。全面抗战爆发后，雷鸣远继续跟随国民党军队抗战，除组织救护队外，还成立了便衣队和督导团、野战医院。

雷鸣远倡导“本土化”的传教策略，不仅用汉语与中国教友以及教外人士沟通，而且在生活习俗和礼仪方面也最大限度中国化，他一到中国，“立刻就将自己的房间，安排成中国样式，他找来一些线装书，一些字画，瓷器与其他代表中国文化的东西，充实了自己的卧室。衣着方面，立刻改用中国服装，用饭时，则使用竹筷而不肯使用刀叉”。[①] 他还吸长烟袋，留发辫。

雷鸣远倡导的“本土化”传教策略不仅体现在生活习俗的中国化上，在思想情感上，他也是自觉地融入中国人的精神世界，深深地爱着中国人。他还以中国人自居，并加入中国国籍，自称天津武清小韩村人。近代来中国的传教士，大都有着高高在上的优越感，“只要不是属于欧洲文明的，便是可笑可恨”，认为“中国人是一个低级民族”，“对于教友们，传教士们好似是父亲对待孩子们一样，这个低级的民族只是一个孩子的民族，中国司铎们能够是好助手，但是要他们服从，不能让他们独立，因为一独立，便有裂教的危险”。[②] 当时的传教士写回他们本国的信或者是著作，“大都是不利于中国的，而没有赞赏的报道”。[③] 他们实际上自觉或不自觉地持有一种殖民心态，在这种心态的支配下，传教士不可能融入中国社会，甚至连在食堂吃饭时，中西司铎都是分列而坐，“在上座的桌子那里，没有一个中国人”。[④] 教友们“对神父真如同当奴才的一样，在神父前总不许坐”，“在神父房里应当恭恭敬敬地站着……哪怕您是会长和老人，同一位二十多岁的年轻神父有事商量，即便该费两三小时，也得站着，若说同神父一起吃饭，那简直是异端”。[⑤] 雷神父极力反对这种做法：“力求教友外教来见神父时，亲切自然。”雷鸣远还“告诉教友们说中国人该爱中国”，他自己也是由衷地爱中国，还帮助中国人树立自尊和

---

① 赵雅博:《雷鸣远神父传》，第69页。
② 赵雅博:《雷鸣远神父传》，第67页。
③ 赵雅博:《雷鸣远神父传》，第74页。
④ 赵雅博:《雷鸣远神父传》，第68页。
⑤ 赵雅博;《雷鸣远神父传》，第128页。

自信。在涿州传教时，他将所住的地方“撤去了法国旗，而挂起了中国的龙旗”，[①] 到天津后，也是“将河楼圣堂内外的法国旗一律卸下，扯成三块，换上几面簇新的龙旗”。[②] 他在给西方友人和胞弟胞妹的信中，对中国极尽赞美，如他在初到中国时给胞弟的信中说：“你明白，那些说中国人缺点多的人，不爱中国；也就是他们阻挡中国人认清中国人。中国人有些缺点，完全如同我们一样。但是中国人所有的优点和德行，西洋人反以为是缺点。至于我，我一生当中从来没有爱过什么，像我现在爱中国民族一样，我爱外教人像爱教友一样，就是这个使我感到荣幸。”[③] 到天津传教后，雷鸣远在给胞弟的信中对天津倍加赞扬：“这里是青年的中国，全城活跃，奋发于进步和复兴。”[④]

雷鸣远认为，天主教的道理是至公的，不只属于某一个国家、某一种族，既然到一地传教，就必须成为其中的一员，必须爱这个地区的人。他在同上司文主教谈话时说：“如果有一个人不照顾心灵，他的一切作风与当地人的习俗不同，而他仍留恋他出生的本乡，越来越同圣教会为敌，谁能想这种人在中国是为救千万人的灵魂呢?”[⑤] 在给友人的信中，雷鸣远神父进一步表达了这一思想：“假若圣保禄仍是犹太人，谁救我们脱离黑暗呢？我若愿意仍做欧洲人，便是一具僵尸；人在一地传教若不成其中的一员，便不认识这些人；人若不先奉献自己，便不能获得别人。”[⑥] 正是基于这种传教理念，雷鸣远才“不再希望入法国国籍”（在罗马时，雷鸣远曾向会友们表示他有意入法国籍），[⑦] 而是加入中国国籍，并从心理和情感上完成了“中国人”的自我身份认同。这种身份认同虽然开始于其来中国之后，但却萌发于其幼时对中国的想象：“雷神父十一岁时，看到在中国传教而殉道的董文学神父的画像和中国的风光图片，在他小小心灵里，就栽植了做‘中国人’的种子。”雷神父来中国的那一年，正是八国联军侵华

① 赵雅博：《雷鸣远神父传》，第 115 页。

② 赵雅博：《雷鸣远神父传》，第 125 页。

③ 《致胞弟伯达》1901 年 7 月 13 日，耀汉小兄弟会编译《雷神父书信集》卷一第二辑《中国之旅》十一，天主教耀汉小兄弟会，第 31 ~ 32 页。

④ 《致胞弟伯达》1907 年 2 月 17 日，《雷神父书信集》卷一第三辑《天津传教》三十，第 87 页。

⑤ 《致汤作霖神父》1916 年 7 月 15 日，《雷神父书信集》卷一第四辑《充军，上诉罗马》五十一，第 143 页。

⑥ 《致友人艾典 · 司坦德》1902 年元月 19 日寄自北京，《雷神父书信集》卷一第二辑《中国之旅》十七，第 53 页。

⑦ 立珊：《春风十年》，台湾圣化月刊社，1977，第 102 页。

的第二年，看到外国人欺压中国人，“他愤慨极了，发誓要站在我国人这一边，而且要做一个中国人”，[①] 他在前述给胞弟的信中说：“我全心、全灵、全力是中国人，除此以外我不知道别的。这是我的命运，中国是我的祖国，这些人是我的弟兄，是我的孩子。”[②] 全面抗战爆发后，雷鸣远在河北安国县祝捷大会上发表演讲时，高呼：“我是中国人，我爱咱们中国。”[③]

正是基于“成为其中的一员”的本土化传教策略和“中国人”的自我身份认同，雷鸣远在很多问题上都能做到设身处地，始终站在中国人一边。他反对法国的保教权，在老西开事件中坚定地支持中国人民的反法斗争，并以《益世报》为阵地，组织动员各种反法活动。即使其上司林主教指责他投身政治，“有越轨行为”，并将其流放，他也不在原则问题上让步，丝毫也不后悔，在给其好友、另一个主教汤作霖神父的信中，雷鸣远写道：“我觉得我全身热血沸腾，我再看不到我像羔羊那样的可能性。假如我是个老百姓，我卖掉我所有的一切，为买炸药和子弹，而死在老西开。但我因为是神父，我们是弟兄，我们再一次宣誓，宁愿死在罗马，而不愿在罪恶前缄口不言。现在问题已不再是能战胜与否，而是要作战，尽我一生，只要心在跳动，这场战争永无止休。”[④] 立场之坚定由此可见。

雷鸣远之所以积极投身于中国的抗战事业，实际上也是缘于他“中国人”的自我身份认同。

二 雷鸣远的抗日活动

雷鸣远的抗日活动，最早可以追溯到 1915 年。这年 1 月，日本向袁世凯提出了“二十一条”，后经交涉，中国于 5 月 9 日接受了二十一条中的一至四条，5 月 25 日签订了中日《民四条约》。雷鸣远“誓雪国耻”，并于 5 月 23 日应天津爱国会之邀，做了一次以“爱国”为主题的演讲，听众达六千余人。[⑤] 在演讲会上，雷鸣远痛斥日本：“发起救国储金大会，大

---

① 赵雅博：《雷鸣远神父传》，第 61 页。

② 《致胞弟伯达》1901 年 7 月 13 日，《雷神父书信集》卷一第二辑《中国之旅》十一，第 33 页。

③ 立珊：《春风十年》，第 104 页。

④ 《致汤作霖神父》1916 年 11 月 15 日，《雷神父书信集》卷一第四辑《充军，上诉罗马》五十七，第 159 页。

⑤ 赵雅博：《雷鸣远神父传》，第 199 页。

声疾呼，津民为之动容。”[①]

九一八事变后的第二天，雷神父“暂停解经，改谈‘救国’”，“他从‘爱国’原理，说到‘救国’办法，一直谈到如何救国的‘实际行动’”，他还请来一位军医，训练耀汉会和德来会修士们最基本的救护动作，“准备抗战军兴时率领我们到前线救护伤病”。[②] 1933 年长城抗战时，雷鸣远率领三十余位修士，在前线抢救伤兵。[③] 长城抗战结束后，在宋哲元的支持下，雷鸣远又成立了残废军人教养院，并在成立典礼上发表讲话。他鼓励残疾军人说：“诸位现在虽然残废不能工作了（指为国作战），我劝你们不要失望，要努力其他工作，将来成家立业，生儿养女接续后代，再过二十年不依然是爱国青年吗？那时我虽是八旬老翁，若遇我国收复失地时，我老头子誓死还要同你们的子弟一同参加工作。”[④] 1936 年，绥远战起，雷鸣远“立刻前去会见傅作义，请求组织救护队，为国工作”。傅作义为雷鸣远的安全起见，想让他在后方医院工作，但雷鸣远坚持要去前线救护伤兵。[⑤]

卢沟桥事变后，中国进入全面抗战时期。事变后的第二天，雷鸣远就召集耀汉会和德来会的修士，进行抗战总动员，他说：“现在战争开始了，我们要停止一切与救国无直接关系的工作，一心来参加抗战，来报效国家！不逐出鬼子，誓不生还。”[⑥] 从此时起，雷鸣远开始全身心投入抗战事业中，不仅亲自组织、领导救护队和野战医院，成立便衣队，还通过各种方式进行抗日宣传。下面从三个方面对其抗战活动加以系统阐述。

1. 组织成立救护队和野战医院，全力救护伤员

七七事变后，雷鸣远就计划马上成立救护队，并与时任国民革命军第二十九军第三十七师师长兼河北省政府主席的冯治安商讨相关事宜，但是由于宋哲元军长处于维护地盘、保存实力的考虑，加之轻信日本“不扩大”“和平解决”“现地解决”卢沟桥事件的谎言，对和平解决卢沟桥事变抱有幻想，[⑦] “因而组织救护队的事，不得不暂作罢论”。[⑧] 8 月，雷鸣远

---

① 方豪：《中国天主教史人物传》下册，中华书局，1988；据香港公教真理学会、台中光启出版社 1973 年 12 月版影印，第 316 页。

② 立珊：《春风十年》，第 65 ~ 66 页。

③ 立珊：《春风十年》，第 102 页。

④ 赵雅博：《雷鸣远神父传》，第 464 页。

⑤ 赵雅博：《雷鸣远神父传》，第 465 页。

⑥ 赵雅博：《烽火中的雷鸣远》，自由太平洋，1965，第 1 页。

⑦ 方敏：《“七七事变”后宋哲元态度游移的原因》，《首都师范大学学报（社会科学版）》1995 年第 1 期。

⑧ 赵雅博：《烽火中的雷鸣远》，第 9 页。

又前往定县，会见了第三军副军长兼第十二师师长（9月升任军长）唐淮源，在唐的支持下，很快成立了由300名教友组成的救护队，“此后辗转涞源、易县、涞水、高碑店、满城等地，历程数千里，未尝遗弃一伤者”。[①] 10月，救护队先后参加了娘子关、新关和固关的战斗，其中娘子关战斗尤为激烈，“历十五昼夜不止”，雷鸣远虽已年逾六十，但仍然“昼夜率队员担架运送，遇重伤者、阵亡者，必亲负伏行”。[②] 新关之役，救护队员们救下的伤兵共878位。救护队初创时，师长对雷神父半信半疑，感觉雷鸣远像是一个“高等乞丐”，很多士兵也视救护队为吃闲饭的，但是新关之役后，师长改变了过去的观念，“才相信雷神父是真的伟人，是十二师的慈父”，他说：“我从来没有看见过这样的救护队，在这样的大战中，竟连一个士兵都没有丢掉！”[③]

1938年春，雷鸣远及其救护队又随军至晋东，在经过大大小小的数十次战斗后，于7月转入中条山。对于雷鸣远的抗日功勋，当时的国民政府给予高度肯定，9月颁给其一枚陆海空甲种勋章，蒋介石还电召他“赴行都汉口，会商要公”。国民党军队退守中条山后，“前后几近三年，大战十一次，日军除最后一次得手外，每战皆败，救护队……救护伤兵凡万数千人”。[④]

除了成立救护队外，雷鸣远还是野战医院实际上的组织者。在成立救护队时，雷鸣远开始拒绝接受薪饷，后经劝导，同意“按月受薪”，但所有薪饷全都“用作各种救国事业”，“起初或缴作救国捐，或飞机捐，最后大家认为最好购得大量药品，救治伤兵，雷神父嘉纳建议，每月购得许多药品，并特设医官，专为救治伤兵，无形中即成了野战医院。到后来师长颇觉感动，并极赞许这种工作，遂督促雷神父正式接管野战医院”，[⑤] 雷鸣远遂“把自己的一位得意门生——留比学生萧济医学博士请来前方充任野战医院院长，并派了几位修士襄助他，正式接管了十二师野战医院”。[⑥]

2. 成立公教便衣队

公教便衣队的成立与朱德有关。1938年3月，雷鸣远曾应山西好友成玉堂主教的邀请，协助他举办一个“追阵亡将士，并祈求抗战胜利”的祈

① 方豪：《中国天主教史人物传》下册，第319页。

② 方豪：《中国天主教史人物传》下册，第319页。

③ 赵雅博：《雷鸣远神父传》，第480页。

④ 赵雅博：《雷鸣远神父传》，第495页。

⑤ 赵雅博：《雷鸣远神父传》，第496页

⑥ 立珊：《春风十年》，第312页。

祷大会。时任十八集团军总司令的朱德也参加了祈祷大会，并捐献了100元，还做了题为“怎样打游击战”的演讲。正是受这次演讲的启发，当时的六十八团团长请雷鸣远从救护队中“挑选有作战经验，机警胆大，特别是信仰虔诚的教友，约四五十名，组织一支便衣队，配属六十八团，从事‘机动性’的战斗工作”，雷鸣远毫不犹豫地答应了，立即成立了一支公教便衣队。便衣队成立后，发挥了很大作用，在武乡之战中，“曾以二十人的兵力，和五千多重武器的日寇，鏖战五个多钟头，便衣队伤亡了八人，而死去的日寇足足有三百余个”。还有一次，六十八团以一个团的兵力三天三夜拿不下的一个山头，便衣队三个钟头就将日寇扫除殆尽。便衣队在新绛、中条山的战斗中，“大小数十战，每战当先”，杀死了大量敌人，日本人在中条山最怕的就是公教便衣队。①

3. 抗日宣传和舆论动员

要取得抗日战争的胜利，必须广泛动员社会各界的力量，增强民众的民族国家意识。雷鸣远对于宣传，特别是公共舆论在民族国家意识形成中的作用有着深刻的认识。早在1916年的老西开事件中，雷鸣远就通过《益世报》广泛动员和组织社会各界力量，反对法国对老西开的占领。② 九一八事变后，“一方面他告诉《益世报》极力鼓吹爱国，督促政府；另一方面，他应河北省政府的邀请，去会见国联李顿调查团，给他们报告东北真相”。在遭到遣使会上司的反对后，雷鸣远又“发起一个国籍主教对东北的集体意见书，由十六位国籍主教签署后，送到调查团”。③ 这一时期，抗日宣传和动员民众成为《益世报》的一项重要内容，特别是在罗隆基担任《益世报》社论主笔时期，该报发表的一千余篇社论大都以抗日救国为主题，这一切都得益于《益世报》创办人雷鸣远的支持。

全面战争爆发后，为增强国人的民族国家意识，动员民众参与抗日，雷鸣远又于1937年8月4日在安国创办了一份小型报纸——《后防报》。报纸是8开的，第一天印了500份，“不到一星期，印行了足足五千份，两星期后便突破了一万份，最后的高峰，达到了一万三四千份”。由于保定、安国先后失守，9月23日，《后防报》就被迫停刊。虽然《后防报》只存在了不到两个月，但在动员华北，尤其是河北民众积极参与抗日方面作用不可小觑：“当时的报纸的销路很是广远，安国城内，只一个人便包了一

① 耀汉小兄弟会编《抗战老人雷鸣远司铎》，台中：耀汉小兄弟会，1947，第50页。

② 参见张献忠、刘拥华《大众媒体、公共舆论与近代民族国家意识——以〈益世报〉对老西开事件的报道为中心》，《山东社会科学》2015年第4期。

③ 赵雅博：《雷鸣远神父传》，第443页。

千二百份；定县一千余份，其他各地像高阳、博野、束鹿、蠡县、辛集、保定等处，都销到千份上下，甚至南京、上海、汉口、广州等南方的都市，也都有了《后防报》的踪迹。”[①] 报纸在开始时，“尚有四分之一的文艺，其余的便是新闻，代社论的‘一日一谈’”，“后来因着读者们的建议，在这血肉横飞的抗战之下……便把文艺取消了”。其中的“一日一谈”在唤醒民众方面更是发挥了巨大力量，“使人看了不能不热血滚流，不能不矢志抗战，不能不奋发爱国，像‘血可流，头可断，卖祖国，绝不干’，像‘用我们的热血和头颅，同日本作殊死战’，‘一致精诚团结准备牺牲’，‘以必死之心，求再生之路’……”[②] 这些都极大地激发了民众的国家意识和抗战热情。

1938 年 9 月，雷鸣远应蒋介石之电召，前往武汉商谈抗战事宜。在蒋介石的支持下，雷鸣远又成立了军事委员会华北战地督导民众服务团（简称督导团），“其目的为一种精神动员，抗日宣传。发动天主教爱国力量，启发战地民众民族意识，督导战地民众协助抗战”。[③]

雷鸣远是一个优秀的演讲家，先后到宜昌、重庆和昆明等地进行抗日宣传。10 月 10 日，雷鸣远受邀参加了国民政府在汉口举行的军队大检阅，此后便率领新召集的三四十名督导团团员，舟行赴宜昌，并计划从宜昌行赴前方。在赴宜昌的轮船上，他听到武汉与广州失守的消息。到达宜昌后，雷鸣远看到这里的民气非常消沉，“第二天雷神父便开始在各处演讲，学校、机关、饭馆、茶馆、戏院、医院，到处可以听到他抗战到底，抗战必胜，抗战救国的呼声。各报争相登载雷神父的消息以及他的抗战言论。消极的宜昌，马上便积极起来，大家都有了信心”。[④] 11 月初，雷鸣远又应于斌主教之邀，到达重庆，“这里的和平空气很浓，一般要员趋向悲观，民气也很为消沉”，雷鸣远决定要立刻扭转这种风气。除会见重庆的要员并与其畅谈救国问题外，他还命令督导团成员进行集体宣传，“组织歌咏队，街头剧团，租赁了两部卡车，到市街、茶馆门口、各公共场所，歌咏、演讲、演话剧，一切都带着抗战胜利的色彩。雷神父本人则如同在宜昌一样……半月未过，重庆的空气为之一变，而成了名副其实的抗战基地。并且为使他的主张长久生活在人民的心坎里，他决定要复刊《益世报》”。[⑤] 1939 年 2

① 赵雅博：《烽火中的雷鸣远》，第 5 页。
② 赵雅博：《烽火中的雷鸣远》，第 6 页。
③ 赵雅博：《雷鸣远神父传》，第 497 页。
④ 赵雅博：《雷鸣远神父传》，第 498 页。
⑤ 赵雅博：《雷鸣远神父传》，第 499 ~ 500 页。

月，督导团到达中条山战区，“到战地后立刻出版《大家看》及《弹花画报》，在晋城将一切杂志合并出版一种日报，名《北原战报》。后又增出《督导旬刊》。另外又发明了一种文化车，是用几匹骡子驮着一些有关抗战书籍、杂志等，周游各村，或赠阅，或廉价出售……”① 督导团还从事战地难民救济工作，说服当地红枪会、大刀会，使其为国抗战。雷鸣远在督导团工作期间，还曾一度赴昆明，协调云南省政府主席云龙与蒋介石的矛盾，使其“完全支持中枢的抗日政策，后来并准许中央派遣军队，进驻滇省，奠定抗战胜利的基础”。② 雷鸣远在昆明一共住了 10 天，在学校等很多公共场所做了多次演讲。当时《益世报》已经在昆明复刊，总编辑、主笔方豪和牛若望司铎也在那里，《益世报》为雷神父发动了慰劳将士的捐款捐药运动，“捐款得十数万，药品与其他物资更是无算”。雷鸣远的抗日宣传活动更是大大激发了百姓和学生的抗战热情，有人评价其昆明之行的成就说：“他在昆明十天，对于抗战的收获，实不亚于十个月的成就。”③

雷鸣远还注重国际宣传，针对有日本公教分子“要求中国天主教教友主张和平”的荒谬言论，雷神父担心中国教友受这种言论的欺骗，更担心世界公教被欺，于是用中法两种文字发表了宣言，向全世界广播，“说明此次战争，直在我，而曲在彼”。在这篇宣言中，雷鸣远驳斥了日本少数公教分子鼓吹中国教友对日本应当和平的谬论，历数了日本侵略者给中国造成的痛苦和伤害，最后，雷鸣远指出：“和平应该奠基在正义之上，如其不然，则和平乃是虚伪的，哄人的，暂时的，作奴隶的和平乃是人类的耻辱；由耻辱而得的苟且偷生，是不值得生存的，那只是慢性的死亡，一个教友如果选取了这样的道路，那是最坏的堕落；那是最卑鄙的懦弱，那是贪生怕死，有愧责守。在教友的意识里，总不能接受这样的和平，天主选民的全部历史都在反对这样的和平……”④ 雷鸣远还与美联社记者保持联系，将中国的作战情形介绍给记者。⑤

雷鸣远还把抗战思想贯彻到日常的传教工作和生活中。有一次，他走在黄河渡口，发现没有指路牌，给行人造成诸多不便，于是他竖起了许多小牌子，牌子上写着宣传抗日救国的标语。他还曾令人修建了一座

① 赵雅博：《雷鸣远神父传》，第 502 页。
② 赵雅博：《雷鸣远神父传》，第 504 页。
③ 赵雅博：《雷鸣远神父传》，第 504 页。
④ 赵雅博：《雷鸣远神父传》，第 504 ~ 505 页。
⑤ 赵雅博：《雷鸣远神父传》，第 484 页。

纪念坊，雄峙在中条山入口，正面有“倭寇未灭，誓不生还”，背面是“男儿志气豪，义愤冲云霄，未达凯旋日，何颜出中条”。还有一次，他在火车站上，遇到“两个人打架打得难解难分，别人只看热闹”，这时雷鸣远在车站上出其不意地大喊一声“打倒日本帝国主义”，那两人不再打架了。“还有在许多车站上，他总做一点爱国的表示，不是喊‘打倒日本’，就是喊抗战万岁的口号”。[①] 所有这些都大大激发了民众的爱国热情。

三 雷鸣远的爱国救国思想及其局限性

雷鸣远积极参加抗日活动是与其爱国救国思想分不开的。雷鸣远来中国传教是在八国联军侵华后的第二年。他路过天津时，短暂停留了两天，“在天津城内，他所见到的无非是房倒屋塌，一片瓦砾，即使幸而没有倒塌的，也多不再完整。至于西洋士兵的横行霸道，残杀无辜，放火抢掠，奸淫妇女的事，更是数见不鲜”。[②] 虽然义和团以“扶清灭洋”为口号，而且将外国传教士也作为消灭的对象，但是雷鸣远在目睹了八国联军侵华的惨象后，对于义和团给予了同情和理解，“他这时的心，完全站到了义和团一边了”。[③] 雷鸣远还认为：“外国政权在中国愈有力量，教难发生便也愈多。”[④] 这时的雷鸣远便有意识地将传教与救亡结合起来，在天津时，他经常发表救国演讲，并刊行了《救国》的小册子，发行量达30000余份。

对于雷鸣远站在中国人的立场，其上司以及其他很多西方传教士都非常不理解，甚至对其横加责难。他参与老西开事件，更是激怒了其上司以及法国政府，为此他还被迫两次充军南方。雷鸣远及其耀汉兄弟会和德来会参加抗日活动，也受到许多责难。反对者认为雷鸣远“放弃训练修士修女的重要工作，到前线去救护伤兵，是愚蠢，是冒失，是越分……特别是计划叫德来会的修女也到前线，那简直是疯狂”。对此，雷鸣远用一个比喻进行了反驳，他说：“家中失了火，大哥停止到田间工作，母亲也终止到市场去买菜。……千金小姐离开闺房，提一桶水，泼向火焰，不是冒

① 赵雅博：《雷鸣远神父传》，第485页。

② 赵雅博：《雷鸣远神父传》，第61页。

③ 赵雅博：《雷鸣远神父传》，第61页。

④ 赵雅博：《雷鸣远神父传》，第65页。

失，不是越分，更不是疯狂，而是义务，是道德。”① 这就是雷鸣远的“救国如救火”思想。在雷鸣远看来，救国是本分，是义务，在国难当头之际，无论宗教信仰如何，每一个国人，都应当自觉地投入到抗日救国的洪流中。

救国是建立在爱国基础上的。爱国本来是一种朴素的民族情感，但在半殖民地的中国，中国人却被剥夺了爱国的权利。对很大一部分传教士来说也是如此，他们极力阻挠中国教友接受爱国思想，以至于认为中国人爱国是“一个缺点”。雷鸣远在充军绍兴之前，就曾接到一份《教区思想备忘录》，该备忘录就反对雷鸣远在中国所做的爱国宣传，否认中国人的爱国权利，批评中国的爱国示威和抵制外货行动。为驳斥《教区思想备忘录》中的观点，雷鸣远在给赵主教的信中阐述了他的“爱国说”。他认为，爱国“首先是一种爱情，是一种对忠诚及牺牲的创造与兴奋，是一个伟大的理想，所以也是一个伟大的力量”。基于此，雷鸣远指出，“中国的教友有权利更有义务成为爱国者，与欧美教友‘一般无二’”，“这为欧美教友是德行的，为中国教友也该是德行”。备忘录还认为中国人的爱国“可能会发生偏差”，会成为“喧哗的爱国主义”“偏袒与激烈的爱国主义”，“并将爱国与恨外国人、抵制外货混为一谈”。对此，雷鸣远也进行了驳斥，认为“这些喧哗的示威……是由于一种爱国心所驱使……这也不是在中国特有的现象”，“这激烈的爱国主义并不像他的名称所指的那么严重”；“也不可斥责他们抵制外国货，因为这种观念是中国人在欧洲学来的”。雷鸣远还认为中国人“对抵制外国货和罢工，都采取文明的方法”，“所带来的破坏比在欧洲少得多”，并将老西开事件看作“很感人的文明的例证”。②

全面抗战爆发后，雷鸣远对于抗日救国也形成了自己的思想，主张救国先救民，设立难民救济所。雷鸣远一方面坚决主张抗战到底，认为只有抗战才能救国，只有抗战才有生路；另一方面，他对抗战的艰巨性又有着清醒的认识，在武汉失守后，雷鸣远认为“现在不过只是抗战开始，艰苦的阶段还在后边”。③

雷鸣远的爱国救国思想及宣传活动，对于激发民众的爱国意识和抗战热情有重要的价值。但是，我们也应当认识到其思想的局限性。他的爱国

---

① 立珊：《春风十年》，第 179 页。

② 赵雅博：《雷鸣远神父传》，第 286 ~ 288 页。

③ 赵雅博：《雷鸣远神父传》，第 498 页。

救国思想与其宗教思想是一致的，他提出的“中国归中国人，中国人归基督”，根本上还是要使中国人信奉基督，实现对中国人的“心灵救赎”。另外，他还反对共产主义思想，这也是他与中国共产党发生误会和摩擦的一个重要原因。

虽然雷鸣远的爱国救国思想及其抗战活动是基于宗教的情感，有着一定的局限性，但我们不能因此否认他对中国抗日事业做出的贡献。

“跑警报”：抗战时期中央大学学生生活研究

倪 蛟*

提 要 抗战期间，日军展开对“陪都”重庆的狂轰滥炸，造成极其惨重的人员和财产损失。在“重庆大轰炸”中，作为当时中国最高学府，中央大学也屡受波及，大量校舍及建筑物损毁，严重影响了学校正常的教学秩序和学生的日常生活。虽然中大校方采取多种应对措施，但难以抵挡日军的频繁轰炸。然而，日军轰炸仅能造成物质损失，中大学生并没有在精神上屈服，反而在“跑警报”中不断适应，进而在心态上逐渐变得乐观，并且激发和强化了其国恨家仇的民族意识。

关键词 抗战时期　中央大学　学生生活　“跑警报”

在全面侵华之始，为了持续打击中国抗日的有生力量、摧毁中国军民的抗日意志，日军从 1938 年年底起，开始对中国西南大后方进行“无差别轰炸”，多个重要城市遭到日军飞机轰炸，中国民众的生命财产损失惨重。作为国民政府“陪都”的重庆，自然成为日军轰炸的战略目标。在抗战时期，日军对重庆的狂轰滥炸，造成了极其重大的财产损失和人员伤亡。关于“重庆大轰炸”的相关研究成果丰硕，从不同角度展现出日军的血腥暴行和中国民众的抗日斗争。① 本文以中大学生生活为视角，探讨日

---

* 南京大学历史学院博士研究生、南京大学党委办公室助理研究员。

① 潘洵：《论重庆大轰炸对重庆市民社会心理的影响》，《重庆师范大学学报（哲学社会科学版）》2005 年第 4 期；汪荣：《浅析“重庆大轰炸”中国民政府的防卫对策及法制措施》，《重庆师范大学学报（哲学社会科学版）》2008 年第 1 期；周勇：《抗战时期“重庆大轰炸”几个基本问题的探讨》，《重庆大学学报（社会科学版）》2009 年第 1 期；陈宁：《重庆大轰炸中社会变迁研究——以居民生活为例》，《重庆科技学院学报（社会科学版）》2011 年第 6 期；唐润明：《关于抗日战争时期“重庆大轰炸”研究的几个问题》，《民国档案》2014 年第 4 期；潘洵：《抗战时期重庆大轰炸人口伤亡数量再研究》，《四川师范大学学报（社会科学版）》2015 年第 5 期；潘洵：《抗日战争时期重庆大轰炸研究》，商务印书馆，2013。

军空袭对中大及中大学生的影响，以及校方应对措施及效果，以期丰富对“重庆大轰炸”的认知与研究。

一 日军空袭下的中大校园

1937 年 7 月 7 日卢沟桥事变爆发，日本发动全面侵华战争。不久，日本又在上海挑起八一三事变，妄图“三个月内打败中国”。南京国民政府虽组织大量精锐部队投入淞沪战争，取得一些战绩，在战略上打破了日本企图在短期内征服中国的狂妄野心，但无法遏制日军疯狂的侵略势头。日军随即将侵略目标直指国民政府首都——南京，南京危在旦夕。

在侵占南京之时，日军空袭不断，甚至违反相关国际规定，轰炸毫无军事价值的教育机构。当时，中大遭到日军多次轰炸，“自上海战事发动以来，中央大学曾受敌机 3 次袭击，第一次为 8 月 15 日下午，敌机以机关枪扫射图书馆及实验学校各一次；第二次为 19 日下午，在大学本部投 250 公斤炸弹 7 枚；第三次为 26 日深夜，在实验学校投同样炸弹一枚。又附近教授住宅被毁者 4 所，校工死者 5 人。近来虽空袭较少，但敌军如有陆地空军根据，则较大规模之空袭恐仍难免”。[①] 这些轰炸造成了人员和财产的较大损失，也促使中大加快了迁校工作。

时任中大校长罗家伦对于迁校虽提前准备且选择校址果断，然而受制于战时环境，中大师生在迁校过程中仍要面对现实性的危险与困难。当时有中大教授谈及内迁艰险的原因之一就是日军空袭：“是时寇机已进袭至武汉一带，故沿途几无一人未受空袭之威胁。”[②] 1937 年度考入中大的新生王禹九事隔数十年后，在其回忆中也记述当时随校西迁过程中遭受了空袭威胁：

> （1937 年——引者注）农历中秋节前几日，接获校方通知，略谓中大因时局关系，决迁重庆开学，新生须于中秋节后某日前到汉口参加复试（口试与体检），及格者方可赴川报到入学，如欲搭乘校方包船，须于某日前到达下关，凭通知购票上船。我于中秋节后二日晨抵达下关码头，搭乘校方所包之大贞丸（为我方俘获之日籍轮船）。该轮因须搭运图书仪器及农学院乳牛，自上午起即牵牛上船，因牛不惯走跳板，故要牛上船，必须前拉后驱，极为吃力费时，故整个下午均

---

① 《南大百年实录》编辑组编《南大百年实录》上卷，南京大学出版社，2002，第 384 页。
② 《中大概况》，《申报》1938 年 2 月 26 日，第 2 版。

耗费在牛只上船这件事。是日约黄昏时分，忽听空袭警报，大贞丸乃驶往上游避难，约二小时后，空袭警报解除，复驶返原码头，继续搬运校方托运物品。晚九时起，船始正式开航，离下关上驶汉口。[①]

中大选择重庆作为内迁地点，校长罗家伦考虑的因素之一是："重庆不但军事上险要，而且山陵起伏，宜于防空。"[②] 然而，重庆作为抗战时期国民政府的陪都，是大后方政治、经济和军事中心，也是中国抗战的重心，自然成为日军轰炸的战略目标。从 1938 年 2 月 18 日至 1943 年 8 月 23 日，日军对重庆及其周边地区进行了多次、长时间、规模不等的轰炸，即统称的"重庆大轰炸"。大轰炸给重庆地区造成了极大的财产破坏和人员伤亡，是日本军国主义者侵华的重要罪证。另外，大轰炸对当时重庆社会也造成了各种影响，后方民众积极防御，奋起反抗，构成了战时生活图景一个独特的侧面。

中大位于重庆的文化区沙坪坝，是遭受大轰炸威胁的地区之一。中大最早受到空袭威胁是在 1939 年 5 月初。据中大史学系教授朱希祖当时所历所记，5 月 4 日凌晨三点，学校响起空袭警报，他与儿子立即到已经准备好的防空洞避难，"洞上虽有大石二丈余，泥土一丈余，且有树木，洞内又有木架支持，然余仍有戒心，以为不如在野外树木中或沟渠中较安全也"。不过，当时敌机并未来袭。[③] 第二天，又有空袭警报响起，朱希祖再次躲入防空洞半小时。[④] 5 月 12 日，日军对重庆实施大轰炸，有 27 架飞机对重庆上空进行密集轰炸，据朱希祖的描述："高射炮弹俨如红色飞机向敌机猛冲，因夜色而显红光也"，"旋闻炸弹声，则重庆市中又投烧夷弹矣。真武山前烟焰充天，又不知烧去多少房屋，死伤多少人命，心甚不怡。"不过沙坪坝此时未受空袭直接影响。[⑤]

1940 年，日军对重庆展开全方位密集轰炸，对整个重庆造成了灾难性影响，中大亦受波及。中大历史系教授缪凤林在其《中国通史要略》自序中曾记述当时中大遭受大轰炸时的情况："忆二十九年三十年间，每雾季一过，倭寇旦夕肆虐，余抱此稿入洞避警者，无虑百十次。"[⑥] 森林系一位教授对沙坪坝的空袭做了详细统计，有一个月空袭高达 28 次，有一天钻了

① 王禹九：《松林坡上师门琐忆》，《中央大学通讯》1969 年第 2 期。
② 刘维开编《罗家伦先生年谱》，台北：近代中国出版社，1996，第 146 页。
③ 朱希祖：《朱希祖日记》下册，中华书局，2012，第 1043 页。
④ 朱希祖：《朱希祖日记》下册，第 1043 页。
⑤ 朱希祖：《朱希祖日记》下册，第 1053 页。
⑥ 缪凤林：《中国通史要略》自序，商务印书馆，1947，第 2 页。

5 次防空洞。[①] 每当敌机接近时，“发出紧急警报，大家即须躲入洞内。待敌机离去后，再解除警报，有时一天中要逃二三次警报去躲防空洞”。[②]

1940 年，一中大学生在给友人的信中记录了中大被 3 次轰炸的相关情况：第一次是 6 月 28 日教职员住宅区被毁，“弹落于石门村者二，房屋完全被毁者四座，其余则大部受震，损失轻重不等”。仅隔一天后，敌机于 6 月 30 日再次轰炸，“二次被炸，损失视前次加重，中弹处为学生第四宿舍，女生宿舍，事务处，茶房间，及教职员宿舍等，其受震动的房舍，则屋瓦碎乱，残砖断瓦，触目皆是，一座大饭厅，亦被震而瓦碎”。敌机第三次来袭是在 7 月 4 日下午，投下的炸弹比上两次更多：“这一次，除了女生宿舍，事务处等再度被炸外，注册处，讲义处，及第八教室，第十教室等亦均毁去。弹固然投的较多，范围也较大，但损失却没有较重，因为他所炸的大部分都是在老地方，弹是不少落在瓦砾堆里！”关于人员伤亡情况：“三次当中，并没有损失过一个同学，连校工都个个安全的存在！”[③]

1941 年后，日军对重庆的轰炸仍在继续，中大再遭劫难。是年 6 月 27 日，日机 99 架次分 3 批空袭重庆，在沙坪坝投掷炸弹数百枚。中大被炸毁房屋数十栋，因在暑假期中，校方已有紧急处置，师生幸免于难。接着，6 月 28 日和 29 日沙坪坝连续遭敌机空袭，中大实验室、大礼堂、宿舍等均被炸毁。7 月 4 日，日机分两批先后对沙磁区文化教育机关轰炸，中大与毗邻的重庆大学的校园内共落弹 200 余枚，中大死伤员工十余人。[④] 8 月 22 日，日机又轰炸中大，导致“化学馆毁了，第三、第四教职员宿舍坍了，教职员饭厅炸了，工学院倒了，农学院农林产制造所倒了，会计室完了”。[⑤]

二　中大应对空袭措施及效果

为应对日机的狂轰滥炸，保障校园师生的生命和财产安全，中大校方采取了一系列防护措施，并在 1938 年 2 月校刊上公布了相应内容，“一、

① 王德滋主编《南京大学百年史》，南京大学出版社，2002，第 222 页。

② 谢森中：《沙坪坝之恋》，高澎主编《永恒的魅力——校友回忆文集》，南京大学出版社，2002，第 198 页。

③ 吴锡泽：《中大三次被炸目睹记》，《胜利》1940 年第 95 ~ 96 期。

④ 重庆市沙坪坝地方志办公室编《抗战时期的陪都沙磁文化区》，北京科学技术出版社，1989，第 245 ~ 246 页。

⑤ 闵时：《中央大学被炸记》，《新华日报》1941 年 8 月 25 日，第 2 版。

防护团之组织，二、警报联络，三、防空洞防空壕之建设，四、消防设备，五、救护”，[①] 以此引起全校师生高度关注并做好相关防护准备。同年 3 月，考虑到磁器口虽设有警报器，但距离中大稍远、不易听辨，邻近的重庆大学电话使用时又不甚灵，为及时让师生收到防空警报，中大校方陈请当地军事机关代为装设专用电话，以便一有警报，随时传达。[②] 该警报设备于当月 15 日由驻军当局派通讯队到中大完成装设，“音调极为清晰，从此本校员生安全，益多保障”。[③]

此外，中大按照教育部的要求，不惜投入巨资，加强防空洞之建设，“本校方面五个防空洞共支出一万一千七百二十二元二角，嗣因敌机不断来渝轰炸，又将原有防空洞增加木柱，修砌洞门，以期加强抵抗力量，所有工料共支出六千七百零八元，连前共计支出一万八千四百三十元二角整，均在本校经费内撙节开支”，[④] 这还不包括分校 4 个防空洞的建筑费用。

在完善硬件条件的同时，中大校方加强师生的防空意识，严格防空管理。1939 年 10 月，罗家伦校长要求全体师生严格遵守防空管理规定，并对于违反规定的：“一经查出，定解送军事当局，依汉奸办罪。”[⑤] 在 1944 年 3 月 23 日国立中央大学师生防护团第一次团务会议上，中大又规定：“为策大众安全，与空袭警报发出后，本校男女同学必须一起前往防空洞，如紧急警报发出后，本校同学仍有逗留宿舍及防空洞附近，或迟迟前往防空洞，并不服从本团防空队警备队及洞长之指挥者，按照向例分别记大过、开除学籍严予惩处。”[⑥]

中大校方为应对空袭采取了种种措施，但日军轰炸还是严重干扰了正常的教学活动。1939 年 3 月，中大校方在一份通告中特别指出：“天气日趋晴照，重庆时间已较武汉迟一点钟，故十时以后、二时以前空袭机会较多，在此段时间中，务必设法减少课程，以避免学生学业上之损失。”[⑦] 然

---

① 《本校防空设备状况》，《国立中央大学校刊》1938 年 2 月 28 日，第 3 版。

② 《警报专用电话》，《国立中央大学校刊》1938 年 3 月 9 日，第 4 版。

③ 《本校警报专用电话业请驻军装妥、试话极为清晰》，《国立中央大学校刊》1938 年 3 月 21 日，第 2 版。

④ 《呈为遵电呈本校建筑防空洞及用款数目仲祈鉴核由》1939 年 6 月 10 日，中国第二历史档案馆藏，国立中央大学档案，全宗号：648，案卷号：5963。以下简称“中大档”。

⑤ 《中大现状》，罗家伦先生文存编辑委员会编《罗家伦先生文存》第 6 册，台北：近代中国出版社，1989，第 11 页。

⑥ 《国立中央大学师生防护团第一次团务会议纪录》，《国立中央大学校刊》1944 年 4 月 16 日，第 2 版。

⑦ 《便函（第 149 号）》1939 年 3 月 14 日，中大档 648－2304 号。

而，在日军持续轰炸之下，校方的调整安排难以应对，正常教学秩序和学生的学习状态大受干扰。“有时上课改在凌晨和晚上，考试出几套题目备用，以防空袭干扰。”[①] 在如此影响下，“大家引为苦事，因防空洞中空气不好，且延误自修时间”。[②] 随着敌机轰炸的日益频繁，“由于夜夜跑空袭，白天上课精神不振，是名副其实的‘疲劳轰炸’”。[③]

敌机轰炸也对中大学生造成了极大干扰，“跑警报”成了他们日常生活的重要组成部分。因中大校方将防空洞筑在山丘内，故当时有句笑话称“见机而奔入穴为安”。[④] 一位中大学生在谈及迟迟不能给友人及时回信的原因时，就提到因遭受空袭而无法正常支配时间，“午饭后，你刚想坐下来休息一下”，但警报声响起，“于是整下午就这样毫无聊赖的在防空洞中消磨过去！解除警报后，就是吃夜饭，夜饭后，照例没有电灯，因为电线每次总是要被炸断的，你想，像这样的生活，还谈得到什么支配时间？简直是一天到晚都是在生存线上挣扎而已！所以，要给朋友的信，惟［唯］有搁着不写了”。[⑤] 大轰炸也影响了学生的正常住宿，由于“女生宿舍只塌了一角，但已不能住，女同学们均暂迁于图书馆阅览室中，张被挂帐，俨然一新的宿舍”。[⑥] 轰炸还影响了学生的正常用餐，有时不得不忍饥挨饿：“每日上午十时进防空洞，下午五时左右出来，袋里有钱的同学中午可溜至中渡口买点食物充饥，绝大部分同学都是饿到五时出洞，再饿到六时许厨房开饭为止。遇到饭厅被炸，就要迟到十时开饭。”[⑦] 同时，大轰炸也造成了学生财物的较大损失，每次空袭之后常有大雨，“使我们从弹坑中挖出来的东西被水一淹，尽成废物”。[⑧]

在重庆时期，日军空袭虽干扰了中大正常的教学秩序和学生的日常生活，造成中大与学生严重的财产损失，以及一些学校员工的伤亡，但就笔者目力所及，尚无中大学生伤亡的记载。较之身处重庆的中大学生，

---

① 郑体思、陆云荪：《抗战时期迁川的国立中央大学》，http：//www. cq. xinhuanet. com/subject/2005/2005 - 07/28/content_ 4749264. htm。

② 谢森中：《沙坪坝之恋》，第 198 页。

③ 刘光华：《回忆建筑系的沙坪坝时期 》，潘谷西主编《东南大学建筑系成立七十周年纪念专集》，中国建筑工业出版社，1997，第 58 页。

④ 刘达人：《重庆中央大学四年生活回忆》，高澎主编《永恒的魅力——校友回忆文集》，南京大学出版社，2002，第 210 页。

⑤ 吴锡泽：《中大三次被炸目睹记》，《胜利》1940 年第 95 ~ 96 期。

⑥ 吴锡泽：《中大三次被炸目睹记》，《胜利》1940 年第 95 ~ 96 期。

⑦ 王作荣：《沙坪之恋》，张宏生编《南大，南大》，南京大学出版社，2002，第 44 页。

⑧ 康寿山：《生平自叙——康寿山口述》，郑小惠等编《清华记忆：清华大学老校友口述历史》，清华大学出版社，2011，第 94 页。

在成都的中大医学院学生则无此幸运。1940 年 10 月 4 日，日军空袭成都，当时医学院院长戚寿南正在城内四圣祠三校联合实习医院内上课，听到空袭警报后，戚寿南院长立刻停课并嘱咐学生赶赴附近公共防空洞内躲避。医学院四年级学生夏傅汾、张治德、陈定一等 3 人奔赴东校场城根下防空壕内躲避，不幸的是该防空壕适中一弹，夏傅汾、张治德两人被当场炸死，而陈定一因在壕内感觉不适，于日机投弹前出壕，仅受轻伤。①

三 大轰炸下中大学生的心态变化

如前文所述，虽然当时中大教授朱希祖个人未受空袭直接打击，但几次听警报、跑防空洞的经历，以及听闻重庆其他地区所受之惨状，使他产生极度畏惧的心理。大轰炸对朱氏的心理造成极大的震荡，“时敌机空袭，无一定时刻，道途行役，常生戒心”，故而他从 5 月 14 日起向学校请假一周借著述以安心神。② 5 月 25 日晚七时半，朱希祖再度进入防空洞躲避 3 个小时。在防空洞闷闭的环境中，朱希祖极感不适，“空气恶浊，人声嘈杂，汗出头痛腹饥，疲惫不堪”。③ 对朱希祖而言，空袭警报带来的恐惧感与在防空洞中的不适感，共同构成了大轰炸即将来临时的心理感受。这种感觉，也成为当时中大师生普遍心理状态的写照。

防空洞虽相对安全，但身在其中的中大学生有着与朱希祖教授相似的恐惧感。有学生回忆在防空洞中的经历：“一次炸弹正从防空洞门口落下江边，一股空气巨流冲入洞中，洞内灯火全熄，每人胸前有如巨锤捶了一下。”④ 铺天盖地的大轰炸，让身处防空洞中的学生们有着各种各样的反应，“我们躲在防空洞里，只听得继续不断的一阵隆隆之声，声震洞壁，大家都屏息着，有的人且惊悸失措地爬在地上，有的人则把两只耳朵紧紧地掩着，有的人则骇得伏在人家的背脊上去，种种的怪相，都很不自觉的透露了出来，是你看了可笑又复可怜！”⑤

不过，当“跑警报”习以为常时，防空洞中则另有“一番洞天”。有学生在敌机来袭时：“在防空洞内饿着肚子睡觉、聊天、读书、抬扛、下

① 《南大百年实录》编辑组编《南大百年实录》上卷，第 430 ~ 431 页。

② 朱希祖：《朱希祖日记》下册，第 1054 页。

③ 朱希祖：《朱希祖日记》下册，第 1056 页。

④ 王作荣：《沙坪之恋》，第 44 页。

⑤ 吴锡泽：《中大三次被炸目睹记》，《胜利》1940 年第 95 ~ 96 期。

棋、玩牌、恋爱，一切活动照旧，毫不把轰炸放在眼内。出得洞来，吃一顿饭，洗一个澡，有夜袭，再进洞，无夜袭，睡个觉，准备明天进洞。连眉头都不皱一下，潇洒得很。这一种气派，这一份修养，足堪大任吧。"① 甚至，有学生不愿意长时间留在防空洞内，冒险走出防空洞观看日机："于是一有警报，我常跑去远处山顶看飞机轰炸，不愿进洞。"② 还有学生不进防空洞，而到其他地方避难。据中大学生陈学文回忆，因柏溪分校地处城郊，"警报响了，学校便停课，我们便带了书本疏散到柏溪附近农村去"。③ 另据中大学生盛承禹回忆："当听到警报后却很少有人躲进防空洞，多数同学疏散到野外或橘林中，谈天说地，或评论时局，或交流奇闻，倒也有一番情趣，缓和了初闻警报时的那种惊恐气氛。"④

大轰炸极大地影响和干扰了中大学生的正常学习和生活状态，甚至危及了个人生命。但日军大轰炸并没有从精神上吓倒中大学生，相反随着时间推移，在"跑警报"的过程中，中大学生逐渐适应了这一战时环境，心态上也乐观起来，以积极态度来应对，尽可能减少大轰炸对日常生活的负面影响。每当警报一解除，"图书馆或空教室内立刻坐满学生自修，读书风气反较平时为盛"。⑤ 面对大轰炸的持续干扰，中大学生仍然尽可能保持正常的生活状态，"我们课内外的生活却也安排得十分丰富"。⑥ 有的学生则不但不跑警报，反而在警报中自寻乐趣。关于此方面，中大学生王作荣的回忆颇有趣味："在暑假警报来时，常与三数同好至附近民家租用麻将及附件全副，在竹林中摆下阵势雀战，蛇虫蚊蚋，一概不怕。几圈下来，不知警报之已解除。"⑦

此类情形西南联大亦存在，一些师生也将"跑警报"视为一种"幽默"，甚至是"浪漫"，还有一些人根本不跑警报。⑧ 比如，1939 年考入西

---

① 王作荣：《沙坪之恋》，第 45 页。
② 曾永年：《母校忆旧三则》，潘谷西主编《东南大学建筑系成立七十周年纪念专集》，中国建筑工业出版社，1997，第 130 页。
③ 陈学文：《柏溪回忆》，高澎主编《永恒的魅力——校友回忆文集》，南京大学出版社，2002，第 242 页。
④ 盛承禹：《柏溪杂忆》，高澎主编《永恒的魅力——校友回忆文集》，南京大学出版社，2002，第 247 ~ 248 页。
⑤ 刘达人：《重庆中央大学四年生活回忆》，第 211 页。
⑥ 郭衍庆：《抗战时期中大生活片段》，顾树新、石连同主编《校友》1992 年总第 1 期，第 198 页。
⑦ 王作荣：《沙坪之恋》，第 39 ~ 40 页。
⑧ 刘宜庆：《绝代风流：西南联大生活实录》，台北：秀威资讯科技公司，2009，第 27 ~ 32 页。

南联大的汪曾祺曾对两个人在警报声中的泰然处之留有深刻印象：“一个是女同学，姓罗。一有警报，她就洗头。别人都走了，锅炉房的热水没人用，她可以敞开来洗，要多少水有多少水！另一个是一位广东同学，姓郑。他爱吃莲子。一有警报，他就用一个大漱口缸到锅炉火口上去煮莲子。警报解除了，他的莲子也烂了。有一次日本飞机炸了联大，昆明（华）北院、南院，都落了炸弹，这位郑老兄听着炸弹乒乒乓乓在不远的地方爆炸，依然在新宿舍大图书馆旁的锅炉上神色不动地搅和他的冰糖莲子。”[①] 这种群体心理的转变，深刻反映了战时大后方大学校园内“战时”与“平时”两个维度交错互渗的表征。

大轰炸下，中大学生的民族意识也得到了激发和强化。1935 年考入中大的曾永年忆及抗战前的大学生活谈道：“回想我在南京的近两年，过得很愉快”，“只知上课读书，吃喝玩乐，看小说电影，不看报”，“纯纯粹粹是个资产阶级的公子哥儿大学生”。[②] 而当曾永年面对日机对重庆狂轰滥炸的惨烈场景时，其内心感受转为刻骨铭心的国恨家仇，“一次炸重庆，城内起火，我们三人步行进城看炸后现场，火还在烧，塌房、死人、焦尸，只有仇恨”。[③] 在仇恨之中，中大学生以强烈的责任感投身于抗击日军空袭的救助活动。在日军对重庆进行大轰炸的危险时刻，中大学生协同重庆市军警防护团等抢救遇难同胞，协助解决沿途撤退的受难同胞的食宿等问题，还替老弱妇女们代携行李，“他们用木棍和绳束像脚夫一样的站在汽车路的两旁，等候老弱们的担子到来可以代劳，那种样子，和捏着书本在图书馆门口，判若两人”。[④] 据曾担任抗日救亡工作团团长的陶大镛回忆，在“五四”大轰炸时，听闻重庆城里防空隧道堵塞发生惨案，死了上万人，救亡团的同学就跑步进城冒险参加救火、救人。大轰炸后，还组织歌咏队、话剧队到城里义演，卖票得的钱用于帮助疏散难民，为难民发救济金。[⑤]

内迁之后，中大处于相对和平稳定的大后方环境之中，但日军对重庆地区的大规模、长时间轰炸成为校园生活与战争前线最直接的连接点。在大轰炸及跑警报之际，中大学生直接感受到了战争带来的巨大威胁。学生

---

① 《中国当代作家选集丛书·汪曾祺卷》，人民文学出版社，1992，第 364 页。

② 曾永年：《母校忆旧三则》，第 127 ~ 128 页。

③ 曾永年：《母校忆旧三则》，第 131 页。

④ 黎玄：《中大轮廓》，《新青年》1940 年第 4 卷第 1 期。

⑤ 陶大镛：《难忘的沙坪坝岁月》，高澎主编《永恒的魅力——校友回忆文集》，南京大学出版社，2002，第 188 页。

们饱受日机轰炸之苦，处于生死边缘，大轰炸下的求学经历是战时化生活最直接、最真实的写照。“跑警报”最为集中地体现了中大学生生活的战时特征。或可言，“跑警报”是中大学生生活的组成部分，既然无法挥之而去，只能在一定程度内“承受之”、适应之，随之而来中大学生心态也逐渐乐观起来。同时，在大轰炸下，国难家仇的直观感受，使中大学生的民族意识得到强化。

【抗战史研究青年学者笔谈】

八路军研究与中国抗战书写*

张文俊**

全面抗战爆发以后，八路军在华北的抗战具有重大历史意义和现实意义。它是中国共产党领导全民族抗战的重要组成部分，牵制了侵华日军，有力配合了正面战场抗战；它在敌后的积极活动，迫使日军在一定程度上停止战略进攻，保卫了华北敌后广大领土，使侵华日军无法统治其占领地，使之重兵扼守的重要城市与交通线不断遭受破坏，更使敌后广大民众摆脱了奴役与苦难。它在积极抗战之同时，亦为敌后根据地的成长和巩固提供了保障，使根据地的乡村建制顺利推行，从而为共产党局部执政并积累执政经验创造了稳定环境。可以说，八路军是中国共产党在抗战中中流砥柱作用充分彰显的历史见证，亦是共产党在抗日根据地进行建党建政的有力屏障。然而，迄今为止，八路军研究对八路军在中国抗战中中流砥柱作用的呈现并不尽如人意，且对八路军之历史书写以及对八路军与中国共产党抗战及革命成功之经验总结和理论思考亦相对滞后。

具体言之，八路军研究大多是粗线条的“点”之勾勒，缺乏“点面”结合以及从“多点”揭示宏观面相的历史透视，更为甚者，所用史料单一，大多研究源于“党史”记录，缺乏其他资料支撑。

八路军是中国共产党领导的抗日武装，依托太行山、吕梁山等山脉开辟的晋察冀、晋绥、太行、太岳、冀南、冀鲁豫等华北根据地进行抗日。

---

* 本文系国家社科基金项目“太行山及吕梁山八路军抗战资料收集、整理与研究”（16BZS064）的阶段性成果。

** 山西大学历史文化学院副教授、中国社会科学院近代史研究所博士后。

在某种意义上，八路军的历史等同于华北抗日根据地史。因此，检讨八路军研究状况有必要从华北抗日根据地之研究谈起。华北抗日根据地在创建及发展中，它的政治、经济、社会和军事就备受国外人士、中国共产党党内干部、学者、新闻记者和报纸杂志关注。埃德加·斯诺（Edgar Snow）、卡尔逊（Evans Fordyce Carlson）、史沫特莱（Agnes Smedley）、根室·史坦因（Gunther Stein）、毛泽东、张闻天、杨尚昆、姜克夫、立波、彭德怀、陆定一、聂荣臻、李公朴、赵轶琳、张国平、黄峰以及《大公报》《申报》《八路军军政杂志》《新华日报》《大众日报》《抗战日报》《晋察冀日报》《解放周刊》《文献》《新中华日报》《解放日报》《战地通讯》等，都曾对根据地和八路军有一定记述。20世纪五六十年代，受时代局限，学者很少涉足抗日根据地研究，但对战史有所重视，中国人民解放军军事科学院成立了“战史部”，即后来的“军事历史研究部”。其在梳理中国人民解放军军史时回顾了八路军之历史，但只是概略记述。到了1980年代，研究者始对华北抗日根据地的政治、经济、军事、文化和社会生活等领域进行研究。与此同时，日本和华北抗日根据地相关省、市、地、县档案馆、党史办人员也陆续对抗战资料进行挖掘、整理和出版，于是研究机构、资料集、论著纷纷问世。如中国共产党河南省委党史工作委员会编的《太岳抗日根据地》、太行革命根据地史总编委员会编的《太行革命根据地史料丛书》、中央档案馆等编的《晋察冀抗日根据地》、河北省档案馆编的《地道战档案史料选编》、山西省档案馆编的《太行党史资料汇编》、日本防卫厅战史室编的《华北治安战》（中译本）、香川孝志和前田光繁的《八路军内日本兵》等。

1990年代以来，随着共产党领导人回忆录、日记、文集的面世以及抗日根据地研究中对档案资料的重视，根据地研究逐步深入，国内外出现了一批像大卫·古德曼（Goodman David S. G.）、马克·赛尔登（Mark Selden）、魏宏运、曾景忠、王延中、张洪祥、朱玉湘、张国祥、岳思平、傅建成、王先明、李金铮、江沛、岳谦厚等优秀的根据地史及八路军研究专家。国外学者马克·塞尔登的《革命中的中国：延安道路》、迪克·威尔逊（Dick Wilson）的《毛泽东传》、大卫·古德曼的《中国革命中的太行抗日根据地社会变迁》等作品，探讨中国共产党革命及其成功经验时都不同程度论及八路军。其中最具代表性的是英国学者林迈克（Lindsay Michael）的《八路军抗日根据地见闻录：一个英国人不平凡经历的记述》、根室·史坦因的《八路军作战力的证人——红色中国的挑战之七》和史沫特莱的《八路军打胜仗的原因》等，这些著作翔实记述了八路军与日军的斗争，对八路军研究具有重要参考价值。此外，台湾出版的一系列抗日文献对八路军也有记述，如蒋纬国主编的《国民革命战史——抗日御侮》、何应钦的《八年抗战之经过》、秦孝仪主编的《中华民国重要史料初编——对日抗战时期》，其中一些内容虽对八路军评价有失公允，但对八路军研究亦具有参考意义。在大陆，近些年来八路军研究成果颇丰，先后整理并出版了《八路军文献》《八路军回忆史料》，还有岳思平主编《八路军战史》、张立华《八路军史》、朱奎玉编著《八路军》、王聚英《八路军抗战简史》、胡正《八路军抗战秘档全公开》、肖高旺《八路军过河东》、张军锋《八路军口述史》、柳茂坤《八路军发展史》、《八路军山东纵队史》、《八路军第一二九师战史》以及《中共抗日部队发展史略》等，且在中国知网可检索到的八路军相关专题论文达百篇之多。这些论著主要围绕八路军的战略、作战方针、对敌工作、平型关战役、百团大战、八路军与新四军的关系、红色文化的传播及发扬等进行讨论。仅就这些成果而言，前人对八路军研究做了很多开拓性工作，并取得一些成就，其中不乏新见之作，但从研究内容的范围和研究成果的深度而言，尚嫌薄弱，官方在肯定八路军对抗战贡献的同时却无翔实资料支撑，民间在传播八路军红色文化及精神的同时亦缺乏鲜活内容，而学界对八路军的探讨，则因资料所限，大多研究不够丰满，有些研究甚或是复制性作品，其利用资料亦多源于“党史”记录，缺乏“他者”资料支撑。

造成这一研究现状的主要症结在于现已收集的八路军相关的一手资料有限且单一；史料挖掘不够深入，难以支撑全面性研究；史料收集与整理过于零散，难以形成整体性系统性关照；史料方面的缺憾导致相关研究论证不足，如基层档案、口述资料、国民党军及日伪史料中有关八路军资料的欠缺使得史事论证难以形成完整的证据链。故有必要深入挖掘并抢救八路军史料，以进一步提升对中国抗战史的认识和理解，一是要全方位搜集八路军资料，发现新史料并进行整理和考证；二是要加强对民国期刊、报纸、著述、日记、回忆录、书信等文献资料的挖掘和分析；三是对口述资料的挖掘与整理。

此外，在充分挖掘并占有一手资料的基础上，要深化八路军研究，对八路军的日常生活、抗战动员对根据地民族意识的觉醒和国家观的塑造、战争中民众动员和参与及民兵组织的活动、八路军战史、国共合作抗日、八路军与根据地以及八路军与共产党局部执政等历史进行还原和深入思考，进而从宏观层面深思八路军抗战在中国抗战乃至世界反法西斯战争中的作用和地位，深思八路军与中国共产党建设以及与共产党局部执政之间的内在联系，或者从更深层次思考八路军保卫下的敌后根据地的执政经验对1949年新政权成立以来共产党执政以及对当下共产党执政之历史启迪。对于诸如此类问题的深入探讨和历史呈现，需要从详尽的微观细节进行历史重构。那么，如何才能实现这样的研究目标，并获得预期研究成果？我认为首要从问题意识着手，对各种当前仍有异议或尚且从未开展研究的具体问题入手，进而对八路军的鲜活历史进行还原和探究，同时对与之相关的理论问题进行思考。

众所周知，随着日军侵华的步步深入，全面抗战即将爆发时，红军始由陕北进入山西。那么，中国共产党进入山西，除了山西地理层面的特殊原因外，还是否有过对中共革命方略与抗战战略的具体考虑？这种具体考虑的详情是什么？当共产党与山西主政者阎锡山最早达成抗日民族统一战线协定，并成立牺牲救国同盟会等一系列抗日组织后，这些抗日组织，尤其是牺盟会领导下的新军与八路军的建立有何联系？当国共合作再次成功后，红军是如何改编为八路军的，八路军的军事建制若何？或者从八路军自身的发展史而言，它是如何演变的，在其演变中党军关系和军政关系如何，其军事建制的背后有着怎样的国共博弈或党内军政博弈？八路军是如何协助共产党建立敌后抗日根据地的，又是如何进驻各抗日根据地的？对于这些问题，现有资料和研究仅对八路军改编时的数目有学术探讨和最终的定论。而八路军三个师于1937年8月后在与山西相邻的不同区域建立敌后抗日根据地，并纷纷进驻这些区域，然三个师进驻敌后抗日根据地的具体时间并不明确，而且各个敌后抗日根据地到底是何时建立，又是怎样建立等细节问题仍模糊不清。

另外，在《毛泽东选集》、《毛泽东军事文集》和《八路军文献》等相关资料中，八路军作战的战略、战术虽有一定体现，但对作战战略制定过程中其与共产党革命的方略或与根据地的生存战略之间的关系仍鲜有成果问世。至于八路军的动员、军事建设以及统战工作等一系列问题，目前的研究仍阐述不清。如八路军在敌后抗日根据地是如何进行动员的，如何通过动员或运用其他方式扩增军队，是否正如革命话语宣传中所言的“母亲叫儿打东洋，妻子送郎上战场”等轻而易举之方式即可获得兵源？八路军的抗战意识、革命意识以及国家观是如何塑造的，这种塑造的方法或仪式与传统社会有何关联？八路军的军事建设如何进行，共产党通过何种方式很好地管理并调动军队，军队的“军魂”是如何建立的，军人的抗战信念或革命信念是如何培育的，军队的纪律又是如何贯彻的。军队日常生活以及物资若何，诸如衣食住行等是否仅用简单的“小米加步枪”就可一言以蔽之，或是另有一番景象？当然，不可否认的是八路军的生存条件较为艰苦，但八路军的可贵之处也正由此才得到充分凸显。他们面对不同时期的艰辛环境，是如何应对并解决生存困境，又是采取何种方式保证抗战与革命能够持久进行的？八路军的统战工作也是八路军研究中一个不容忽视的问题。八路军通过统战不仅有助于抗战，而且亦能够增强自身实力。但值得关注的是其统战是如何具体操作的，例如八路军对门枪会、红枪会、黄沙会、天门会、硬肚会、老金会、真武道等民间组织的统战工作是如何开展的。

迄今为止，八路军战史仍限于粗线条的历史叙述，缺乏生动故事形式的历史阐述以及史实充实、客观且有说服力的历史重构。无须讳言，八路军的建立及其发展就是中国共产党为抗战这一首要目标而进行的，然而，对于八路军是如何抗日、抗战的战绩如何、如何与友军配合作战以及又是如何与“反抗日”行为做斗争等重要历史问题，尚缺乏经得起检验的研究成果。而目前八路军的战史研究，仅就平型关战役、阳明堡战役、地道战和百团大战等突出的战例有所探讨，并对八路军抗战的丰功伟绩进行了一定程度的再现，不过，这些研究从史学角度而言又显得过于宏观叙事，缺乏扎实资料的支撑。而且对八路军各个具体战役的研究尤为薄弱，对八路军失败战役的阐述更为少见。事实上，战争胜败乃兵家常事，何况抗战最终结果是中国取得了胜利。对失败战役的揭示并不会影响八路军形象，反而更能还原八路军抗战的点点滴滴，彰显其艰苦卓绝、坚持抗战的一面。犹如中共革命史一样，共产党在革命进程中最大优点就是能够在挫败中吸取教训来进行制度的革新或战略战术的调整，进而取得最为辉煌的成就。八路军作为共产党之强大武装，在抗战中的成长及壮大也是如此。以此来看，当前八路军战史研究视野较窄，在八路军战史的广度、深度、微观历史叙述及宏观思考方面仍有开拓的空间。

毋庸置疑，八路军是中国共产党领导敌后抗战的主力军，亦是敌后抗日根据地生存及巩固以及共产党能够进行根据地政权建制的坚强后盾。对此，著名学者黄道炫在其论著《中共抗战持久的三驾马车：游击战、根据地、正规军》（《抗日战争研究》2015 年第 2 期）中对根据地与八路军之间的关系已有详论，而且提出了许多客观公允的新见。对此力作，我非常仰慕，并沿着其开阔的学术视野，不揣浅陋也想到一些问题，诸如敌后抗日根据地是中国共产党局部执政的试验基地，其之所以能够进行大刀阔斧的乡村建制，塑造民众的抗战意识、革命意识，促进民众国家观之形成，尤其是能够动员民众加入中国共产党的抗战及革命体系，促进根据地的快速成长和乡村社会改造，与八路军的强大支持息息相关。由此，从八路军这一维度探讨并思考敌后抗日根据地的发展和中国共产党的局部执政经验，将会有助于八路军、中国抗战史、中共党史与中国革命史的研究。

以上所述是我的一些不成熟的想法，其中难免存在一些认知上的错误或偏差，敬请学界前辈多多指正；不过，或许能在还原八路军的“骨”和“肉”方面有所助益，从而深化八路军研究，突出中国共产党抗战之历史特色，为中国抗战书写提供客观翔实的依据。

回到历史情境与实践现场*

——从中共军队与抗日战争研究谈起

谢　敏**

谈抗战时期的中共军队，大概需要将其置入一个长时段的历史情境。众所周知，近代中国一个显著特征便是：军事力量和政党力量次第涨伏，军人和党人渐据权力中心。而军人与党人之间，既相互借重，又彼此颉颃，呈现出复杂的纠葛关系。至南北分化、对立之势成，军人与党人关系更为扑朔迷离。在北方，军人是军人，党人是党人；而在南方，军人可能是党人，党人也可能是军人。换言之，北方实际可见的只是单纯军事力量，南方则军事、政党力量合二为一。

党军是党、军合一最有力的表现。虽说这种结合方式难免有以文制武传统的延续，但更多是受苏俄党军体制的影响。它使军队从忠于个人变成了忠于党，军队私有化变成了军队党化。组织秩序和组织权威因而得以抽象出来形成一种新的权力支配格局。这是中国军队发展史上划时代的变化。但党军内部各系统之间、不同党军（主要指中共军队与国民党军队）之间、党军与地方社会之间仍呈现出纷繁复杂的关系，并影响到后来整个中国政局演变以及社会变迁。党军理应成为治史者关注的焦点。

一般理解抗战，大概只有端枪掷弹、阵前战斗才够得上“抗”。是故在一些民间人士看来，只有国民党军队在抗战，中共军队在借抗战发展势力。亦即是说，抗战基本发生在正面战场而不是敌后战场，因为只有正面战场才有大规模的会战。在网络时代，这一看法常常汇聚、发酵，演为诘问，连治史者都无法很好回答。诚然，中共军队在敌后战场常常化整为零，游击作战，以防御为主，即使主动出击也多为扰乱日军视线、破坏日

---

* 本文系国家社科基金重点课题“抗战时期国共军队研究”（14AZS007）的阶段性成果之一。

** 华东师范大学马克思主义学院讲师。

军交通电讯、获取物资补给之举，不太与日军展开硬碰硬的大规模会战。我们姑且不考虑这是否中共根据自身力量所采取的一种理性战略。但既然是抗战，首先，我们必须顾及日方的情况。国民党代表中国政权，手握比中共多得多的兵力，日方没有理由不将国民党作为最主要的敌手加以打击。而随着战线拉长，敌后日军兵力空虚，也难以发动与正面战场相当的大规模会战。虽然日方也意识到中共的重要性，分别在华北、华中大力开展“治安肃正”和“清乡运动”，但这完全不同于正面战场的硬战，而是从军事、政治、经济、文化等多条路径入手，主要目的还在于维护占领区治安。其次，中共军队固然在抗战中得到了发展，然而国民党军队在其间也进行了相当规模的扩充。若无此种扩军，后者如何支撑整个正面战场的作战？战争的基本逻辑就是要在最大程度消灭敌人的同时，保存和发展自己，因而中共军队得到发展顺理成章。具体来看，中共军队的大发展主要在抗战初期和抗战末期，中间很长一段时间是限制发展的（不包括民兵）。单纯说中共借抗战发展势力，其实夹杂了太多后见之明，而且还没有考虑到发展过程中的消耗以及军队量和质之间的关系等问题。更重要的是，战争只是手段，占领并统治才是目的。中共在敌后始终保持和发展军事力量，扰乱、破坏日占区，使其占而不治，本身也是一种抗战。如同黄道炫教授多次赐示的那样，“生存就是抵抗”，就当时而言，发展很大程度就是为了生存，理应视为一种抵抗。没有发展，根本不可能顶住日本、坚持下来。研究战时中共军队，发展问题不仅不应回避，而且还需进一步加强。

关键是，中共军队到底是如何发展的，发展过程中遇到哪些阻力和困难，又如何解决。这就需要回到实践现场。我们知道，军队大发展后，随之便是对于干部、枪械、衣食等的需求。这些需求应当如何满足？尤其是衣食所需，除了生产自给，基本只能“取之于民”，那么又如何平衡军队需要与民众负担？当大量青壮年参军入伍，地方生产如何维持？如果军队发生转移，地方安全又如何保障？发展来的人员形形色色，怀揣各种动机，如何加以整肃以保证军队质量？发展过程中，极易形成大大小小的各种“山头”，当如何控制？“山头”间又如何配合？大发展既容易引起日军的重视，又容易引起国民党的嫉视，如何避免陷入危机？又如何维系国共间的抗日合作？

在这个过程中，自然存在诸多矛盾冲突。中共自己在进行工作总结时，一般都会注意到这些矛盾冲突，进而提出解决办法。可惜大量研究对此似乎存在着忽视或轻视的问题，只侧重于呈现其优长和功效。当然也有不少研究“矫枉过正”，从一极滑向另一极。两者都是预设篓筐、挑拣史料的结果。在王奇生教授看来，前者是“神化”，后者是“魔化”。我们从中看不到历史枝蔓繁杂，看不到历史幽暗与亮光交织，看不到历史微妙而动人的情绪。

不容置疑，中共军队的发展，主要得益于民众的支持。可民众并不会天然就给予其支持，他们有着极为复杂的心态。有材料显示，一旦战事发生，出于保全生命、财产的需要，民众一般希望军队“硬打”“顶住”；而打不走、顶不住就不希望打，以免日军报复；但到了日军到处搜查时，又希望军队“哪怕打一下，出一口气也好”；军队打了，度过危险，就说军队好；但过后看到房屋、财产等受损失时，又埋怨军队……面对参军、纳粮、做工等要求时，民众的复杂心态，与之类似。

中共之所以能获得民众支持，离不开强大的宣传鼓动工作和组织动员能力。军队每到一地，宣传队的标语、布告、戏剧就会大量涌现，青救会、妇救会、工会、儿童团等群众组织也会纷纷建立。当然，中共也会通过土地政策、财政政策、人事政策，以及让军队自己垦荒置产、贸易经商等方式来减轻民众负担、解决军需供给。同样从长时段来看，对社会影响最大的莫过于战时军队日臻成形的党委集体领导下的军政分工体制。这一体制与宣传动员机制、各项具体对策，既对战时有着巨大的影响，又为后世留下了厚重的遗产。

虽然民众支持是中共军队生存和发展的要因，但还有一条很重要的原因常被忽视，那就是在敌后战场，多种势力并存，经常形成三角或多角关系，客观上为中共生存和发展创造了空间，当然，中共本身也非常善于利用这些关系和空间。以伪军为例。虽然伪军与日军、国民党军队有着千丝万缕的联系，但同时又多有矛盾和嫌隙，中共看到了这一点，常常出于“扩大统一战线”和“交朋友”的考虑进行工作，将其视为与日军、国民党军队的“缓冲”和“桥梁”，甚至是可争取的、为己所用的对象，在物资运输、人员交通、情报掘取等方面获得了极大便利。从这点也可看出，一如没有简单地以“统一战线”对待国民党，中共也没有粗暴地以“民族主义”对待伪军。敌与友、联合与斗争，这些相对立的概念在中共这里经常发生变动和融合。

再进一步看，抗战时期可谓阶级革命与民族革命的合流、国际共产主义的世界革命与反法西斯的世界战争的合流。在这样一个特殊而复杂的情势面前，各种话语与实践之间充满着巨大的张力，话语有时指导着实践，有时则充当着实践的工具。在谈论战时中共军队的具体实践时，我们需要小心翼翼厘清这里面的各种传统与变异、理念与现实。

如果在中国知网输入“八路军”“新四军”，进行关键词检索，不难发现，军事战略受关注度最高，其次是重大战役或标志性事件，但也有人开始注意到中共对不同军事（武装）势力的工作、军队内部宣教和党务以及战绩伤亡等问题。这些文章约70%发表于近十年。如果再进一步翻阅近十年的《历史研究》《近代史研究》《抗日战争研究》《中共党史研究》《党史研究与教学》《军事历史研究》等刊物，则又会发现，中共三级武装体制、民众参军动机及抗属生存状况、敌后军队发展、军队财政经济也相继进入研究者的视野。

比较而言，军事战略研究量多质高，武装体制和参军动机研究多有新意，战役和事件研究受档案开放限制稍有不足，其他则不够细致和深入。比如，有关战绩伤亡的数据，国、共、日三方都有对内和对外的区别，研究考辨不够。又如，对日军、伪军、国民党军队、土匪会门等的工作，研究多关注中共的工作策略和技巧，对各方势力之间的互动关系甚少描述，更未能挖掘出隐藏于后的政治谋虑和革命理念。再如，谈到敌后发展，一般都能注意到各种争取民众支持的政策措施，但太过宏疏。到底如何发展、发展中存在何种问题、发展的客观情势如何、中共自身宣传组织怎样等一系列问题，都还需要深入探讨。

以上问题，一些在我自己的研究中已有所呈现，一些仍在考虑和计划中。记得我在2014年发表一篇小文后，好几篇综述类文章将我归入“新革命史”研究取向者。事实上，我虽然风闻“新革命史”“新政治史”好几年，但从来没有真正系统地了解和深思。也有老师私下提醒我是否以“问题”为导向、剪裁史料，事实上我在第一稿出来后根本不知道自己在谈一个什么样的“问题”。还是谢维老师宽慰我说，写论文本来就是先看材料再有问题、然后让问题和材料反复互动。之后我才找到一个“问题”并最后成稿。当然，历史是从过去走到现在，历史研究则是从现在回到过去。回去的起点，包含着对现在的感受、理解、思考甚至困惑。从这个意义而言，每一个研究者天然就带着“问题”。

大陆“新政治史”“新革命史”的兴起，差不多也就是近十来年的事情。这类研究不满于传统研究偏重线性的制度和组织机构变化，偏重大事件和大人物，以及偏重化一为“路线斗争”的技术解释，而寻求视野的拓展和视角的转换，开始关注制度背后的实践及组织运作的动态过程，关注在长时段具社会结构性意义的事件和群体，以及关注各种以前被遮蔽的政治观念、情绪、符号和文化。关于这一点，已有不少文章做过总结。

其实不光政治史、革命史领域，近年来整个史学界集体发声，开始反思研究中的碎片化问题、连续性断裂问题、“后见之明”问题等。其中，最令史学界内部感到紧张的便是“求真”与“求解”的张力。事实上，“求真”不代表没有问题取向，“求解”也不代表罔顾史实。这里面还需考虑到学术研究的路径依赖以及个人优长。但可以确定的是，我们必须两不偏废，做到“求真”基础上的“求解”。

就普遍情况而言，史学界对于“问题意识”的训练明显不如社会科学界。这也是法学、政治学、社会学近年来大力进军史学研究的重要原因，尤其是在革命史领域，他们大有重写之势。甚至有人不再简单视史学研究者为材料的“小蜜蜂”，而是自己进入浩瀚繁杂的材料中，去建立他们自己的一套研究路数和解释体系。这是非常值得我们反思和学习的地方。进一步说，学科相互借鉴和融合是大势，我们没有理由故步自封。单看大陆学术界，早在20世纪90年代初，张静如等人倡导以社会史为基础深化党史研究，不可谓不“预流”。特别有意思的是，应星等人近年也倡导将历史学带入社会学，不可谓不“合流”。

这也表明，不光我们史学研究存在危机，社会学研究同样存在危机。应星教授看重的是社会学的想象力和历史学的实证精神，但事实上，历史学自有历史学的想象力。所以，我们在借鉴其他学科的优长时，当然要进一步发掘自身学科的优势。既充满危机，又保持自信。不同学科一定有不同的角度和路数，也一定会呈现出不同的意义。与其各自强调重要性，不如共同建构丰富性。与其互“黑”，不如共情。

可如何借鉴别人长处同时又保持自身优势？对于这个问题，我没有答案，只有困惑。就我个人的研究成果而言，史学界老师批评我论述太多，看不到活鲜鲜的人和有血有肉的事；社会学界老师批评我实证烦琐，看不到重大问题。当然，这更多还是一种能力上的不足。

总而言之，无论什么方法、路数，对治史者而言，一要进入到长时的历史情境，选择一个有价值的问题；二要进入到当时的实践现场，弄清楚各种问题的复杂性。以上，难免夹杂个人兴趣偏好以及知识上的缺陷，提出来与青年同道交流，也希望继续得到专家学者的批评和鼓励。

战时国民党军研究的过去、现在和未来*

陈　默**

目前关于抗日战争史的研究范围，学界大约有两种不同的看法。第一种看法较为传统，认为抗日战争史应该以 1937 ~ 1945 年对日作战的历史为研究对象。在这样的思路下，只有战争本身和那些与战争紧密相关的问题才具有价值。第二种看法为高士华教授等学者所倡导，主张讨论抗日战争时期的全部问题，包括战时政治、经济、军事、科技、文化、教育等所有内容；而且抗日战争的时段也被拉长，从甲午战争至抗战结束这 50 年时间，都属于广义的抗日战争范畴。就我个人的观察，第二种看法似乎更具睿见。事实上，战时的一切都与战争存在着直接或间接的联系——全民族抗战是一场最接近“总体战”（Totale Krieg）概念的全面战争，又有哪些人和哪些事可以置身事外呢？韩戍博士关于光华大学成都分部、私立大夏大学的研究，就揭示了战时状态对于高等教育的巨大影响。在时段上同样如此，甲午之后清季民初的世变，日本实际和潜在的影响均值得注意。罗志田教授最近在《抗日战争研究》编辑部组织的笔谈中提出抗战研究需“叩其两端”，抗战史研究“至少要延伸到 1928 年的济南事变”，而在之前的“二十一条”谈判、两次直奉战争中，日本均卷入其中。因而将抗战的时段适度拉长，也确实十分必要。

不过，第一种相对保守的看法，同样应得到足够的重视。杨奎松教授在同一次笔谈中，就明确提出“抗日战争研究理应重视战争史研究”的主张。他认为在当下“明明大有可为的战史研究方面，无论大陆还是台湾，真正的抗日战争史的专业研究者利用多方史料下死功夫的还不多”，而体

---

* 本文系 2014 年国家社科基金重点课题“抗战时期国共军队研究”（14AZS007）的阶段性成果之一。

** 四川博物院副研究馆员。

制外的业余战史爱好者“已经捷足先登，陆续开始推出一批颇有分量的战史著述”。尽管现在专业研究者对于战时某些问题的研究已经颇为深入，但是抗日战争本身以及与抗战息息相关的战时军事、军队和军人，我们的研究现状还不够理想，尚待完善。

究其原因，恐怕如王奇生教授在《革命与反革命——社会文化视野下的民国政治》前言中说的那样：“战争几乎贯穿民国历史的始终，然而军事史堪称民国史研究最薄弱一环。这也许是和平年代文人治史的缺失。”文人治史的传统，是战争史、军事史研究不足的重要原因。另外，中国传统军事思想中，存在着重视谋略、诡道而相对轻视作战的取向，追求的是不战而屈人之兵的理想境界，孙子所说的“故上兵伐谋，其次伐交，其次伐兵，其下攻城；攻城之法为不得已”就充分体现了如此逻辑。受这样的思维方式影响，人们在讨论战争胜败的时候，所关注的多是战场之外的各种因素，尤其是政治、外交等方面的原因，颇有“功夫在诗外”的意味。

然而，全民族抗日战争作为一场旷日持久的大规模现代战争，左右战争胜败的一切因素最后都将体现在多方武装力量在不同战场上的直接对抗，这提示我们不能回避战争的几个维度（战争、战役、战斗）和战争的主体——军队。这些问题倘不能得到较好解决，我们关于抗日战争的总体解释，恐将停留在表面；而战时其他方面的研究，也恐受其影响，难以进一步拓展和深入。

之所以说战争的主体是“多方”而非“双方”的武装力量，是因为抗日战争交战的战场有两个——正面战场和敌后战场，而参与作战的武装力量起码有4支——国民党领导的国民党军（包括中央军及各地方军事集团武装）、中国共产党领导的抗日武装（包括八路军、新四军及各地方武装）、侵华日军和各类伪军（包括伪满、伪蒙、华北伪政权、汪伪等一切日本控制下的伪政权武装）。其中，在正面战场上与日伪进行二十余次大型会战的国民党军，对于整个抗战起到的作用不言而喻，自然不容忽视。

关于抗战时期国民党军的研究，从其“研究史”来看，研究者主要来自三方：中国大陆、台湾地区和美国。有趣的是，前两方的相关研究工作开展得较晚，最先开始对抗战时期国民党军进行关注的，反倒是大洋彼岸的美国中国学界。

太平洋战争爆发后，随着中美交流的加深，特别是史迪威事件之后，美国媒体开始对国民党政权及其军队进行批评；1949年国民党政权在大陆土崩瓦解，“谁丢失了中国”（Who lost China）一时成为美国热门话题，关于国民党军的批评甚嚣尘上，充斥了大量偏见。不过，带有研究性质的著作在这一时期开始问世。其中，刘馥的《中国现代军事史》观点相对中立，对国民党军的战时组织、官兵状况、战争动员进行了初步但卓有识见的研究，其部分认识在今天也颇具价值。

1970 年代之后，美国中国学界渐渐修正了之前的观念，其立场趋于温和而中立，两部与战时国民党军相关的重要著作相继问世：齐锡生的《战时国民党中国：军事失败和政治崩溃（1937～1945）》和易劳逸（L. Eastman）的《毁灭的种子：战争与革命中的国民党中国（1937～1949）》。前者集中讨论了国民党军战前军队的现代化建设、战时军队的作战和整建、各军事集团之间的关系；后者的第六章“抗日战争时期的国民党军队”，关注国民党军的综合素质，内容涉及官兵的军事水平、征召训练、生存状态、医疗保障等。这两本书部分修正了过去研究对国民党军的偏见，较为客观地对国民党军的组织和人员情况进行了分析（相对易著，齐著更加中立）。

同一时期，台湾地区抗战史的研究开始深入。1984 年刘凤翰教授发表了《战前的陆军整编》长文，大致梳理了战前国民党军的整建工作，对各军、师的基本情况进行了完整的记述。刘先生一直致力于对陆军整建进行考察，出版了若干著作，在其去世之后其作品合编为两大厚册《国民党军事制度史》。同一时期容鉴光、陈曼玲、张明凯、王国强等学者也着手对国民党军的兵力动员、知识青年从军、军事训练、兵工生产等问题进行专门讨论。

1990 年代后，台湾地区和大陆一批水准较高的与战时国民党军相关的研究成果相继出现。1993 年台湾“国防部史政编译局”编印的《国民革命建军史》第三部《八年抗战与戡乱》与以往的抗日战史不同，对军队系统、编制演变、军事工业等领域均有相对完整的记述，重点关注了军队的发展历程。就个人而言，张瑞德教授是众多国民党军研究者中最为突出的一位，他的《抗战时期的国军人事》是关于国民党军组织研究的一本权威著作（此书的修订版于今年在大陆出版，名为《山河动：抗战时期国民政府的军队战力》）。大陆方面，老一代学者姜克夫的《民国军事史略稿》在 1991 年出版，其在关注战事的同时，兼及了军队组织的发展。论文方面，国民党军的派系问题、军事教育、兵役制度也得到了初步研究。

最近十余年来，西方中国学界关于中国抗战的兴趣发生了一些有意思的转移，以陶涵（J. Taylor）、米特（R. Mitter）为代表的一些西方学者，对一味否定蒋介石和国民党军的既有观点进行了反思，开始强调蒋介石、国民党军乃至中国战场对于世界反法西斯战争的重要意义。然而在他们的研究中，战时国民党军已不是重点。与之相反的是，台湾和大陆关于战时国民党军的研究热情得到了延续，而后者似乎更盛。台湾方面，刘凤翰、张瑞德对于战时军队的研究仍在继续，而一部分学位论文开始以此为题展开，学院派以外的研究者也不乏佳作。中国大陆相关的研究成果颇丰。戚厚杰等编著的《国民革命军沿革实录》、曹剑浪的《国民党军简史》、李宝明的《“国家化”名义下的“私属化”：蒋介石对国民革命军的控制研究》，对国民党军的组织结构和单位变迁进行了详细的记述。就具体的研究领域而言，兵役是研究的热点之一，而国民党军的兵工、政工、编制、训练等方面的问题也得到了普遍关注。

到目前为止，关于抗战正面战场国民党军的研究，总体数量已不算少，某些方面的研究现状也较为可喜。但毋庸讳言的是，不少领域尚有继续探讨的空间。1999 年曾景忠教授提示：正面战场的“研究内容至少还应包括国民政府统帅部至各战区的指挥运作，战略方针和部署，战术运用；国民政府军队状况，内部的军事训练、政治工作、士气、作战能力、后勤保障等；战地和后方的军政关系、党政军民关系；政治动员、军事动员、供给支援；各战区和各部队包括军种间之协同，各战场之间的配合；国民政府军队与盟军的关系等”。在十多年后的今天看来，上述领域的很多内容仍未被研究透彻。

根据李晨博士在《抗日战争研究》编辑部组织的笔谈中介绍，目前“英美学界对于武装力量在战争中的表现，主要分为四个层次来考察，即政治战略、军事战略、作战或战役，还有战术和战斗”。李晨认为介于政略和战略等宏观分析与普通士兵的战斗经历、日常生活等微观描述之间的“中层研究”存在着“巨大的潜力”，这是见道之解。近年来关于战时政略和战略的研究，已使我们对正面战场大趋势的走向有了较为清晰的认识，然而具体的战争进程等过于宏观的研究仍无法给出令人信服的解释。而关于普通士兵的衣食住行、生老病死、爱恨情仇的考察，虽然符合方兴未艾的新文化史“眼光向下”的主张，深入下去自然会不乏新见，但对于增进我们关于抗战的理解帮助不大，且非常容易陷入“碎片化”的困境。

我自己的感受是，关于战时国民党军的“中层研究”应涵盖介于宏观分析和微观描述之间的所有内容，但重点似乎可以放在与国民党军战斗力发挥和战场表现紧密相关的一些问题上，即王奇生教授所说的军队的“组织结构与运行机制”，包括“军队的层级构成与组织系统，军事集团与山头派系，战略战术与作战能力，武器装备与后勤给养，情报传递与通信系统，政工制度与兵民关系，以及军官的出身、教育、待遇、人事升迁，士兵的招募、训练、素养、兵饷、晋升机会、官兵关系、生存状态与心理体验等”。其实这涉及国民党军军事制度的形成和运行，属于制度史的范畴。李文杰博士去年在华东师范大学的一次讨论会中提出近代史研究在重视“人物及其活动”的同时，不应忽视“历史人物活动的舞台”——制度，对此我心有戚戚。

一直以来，我们对于战时正面战场国民党军的决策者抱以较多的关注，其潜在逻辑是他们的思维、心态、决定对于战争的影响极大，而制度本身似乎不太重要，因为实际操作中制度往往不必遵守，可以“有法不依、执法不严”。然而我们同样观察到，国民党军的组织结构和运行机制常常如同一只“看不见的手”，对决策者的行为施加着巨大的影响。前述张瑞德的系列研究，就雄辩地告诉我们国民党军的人事制度对于其战斗力的重要作用，即便是强势的蒋介石本人，很多时候也得迁就甚至屈从于国民党军的“明规则”和“潜规则”，不能够为所欲为。

除张瑞德外，大陆学者最近关于战时国民党军研究也体现出对组织结构和运行机制的重视，关于国民党军的编制、参谋、政工、兵役、训练、医疗、对外军事合作等方面的讨论较过去已深入不少，实在令人鼓舞。不过如此乐观态势之下，与国民党军组织结构和运行机制相关的研究正面临着两方面的挑战，分别来自研究本身和研究之外。

一方面，如同经济史学者必须懂得经济学常识、社会史学者必须通晓社会学理论，研究战时的国民党军要求研究者对军事学也有相当程度的了解。而当下多数历史学者在此方面存在着明显的知识盲区，这就导致即便我们掌握了大量第一手材料，仍容易陷入不知所云、不明就里的迷茫境地。今年姜涛博士和我在阅读《丁治磐日记》时，就多次困惑于丁氏所使用的军事术语和外文简写。其中“mw”一词我俩都不解其意，根据上下文这似乎是“迫击炮”的缩写，但迫击炮不是“mortar”么？后来姜涛查阅字典，发现这是德文“minenwerfer（德式迫击炮）”的缩写。这个小小的故事说明，研究者欲深入战时国民党军的研究，在历史学之外的军事学方面，恐怕得下不少功夫。

另一方面，关于战时国民党军的研究，也处于自说自话、自娱自乐的危机之中，我这几年对于战时国军编制的研究，便是一例。立足于各大档案馆的原始材料，我考证出战时军队编制的嬗变过程，并可以复原相对“高清”的编制构成情况。遗憾的是，对此感兴趣的学者仿佛并不太多，数位关心我成长的师长也善意提醒我不要陷入烦琐考据之中无法自拔。“费了力却不讨好”的困惑，为我和同好们共有。现在看来，如何提出问题，提出什么问题，恐怕比选择研究对象更为重要。在将来的研究中，我们应当将研究的内容与国民党军战斗力和战场表现紧密联系，方更为妥当。

总而言之，关于正面战场国民党军的研究是抗战研究的组成部分，其重要性不证自明；前人对此进行了大量研究，但仍存在新的空间；“中层研究”作为将来研究的可能进路，其重点在于国民党的“组织结构与运行机制”。以上就是我关于抗战正面战场国民党军研究的一点浅见，兹抛砖引玉，期待同仁们的教诲。

抗战正面战场国民党军战略研究简评*

姜　涛**

近二三十年来，随着海峡两岸交流的增进，相关史料的开放，抗战史研究有了一定进步，尤其是摆脱了过往单一的革命史叙述模式，不少研究将眼光聚集在正面战场诸多面向（包括政治、经济、文化、军事等）。虽然有论者指出战争史本身的研究仍有待加强，[①] 但不可否认的是，抗战时期国民政府方面的军事战略、军事外交、军政互动等有关“大战略”（grand strategy）的讨论已经有了初步的成果，根据北京大学徐勇教授的统计，截至2013年，关于淞沪会战的战略研究论文，便有783篇，可见抗战战略研究关注度之高。[②] 作为后辈，笔者拟主要就战时国民党军战略问题谈一些平时读史学习的体会，权作抛砖引玉，并就教于各位前辈学者。

笔者曾在一次学术会议茶叙期间，就如何做“国民党军抗日战略”请教一位前辈师长。这位师长认为“战略”问题义涵广泛，年轻人如若盲目进入，不仅容易面铺得太大，而且恐浮于表面难以做实，须要有一个角度切入；可谓一针见血。首先，尽管“文人治军事史”对军事算是外行，但历史学家亦有其史料功夫与“前后左右”看问题的能力，从新视角切入，在抗日战略上完全可以得出较单纯的军事学研究更有深度与广度的看法。

例如，王奇生教授在新近研究中认为，作为历史后来者，我们很多时候在思考当时军政高层的战略判断时，容易被后来的“历史结果”所

---

* 北京大学研究生院才斋奖学金资助项目“抗战时期中国军队研究”（CZ201504）。

** 北京大学历史学系博士研究生。

① 杨奎松：《抗日战争研究理应重视战争史研究》，《抗日战争研究》2016年第1期，第22～25页。

② 徐勇：《中国抗战中的若干战略问题》，近代中国研究网采访，2015年9月1日，http：//jds. cass. cn/Item/31543. aspx。

影响，以致忽视了历史情境下“多种暧昧、模糊的面相”。卢沟桥事变的爆发并不意味着全国上下立即一致发动全面抗战，事实上无论是军政高层，还是学界精英，或明或暗仍有“和”声，倒是蒋介石“七七”之后不久便下了决心，大有“以一人敌一国”之势。[①] 可以看出，警惕“倒放电影”同样适用于对抗战国民党军战略问题的研究，而且似仍有很大空间。

旅日中国学者鹿锡俊教授长期关注抗战时期国民政府，尤其是蒋介石的军事外交战略，曾在《历史研究》《近代史研究》《抗日战争研究》等学术刊物上发表多篇讨论文章（其中一部分文章近期已经以日文集结成书出版[②]）。鹿教授利用蒋介石档案、日记以及大量相关史料就抗战时期几个关键事件中国民政府及蒋氏本人的大局判断和具体对策分篇进行讨论，其研究注重决策过程的深描，避免了自说自话的战略分析，极具信服力。这种政略与战略相结合的研究不仅有助于弥补单纯军事学战略研究的缺憾，而且提示我们在第二次世界大战这一全球范围的“总体战”中，战略与政略不可避免地相互影响、相互制约。

不仅政略与战略互为促动，中日两军在战场上的每一次对垒也影响着高层的决策。根据克劳塞维茨的定义，战略是“为了达到目的而对战斗的运用”，“战略也必须到战场上去……并且不断对总的计划做必要的修正”。[③] 考察每一次会战固然重要，但相较于孤立地讨论，厘清每一次作战对高层的总体形势判断有何影响，对之后战略布局有何修正，更符合历史学重视时间前后变化的特点。例如，1939年年底的冬季攻势，作为战略层面上具有转折意义的大规模作战，其重要性似并未受学者重视。经过将近一年的整军，蒋介石对这次主动的攻势作战抱有极高的期望。但前方战场中，各部队或是保存实力，或是能力不济，并未贯彻统帅部的进攻计划。蒋介石期待中的“大收获”也并未实现。位于前方作战的国民党军师长丁治磐便在日记中对冬季攻势落空的长期影响有过评价：“前年冬季攻势，本师所得之胜利，郭司令（郭忏——引者注）不加扩张，而反放弃之一事，及今犹影响于统帅自信心，以为中国军尚无攻势之能力，至今尚不敢

① 王奇生：《抗战初期的“和”声》，《战争的历史与记忆》，台北：“国史馆”，2015，第26～71页。

② 鹿錫俊『蒋介石の「国際的解決」戦略：1937～1941——「蒋介石日記」から見る日中戦争の深層』、東方書店、2016年3月。

③ 〔德〕克劳塞维茨：《战争论》，中国人民解放军军事科学院译，商务印书馆，1978，第103页。

断然取攻势作战。”[①] 虽然1940年以后，高层的战略导向逐渐趋向保守的背后是多种因素的共同作用，但是从当时前方将领的观感中，亦可以给我们提供独到的视角。现今研究多关注指挥中枢的决策过程，殊不知这一过程也受前方形势的影响，不是单靠高层的意志决心。

其次，抗战战略的研究需要国际视角，尤其要关注日英美苏的战略。中国的抗日战场是世界反法西斯战争的重要组成部分，我们在研究正面战场战略时，不仅要关注我们的对手方——日军的战略构想及其实施，也要梳理英美苏等反法西斯国家的战略决策。珍珠港事件爆发后，蒋介石及其幕僚几乎都非常积极地策划中英美苏结成军事同盟，不仅交涉的积极性远超我们过去的想象，而且由于盟军在太平洋战场初期节节败退，中方的自信心变得愈发高涨，盼望着扮演更重要的国际角色，提高国军的军事地位。出兵缅甸、成立中英美联合军事会议便是中方积极战略构想的一部分。蒋介石乐观地认为，今后是“以后非环境左右吾人之时期，为吾人表现能力之时期，此关打破，吾国家民族始能屹立于世界强盛之地位”。[②] 但是，当时美国与英国的决策层并不看好中方的提议，非但中方的战略计划与美英两国的战略打算相距甚远，而且与美英两国眼中中方的战略价值所在不相符合：中方千方百计想出兵缅甸，将中国战场与太平洋战场更紧密地捆绑在一起，提高中国的战略地位，但美方希望中国能在本土战场发动大规模的牵制作战，延缓日军南下太平洋战场的步伐，而英方则更着眼于获取中国存放于仰光的租借物资及在华美国空军志愿队。

早在20世纪六七十年代，英国与美国的军史专家与历史学者便利用官方档案进行二战时期本国的军事战略研究，并陆续推出了大量成果。其中一些有关战略演变的论著虽然有明显的“欧洲中心论”的价值导向，但文中原封不动地抄录了大量原始档案，极具史料价值。例如英国官方编著的《大不列颠联合王国第二次世界大战史：大战略》（*History of the Second World War United Kingdom Military Series：The Grand Strategy*）和美国军方编写的《二战中的美国军队》（*United States Army in World War Ⅱ*）相关各卷等，在中国抗战史学界中似仍未得到很好的利用。此外，保存在英美各地的相关档案也亟待发掘利用。而中国社会科学院近代史研究所有一部分美国内部讨论与中国相关战略的档案复制件（主要是早年陶文钊教授从美国

① 《丁治磐日记》（手稿本）第2册，1941年2月25日，台北：中研院近代史研究所，1992，第298页。

② 《王子壮日记》（手稿本）第7册，1941年12月24日，台北：中研院近代史研究所，2001，第358页。

国家档案馆等地复制的)，多是外交史学者加以使用，似未见有从抗战军事史角度加以研究利用的。

抗日战争是反对日军侵略的战争，中国学界的大多数有关战略的研究中却鲜见有日军战略决策的分析。由于这场战争中中日两方实力上的巨大差距，许多会战是日军主动策划，国民政府方面大多时候处于被动的地位，这就更加说明了深入研究日方战略对推动抗日战争战略研究的重要性。目前的国内研究无论是在数量还是在质量上似仍不够。日本亚洲历史资料中心已经在线公布了一部分防卫研究所所藏之档案，但仍有大量档案还未数字化，需要研究者亲赴防卫研究所资料室调阅原件。此外，早年防卫研究所编写的战史丛书利用率似仍不够，尤其国内还较少有学者利用其中非中国战场的部分（占 102 卷战史丛书的大部分)。

最后，研究抗战时期正面战场国军战略，不能仅仅盯着蒋介石一人，需要扩大视野，关注那些被遮蔽的“声音”。随着近年来蒋介石日记与其相关档案的利用增多，蒋介石研究有了不少推进，与之相适应的，抗战正面战争国民党军的军事战略研究，亦烙下了蒋介石的“个人印记”。当然，蒋介石有事必躬亲的性格与越级指导的战场指挥作风，从某种程度上看，国民党军整体的战略指导与蒋个人的判断有着极高的重合度。笔者曾经在台北“国史馆”看到一则十分生动的材料。1941 年底，时任军令部部长的徐永昌向蒋介石递交了一份战略签呈，内容大致是关于 1941 年春日军战略走势的判断。徐氏根据军令部汇集的各方情报，判断 1941 年春日军很可能采取保守的战略，不会发动大规模进攻。但是蒋介石在阅读完这一份签呈后，于文末批注：“参谋部不能作如此消极判断。”① 原则上，参谋部门提出的各种意见，理应根据其提出之各种理由，加以进一步论证检讨。但蒋氏本人事先就已经有了不同于军令部的判断，这种“先入为主”的观念可能会阻碍整个统帅部对战略预判的讨论。

但是，我们仍不能只将眼光放在蒋介石一人身上。国民政府内部包括陈诚、徐永昌以及阎锡山、新桂系等地方实力派的意见仍值得我们重视，其所展现出的异于历史实际走向的不同可能性，同样值得我们去发掘。例如，蒋氏最为信任的陈诚在 1942 年以后便多次向蒋表达不同于既定战略方策的意见。与蒋氏加强与美英合作的同盟战略不同，陈诚更强调对本国战

---

① 《徐永昌呈蒋中正日军仍采战略守势巩固占领地区并依政治经济封锁及局部攻势消耗我军实力节约战费改良装备伺机与德义相配合明春向我大举进攻之公算似甚少》1940 年 12 月 22 日，台北：“国史馆”，“蒋中正总统文物档案”，档案号：002－080103－00006－017。

场的重视，提倡自力更生，反对执着于“缅甸战场”，认为既有战略“对我国家民族兴旺根本所关之本国广大战场，反不加措意，如此推演，危险孰甚”（有暗指蒋之意）。[①] 当时军令部亦有签呈反对西南国境外作战，认为不仅美英难以援助中国，而且使国内空虚。可见在既定战略之外，仍有不同的声音。

蒋氏认为中国虽受制于既定的国际秩序，但国际秩序同样能有助于中国抵抗日本的侵略。于是乎，蒋介石及国民政府高层多注重国际观瞻，太平洋战争爆发前“苦撑待变”，珍珠港事变后积极寻求同盟合作。当时国民政府内部就有人认为，蒋氏的这种做法是带有“殖民地的意识”，打的仍是殖民地性质的战争，想依靠国际力量解决抗战问题，根本上与既定国策对立。[②] 此类当时人私下表达的意见更有助于我们从不同角度思考国民政府的军事战略抉择。此外，当时的地方势力派对国际形势及中国的战略选择也并不一定与中央相一致，同样值得将之呈现出来，丰富历史的多样性。

史料方面，相较于“公材料”，日记这类“私材料”更有其特殊意义。已出版史料中，《徐永昌日记》对研究国民党军军事战略的价值极大，内中不仅记有大量军令部收集的世界各战场的军事情报，而且徐氏本人与蒋氏的战略判断多有不同。去年新近出版的《陈诚日记》《胡宗南日记》亦是有关国民党军战略研究的极佳材料。档案资料中，中国第二历史档案馆“国防部史政局及战史编纂委员会”（全宗号787）中有大量各方送交军令部的涉及战略方面的签呈，台北“国史馆”蒋中正个人档案中亦有大量战略签呈，尤其值得关注。

---

① 陈诚：《电呈国内外大势并论根本国策》1942年12月31日，何智霖编《陈诚先生书信集——与蒋中正先生往来函电》下册，台北：“国史馆”，2007，第537～538页。

② 《黄旭初回忆录》，台北：独立作家出版社，2015，第241页。

国民党中层官员日记与抗战时期蒋介石研究

蒋宝麟*

蒋介石研究是目前民国史的热门领域，特别是随着2006年美国斯坦福大学胡佛研究所陆续对外开放的“蒋介石日记”手稿获广泛运用，蒋介石研究已取得极大进展。蒋介石研究与政治环境有相当大的关联。海内外的蒋介石研究，特别在中国大陆，在大体上已翻越以往意识形态化的樊篱，研究尺度更显宽松，各类研究论著大量涌现。如今，几乎所有海内外重要的民国史学者均触碰过蒋介石研究。无疑，蒋介石研究是近十年来民国史和中国近代史领域的“显学”。

在21世纪前，由于资料不足，蒋介石研究常依赖官方文件、演讲、他人回忆录和报刊等边缘性史料。[①] 史料永远是史学研究的基础，史学研究有赖于相关史料最大程度的扩充和利用，蒋介石研究的推进得益于台北“国史馆”藏“蒋中正档案”、《事略稿本》（已刊）、蒋介石日记及其他相关民国档案的开放。相对一手史料，回忆录无疑带有较强的主观色彩，而且由于1949年两岸分治，各种回忆录立场各异，对蒋介石的记述和评价也大相径庭。回忆录是相关当事人事后写就，与事实本相已有一定时空距离。还有一种史料也包含对研究对象观察评价的内容，即时人日记。

抗战时期，王世杰历任国民政府军事委员会参事室主任、国民参政会秘书长、国民党中央宣传部部长、外交部部长等职；徐永昌任军令部部长。王世杰与徐永昌是国民党党政军高层人物，又深得蒋介石信任，襄赞战时政治与军事机要。此二人日记所记要事颇详，且出版时间又早，是目前最有价值的国民党官员日记，也是长期以来抗战史与蒋介石研究的重要

---

* 上海社会科学院历史研究所副研究员。

① 陈红民、何扬鸣：《蒋介石研究：六十年学术史的梳理与前瞻》，《学术月刊》2011年第5期。

史料。[①]

除此之外，国民党中央与国民政府有一些“非核心”与非高层的政治人物，他们官至中央部会的秘书、一般幕僚或副职，无法厕身重大决策，与蒋介石也无太多机会直接接触。目前，在这类人物中，王子壮与陈克文留存并出版的日记较为重要。

王子壮，1901 年出生于山东济南，祖籍浙江山阴，少年时入济南德文学馆，后就读于北京大学，专攻法律，并受五四新思潮影响。1923 年王子壮学成返回山东，任法政学堂教师，并加入中国国民党。从 1924 年起，王子壮在山东从事党务活动，任省党部执委会常委兼青年部部长，主持民众运动。1927 年 4 月南京国民政府成立后，王子壮随丁惟汾至南京，任国民党中央执行委员会秘书。1935 年冬，兼任中央监察委员会秘书长，次年又任铨叙部政务次长。1939 年，辞中央党部秘书职。1948 年 8 月，王子壮在南京逝世。他年少时即奉父命写日记，此后时断时续。1999 年，王子壮留存日记由其家人捐赠予台北中研院近代史研究所，2001 年由该所影印出版，计十大册。《王子壮日记》收入王 1921～1923 年和 1933 年的零散日记，以及 1934 年至 1946 年 7 月 24 日的完整日记。[②]

陈克文，1898 年出生，1986 年辞世。陈克文于 1925 年加入国民党，1935 年加入国民政府，任行政院参事 13 年，1948 年初当选为立法院委员，积极参加政治活动，该年年底至 1949 年 10 月，任立法院秘书长，之后定居香港，淡出政界，主要以中学教育为业。[③] 陈克文留存日记从 1937 至 1950 年，缺 1941、1942 两年，1944～1947 年间亦有大量缺记，另外有 1952 年 3～5 月印尼之行日记。《陈克文日记》由其子陈方正编辑校订，由台北中科院近代史研究所出版排印本。2014 年，社会科学文献出版社出版简体本。

从政治身份和职位而言，王子壮为“党人”，长期从事地方与中央的实际党务工作，亦有中央部会副首长的从政经历。陈克文原为汪精卫“改组派”成员，在南京国民政府成立之初的几年内处于政治边缘地位，之后长期在行政院从事总务、文书类的实际政务工作，与国民党组织系统无太

① 《王世杰日记》（手稿本），台北：中研院近代史研究所，1990（2012 年出版排印版）；《徐永昌日记》（手稿本），台北：中研院近代史研究所，1991。

② 吕芳上：《“王子壮日记”编印缘起》，《王子壮日记》（手稿本）第 1 册，台北：中研院近代史研究所，2001。

③ 陈方正：“编者序”，陈克文著、陈方正编辑校订《陈克文日记（1937～1952）》上册，台北：中研院近代史研究所，2012。

多瓜葛。抗战时期汪精卫叛逃后，其派系色彩渐淡。以此二人所处的职位论，他们的日记可算得上是一个观察国民党政治的“中层视角”。①

抗日战争对蒋介石个人的权势变动的最大意义，就是 1938 年蒋在党内真正确立法定的独尊地位。在 1938 年召开国民党临时全国代表大会上，蒋介石当选为国民党总裁，汪精卫为副总裁，不久汪精卫降日，蒋氏成为党内的唯一领袖。

王子壮本人并非拥蒋派，对国民党内政治架构，他在很长一段时间内颇倾向于恢复孙中山式的领袖制。有一段时间，王子壮认为：“革命政党即有须集中之组织、独裁之领袖，然后一党始能措置，裕各发挥其效用。”国民党中央之所以没能体现革命性，拥有强有力的政治权力，症结在于“无中心之势力”，其弊端缘于孙中山逝世后党内的领袖制改为委员制。② 1938 年 3 月国民党临全大会决议采取总裁制，并推选蒋介石为国民党总裁，实行总理职权，这着实让王子壮高兴了一阵，他甚至觉得“本党历史上又有恢复领袖制，总理逝世十三年以来最伟大之成就也”。正是由于孙中山的逝世造成“党的重心失坠”，以常委制维持，蒋介石在其间渐成“事实上形成本党之重心”，虽然蒋氏组织以个人为中心的 CC 及黄埔系，但总裁制确立后希望“总裁亦当以天下为公之心对全党作公允之指示”。③

陈克文未亲历国民党临全大会的总裁、副总裁选举，他于翌日听同僚描述会场情形，深有感慨。他认为国民党重新确立领袖制后，国民党的精神能否从此增进，党内斗争能否从此消失，还无法确定。④ 这或与他的汪派政治身份有关。不过，陈克文对蒋抱有很大期待。1937 年底，国民党放弃南京，中央党政军机构暂驻武汉时，日军兵锋正盛，中国的抗战形势不容乐观。陈克文认为，此时“中国现在真是少不得他这样的一个人物。有他这样的一个领袖，国家前途是不会绝望的”。⑤ 蒋介石能于 1938 年任国民党总裁，完全确立领袖地位，与抗战爆发后蒋坚定的抵抗决心有很大的关系。因此，党内才能凝聚较一致的拥蒋“民意”，使反蒋各派系也无力撼动蒋介石独尊地位的既成事实。

---

① 此承刘维开教授提示，我转述其大意，理解不当之处由本人负责。

② 《王子壮日记》（手稿本）第 2 册，1935 年 9 月 8 日，第 439 页；1935 年 9 月 13 日，第 444 页。

③ 《王子壮日记》（手稿本）第 4 册，1938 年 4 月 2 日，第 431 页。

④ 《陈克文日记（1937 ~ 1952）》上册，1938 年 4 月 2 日，第 209 页。

⑤ 《陈克文日记（1937 ~ 1952）》上册，1938 年 1 月 1 日，第 163 页。

在抗战前，蒋介石用他娴熟的政治手腕，分化、瓦解党内各派系及地方实力派的挑战。当然，蒋个人“勇于负责、不辞艰苦、力争上游”的政治性格也在其中起到很大作用。蒋介石本人在意识形态建构上并无过人之处，王子壮称其为“最实际的政治家”。① 此后，蒋的这种现实主义从政风格在很大程度上影响了他的行事用人之道。

蒋介石在抗战初期完全确立党内领袖地位后，对党政军各方面均能严控在手，说他是独裁者也不为过。蒋介石的独裁，除了归因其权欲和手腕之外，还在于有一支完全忠于自己的人马。1931 年底，蒋介石因粤方反对第二次下野，他总结失败的原因是“本人无干部、无组织、无情报”。② 之后，培植幕僚班底成为蒋介石独裁地位确立和稳固的重要保障。不过，蒋氏的亲信和幕僚们并不是铁板一块，即拥蒋派内部派系林立，争斗激烈。一方面由于各路人马各有政治背景，或彼此有宿怨；另一方面也和蒋介石“分治”的手段有关。王子壮在抗战前发现蒋介石对其周围亲信的部署“概赖军法”，即“在党，信赖二陈，政则依杨永泰，军事则以黄埔为中心，是对各路均有一部领导之实力”。这种驭人之术类似用兵之法，以上 3 派人马加上宋子文、孔祥熙主持财政工作，“政军党财各以一路人马为主力，且又可以收互相牵制之效，殆鉴于历来中央政权时有旁落之虞，乃有此发现欤”，当时各路人马“尚无冲突”。他预测蒋的方法如果能指挥裕如则可，“但如彼此水火，必将误大事”。③

蒋介石通过党内不同派系和人物掌控党、政、军、财、特等各方面工作，他们都对蒋单独负责。这既有助于蒋形成个人独裁的广泛人事基础，又能使各派系和各方面工作互相牵制，防止一头独大。但其产生的负面影响十分巨大，即蒋掌控下的各路人马的高内耗。在战前，拥蒋各派之争已露端倪，只不过在反蒋派与拥蒋派矛盾下被掩盖，而且王子壮不在核心圈内，估计难知详情。到抗战时期，各派已势如水火，矛盾冲突公诸党内外。蒋介石任国民党总裁即全党的领袖，原打算对党内同志一视同仁，不再培植党内派系为己所用，但事实情况并不尽如人意。他曾下令解散一切小组织，命在党务系统内根基尚浅的朱家骅出掌中央组织部即出此意。但

---

① 《王子壮日记》（手稿本）第 2 册，1935 年 11 月 16 日，第 508 页。

② 蒋介石日记，1931 年 12 月 24 日，转引自吕芳上《蒋介石：一个“继承性创业者”初期人际网络的建立》，汪朝光主编《蒋介石的人际网络》，社会科学文献出版社，2011，第 26 页。

③ 《王子壮日记》（手稿本）第 3 册，1936 年 1 月 4 日，第 4 页；《王子壮日记》（手稿本）第 3 册，1936 年 5 月 3 日，第 125 页。

朱家骅替代二陈兄弟后，在党内自立门户，与 CC 系关系恶劣，而 CC 系与黄埔系、政学系的矛盾更为显著。有人谓："党内之各派皆由蒋先生所手创，至于利害关头，彼此斗争，几有不能震压之势。"王子壮认为党内有派别并非致命伤，但现时国民党各派系几乎形成"封建集团、宗法社会"。[①] 1945 年 5 月，国民党在重庆召开第六次全国代表大会，为争夺政治资源，"活动"中央委员名额，国民党内各派合纵连横，竞争趋于白热化。据身历其事的王子壮看来，这次大会后，"极见人心之涣散，领袖之尊严为之减低不少，党内之分歧必形成力之分散"。[②] 对于党内派系争斗，蒋介石并非熟视无睹，他曾多次严厉禁止小团体活动，强调党内"团结"。然而，为了寻求政治平衡，蒋宁可默认派别活动的存在，但求"服从"，以防某一方"独擅"。[③]

蒋介石在宏观上驾驭各方的同时，在微观上喜好直接插手具体事务。前者形成蒋集团内耗，后者则显示其个人缺乏统筹能力，这些都导致蒋介石个人威信受损。陈克文发现，蒋介石热衷于过问各种具体事务，但"以蒋委员长现在的地位，许多事不应该直接负责，以免政策的执行发生困难，同时也可免他的威信尊严发生影响"。[④] 具体表现形式是蒋介石向各级机关或人员下达"手令"。

蒋介石的手令数量极多。据一位军事委员会委员长侍从室的人士估计，从 1936 年 1 月至 1948 年 4 月，侍从室累积收藏蒋的手令达 120 余箱。许多研究者认为，蒋介石手令是越级指挥和人治的体现。张瑞德通过对藏于两岸的 2000 余份手令的分析研究，认为蒋大量颁布手令是战时权宜措施，军事方面最多，政治方面次之，党务较少，手令内容越级指挥并不多见，少数越级指挥的情况仅为作战方面的手令。[⑤] 张瑞德的定量定性研究，当为蒋介石的"手令"正名。不过，在彼时，蒋的手令确实令底下做事的人无所适从。陈克文在行政院处理具体政务，发现蒋介石下达的命令常常不能贯彻。连主事的行政院副院长孔祥熙对蒋的手令都是阳奉阴违，推延了事。由此，陈克文认为蒋的威信与权力其实是不相称的。[⑥] 另外，陈克文发现作为领袖，蒋犯了一个最大的错误："喜欢把一切的工作人员变成

① 《王子壮日记》（手稿本）第 10 册，1945 年 6 月 10 日"上星期反省录"，第 199 页。
② 《王子壮日记》（手稿本）第 10 册，1945 年 6 月 8 日，第 197 页。
③ 《王子壮日记》（手稿本）第 10 册，1945 年 3 月 17 日"上星期反省录"，第 103～104 页。
④ 《陈克文日记（1937～1952）》下册，1943 年 5 月 16 日，第 751 页。
⑤ 张瑞德：《遥制——蒋介石手令研究》，《近代史研究》2005 年第 5 期。
⑥ 《陈克文日记（1937～1952）》下册，1943 年 5 月 16 日、5 月 30 日，第 751、758 页。

自己的直接部队，直接指挥、直接监督、直接考核，全违背了分层负责，权限分明的组织道理。”[①] 王子壮有同感，他认为蒋介石一方面要求各机关切实实施，分层负责，另一方面又“手谕纷然，每致各机关弃置原有工作计划，专为应付手谕”，手令（手谕）多由临时感触而发，无统一性，常互有抵触。[②]

昔人有言：“事后论人，局外论人，是学者大病。事后论人，每将知人说得极愚。局外论人，每将难事说得极易。”[③] 王子壮与陈克文既是国民党决策圈的“局外”人，是国民党高层政治的观察者，又是“局内”人。游走于局内外之间，知人论世或有真切所在。王子壮和陈克文在各自的日记中对蒋介石有大篇幅的记述，其中有目睹者，有耳闻者，更有所想所感者。相比回忆录，这些观察最大的不同是即时性，所言未必皆符合事实，评介或许也见仁见智，但在日记载体上更显得“口吐真言”。

从史料载体的角度看，日记自然是一手资料，但日记中所载的内容并不一定是一手。日记的史料价值应体现在与其他各类文献比勘印证上，以便把握其中真的部分和真的程度。[④] 研究抗战时期的蒋介石，参阅王、陈二人的日记可作为与蒋介石日记及其他史料的对勘物，或起一些补充作用。但更重要的是，二人所记蒋介石事迹的行文方式与否臧所评则是观察蒋介石个人在国民党内形象建构的一个独特视角。

---

① 《陈克文日记（1937～1952）》下册，1944年2月25日，第833页。

② 《王子壮日记》（手稿本）第10册，1945年3月17日“上星期反省录”，第104页。

③ 魏禧：《魏叔子日录卷之一·里言》，魏禧著、胡守仁等点校《魏叔子文集》下册，中华书局，2003，第1057页。

④ 桑兵：《治学的门径与取法——晚清民国研究的史料与史学》，社会科学文献出版社，2014，第84～95页。

抗战时期乡村知识分子视角下的民众国家认同

——以《退想斋日记》《郝星久日记》为例

周山仁*

民族国家（nation - state）是现代国家政权最主要的组织形式之一。按照西方一般的观点，民族国家的特征就是在其领土范围内，对其辖下国民有强制权。有意思的是，按《大英百科全书——在线百科全书》（*Britannica - The Online Encyclopedia*）民族国家（nation - state）词条，“民族”并不是一个“实在”，而是权力将各种成分复杂、面貌各异的族群塑造成一个政治实体的结果。① 这种描述倒是与安德森·本尼迪克特对民族的定义相通。②

毫无疑问，传统中国不是一个现代意义上的民族国家，它似乎更具有“文化国家”的意义。但自1840年开海以来，孱弱的“文化国家”面临“千年未有之强敌”之侵扰，对外御侮，对内重建“民族国家”，成为彼时先进之重任。无论是孙中山揭橥“驱除鞑虏、恢复中华”之民族主义，还是梁任公流亡海外拈出之“中华民族”皆其荦荦大者。一般认为，在庚子之役后，因为帝国主义的空前压制以及新型知识分子的成长，民族国家的认同基本实现。③ 从1912年中华民国建立开始到之后的历次政治运动，皆是此民族国家建设之过程。孔飞力非常重视中国近现代史的“内在导向”，从现代国家的“根本性”问题——政治参与、政治竞争、政治控制来寻找

---

* 山西大学历史文化学院讲师。

① https：//global. britannica. com/topic/political - system/National - political - systems # ref 416908。

② 本尼迪克特将民族定义为“一个想象的政治共同体”，见安德森·本尼迪克特《想象的共同体——民族主义的起源与散布》，上海人民出版社，2003，第5页。

③ 李帆、邱涛：《近代中国的民族国家建设》，商务印书馆，2015，第78页。

中国现代国家的起源。他以魏源、冯桂芬、耒阳暴乱和集体化为例，将中国的现代化起源追溯到晚清嘉道时期。①

以上大作于现代国家形成，自有见地。但研究者多以宏观视角、由上至下的精英人物为摹刻对象，对于自下而上之民众视角略显不足。具体而言，现代民族国家的构成，固然是由上至下的国家制度构建，但另一方面，普通民众对现代国家的认同也尤为重要，否则“国不知民，民不知国”，与传统制度何异？

“朝章国故，民隐世情。”探究普通民众在近代史上的“国家认同”，文本选择颇难获得。首先近代普通民众读书识字者少，将所见、心得笼挫于笔端者更少之又少；其次，要获得普通民众的真实心理，必须选择能真实表达自己的私人信函或者日记。鲁迅曾在《孔另境编〈当代文人尺牍钞〉序》中谈及私人信函、日记对读人知世的重要性：“这并非等于窥探门缝，意在发人阴私，实在是因为要知道这人的全般，就是从不经意处，看出这人——社会的一分子的真实。”② 尤其在战乱等非常时期，权威解纽、社会失序，更容易蠡测大众对国家之态度。如桑兵在其著作《走进共和：日记所见政权更替时期亲历者的心路历程（1911～1913）》，即利用私人日记来勾勒辛亥鼎革时期各色人等的心态和观念。近代战乱之尤甚者，莫过于抗日战争，彼时中国东部地区几乎全部沦陷，民众死难流离者不计其数。在失去了国家的保护之后，民众如何看待国家，则是测试“国家认同”的最好试剂。

一 乡村知识分子的社会记录：刘大鹏、郝星久其人及其日记

本研究选择的两件文本，即《退想斋日记》和《郝星久日记》大体符合普通人以及客观真实的要求。

刘大鹏（1857～1942），太原县（现属太原市晋源区）赤桥村人。字友凤，号卧虎山人，别号梦醒子。太原县地处首县阳曲和晋商汇聚之榆次县之间，商业氛围浓厚。刘氏即出生于亦农亦商的家庭，自小接受科举教育，1878 年（清光绪四年）进县学，1894 年（清光绪二十年）中山西甲午科乡试举人，之后几次参加会试未售。1905 年科举制度废除，刘氏科举

① 孔飞力：《中国现代国家的起源》，生活·读书·新知三联书店，2013，第 2 页。

② 鲁迅：《且介亭杂记》，人民文学出版社，1993，第 197 页。

之梦破灭。刘大鹏举人出身又对地方事务急公好义，为地方著名绅士，1909年被推为山西咨议局议员；辛亥鼎革后，除短时间在太原县政府服务过一段时间外，刘大鹏一直以胜朝“遗民”自居，以在地方经商（开煤矿）和教书、务农为生。

刘大鹏是一个虔诚迂腐的“道学家”，因为“吾日三省我身”的需要，他从1891年开始记日记，一直笔耕不辍，直到1943年去世。囿于“遗民”身份，他的笔调冷峻、愤怒、苛刻，因为旁观者的视角，他的记录客观、真实。本文所运用的资料，主要来源于刘大鹏在1931～1942年所著的《退想斋日记》。①

郝星久，万荣县西孝原人（西孝原今属河津县），早年上过河东著名教育家严慎修在河津上井村设立的河津第四高小，与严交往甚密。② 揆诸郝星久的文字和思想，郝应该是中等师范学校毕业。郝星久曾在抗战之前参加由严慎修、姚大海和梁漱溟合股设立的乡村书社（设在上海法租界辣斐德路，即今天复兴路），推行乡村改良运动。抗战爆发后，郝星久由沪返乡，在乡村从事教育工作，并零星参与牺盟会在河津县的动员工作。③ 1939年，因为日寇的侵扰和压迫，郝星久忍无可忍，辞去教学工作，专门从事牺盟会的民运工作，并担任汾南公道区团团长。④ 到1940年元月，郝星久认为自己“没有革命的精神，任何为党派而摩擦的事我都不愿参加。我是一个无党无派的老百姓”，⑤ 随即离开牺盟会，再做乡村老师。终其一生，郝星久都是一个普通教师，“长期从事教学工作，晚年退休，担任村中读报员十年之久，工作卓有成效”。⑥

郝星久从1929年冬开始写日记，到1937年时已积累30余本，但惜大多散佚。现在保存于河津图书馆者，仅仅有写于1938年的《教学做日记》、1939年的《国难日记》和记述1939年9月至1940年元月的《牺盟会工作经历写实》3种。上述日记皆为郝星久毛笔书写，书法清秀端正。日记内容多处有涂抹痕迹，并有几处郝星久后来所加之说明。如在《国难日记》中，凡有“蒋介石”“阎锡山”者皆被涂抹，此反证日记的真实

① 刘大鹏：《退想斋日记》（微缩胶片），原本现已佚，胶片现存山西省图书馆。
② 《万荣县文史资料》1986年第一辑，第188页。
③ 《万荣县文史资料》1986年第一辑，第191页。
④ 郝星久：《国难日记》（手稿本），河津图书馆藏，第107页。
⑤ 郝星久：《牺盟会工作经历写实》（手迹本），河津图书馆藏，第81页。
⑥ 《河津文史资料》1986年第2辑，第39页。

性。[1] 3种日记较全面地反映了抗战时期晋南民众的普通生活生态和思想观念，当然更不乏日寇铁骑下民众的惨痛经历。

二 遗世独立：保守士绅对国家认同的抵抗与扭曲

刘大鹏是一个学问荒陋但内心坚定的“道学家”，他的理学知识大抵来自朱熹的《小学》和朱注四书。刘大鹏高度认同纲常伦理，认为“伦理纲常为治天下之大经大法，一日不可离者”。[2] 他戴着伦常的眼镜，蔑视民国以来的各种新事物——学校、议会、女学堂之类，当然他更痛恨的是中华民国，不管是北京政府还是南京国民政府。

从现存最早的刘氏民国日记（1913年日记）起，刘氏的日记纪年一直为“大清宣统”，到1917年“张勋复辟”失败后，刘大鹏感叹“天不佑清”，从1918年日记纪年开始出现民国，如1918年农历正月初一之日记纪年为“大清宣统十年岁次戊午民国七年二月冯国璋代理大总统”，民国年号字小一号，以示民国的非正统性。随着清废帝溥仪被驱逐出北京，刘氏虽然痛心疾首，但大清的复辟更显渺茫，1926年的日记纪年改为“宣统十八年帝困于天津，民国十五年段祺瑞执政”，宣统纪年与民国纪年字迹等大。南京国民政府成立后，刘大鹏的日记纪年又开始发生变化，他称南京国民政府为“党国”，如1930年农历正月初一的纪年“清宣统二十二年帝困于天津，民国十九年党国第三年，江苏江宁府为都”。南京国民政府以南京为首都，刘大鹏不屑民国的行政区划，仍沿用清代的行政区划，以示“党国”“得国之不正”。

1931年九一八事变爆发，第二年日本扶持傀儡溥仪建立“满洲国”，刘大鹏内心的复辟情节再次被激发。刘氏希望借助日人的力量，推翻南京国民政府，重新恢复大清正统。但很纠结的一个问题出现了：以儒家卫道士自居的刘大鹏如何看待日寇入侵中国？这可是儒家讲到的“蛮夷猾夏”[3]的大事，士大夫乌可袖手旁观！称日本为“倭奴”，但又希望“倭奴”能一匡正统的刘大鹏陷入了自欺欺人的幻想，他希望“后清必命倭人铲除革

① 郝星久：《国难日记》，第40、98页。

② 刘大鹏：《退想斋日记》（微缩胶片），民国五年（1916）七月初三日。

③ “蛮夷猾夏”出自《尚书·舜典》，中国传统士大夫以“蛮夷猾夏”为耻。如曾国藩在“致诸弟”信中说：“故其为忧也，以不如舜不如周公为忧也，以德不修学不讲为忧；是故顽民梗化则忧之，蛮夷猾夏则忧之，小人在位贤人否闭则忧之，匹夫匹妇不被己泽则忧之……此君子之所忧也。”《曾文正公全集·家书》卷二，第3页。

党，诛灭群魔，俾后奄有中华，而外洋各国均来享来王”，之后“日本国内乱突起，自顾不暇，非但不能压制后清，势必来请后清往平其国之难”。[①] 刘大鹏自己也知道这是痴心妄想，于是深受理学熏陶的刘氏一直在“华夷之辨”与“借倭复统”的矛盾中纠结。这也体现在他的日记纪年中，如 1936 年农历正月初一的纪年“中华民国二十五年，党国第九年，后清宣和三年宣统帝都关东长春，党国政府都金陵”。刘氏以“满洲国”为“后清”，已然认为“满洲国”为偏安政权，而且纪年格式先提中华民国，说明刘氏开始不得不承认中华民国为中国正统，虽然这种认可包含有很大的不情愿。

1937 年的卢沟桥事变，使得年已耄耋的刘大鹏被迫卷入了一场关乎中华民族存亡的大战中。刘大鹏以一个被时代抛弃的遗老身份，亲身观察并经历了这场战争。在一个保守绅士眼中的乡村抗战生存场景，有民众的苦难，有日寇的蹂躏，有伪政权的跋扈，村公所的两面，土匪的横行。刘大鹏逝于 1943 年，逝前仍然牢骚满腹，但最终没有落水当汉奸，他在瞑目时还是保持了对中华民国的基本认同。

三　从麻木到觉醒：新型知识分子眼中的民众国家认同

郝星久是一个接受过现代教育的新型知识分子，热心于乡村教育改造。[②] 与同时代的大部分知识分子一样，郝星久的思想略微偏左。[③] 从他 1938～1940 年的阅读史，可以一窥郝氏的阅读旨趣与精神世界：《小学教员的日记》（1938 年初），哀情小学《断肠花》（5 月份），《清史论略》，《中国史》，加里波的、圣彼得、纳肖逊等传记，《革命先烈文艺集》（6 月份）。到 1939 年 8 月 24 日，郝星久读到 3 张《新华日报》，认为“反正均为现代的宝贵的文献，有人人必读的价值，同志会人计划将它完全翻印成册，分发给许多关心抗战建国人士阅读”。[④] 在参加牺盟会后，郝星久的阅读兴趣主要在有关民运的著作上，如《民运工作实际问题》等。因为郝星

① 刘大鹏：《退想斋日记》（微缩胶片），民国二十三年（1934）二月初一日。

② 在郝星久的《教学做日记》中，由严慎修提倡的乡村教育改造的措施随处可见。郝星久在 1940 年离开牺盟会的原因之一，也是基于对教育的感情：“我是小孩子的大朋友，我是一个乐于学校教育的青年。”耄耋之年的郝星久在修山西著名乡村教育家严慎修传记时，用“文教巨擘”作为严氏事功之定谳。后《山西通志·人物志》即以郝文改写而成。

③ 他在日记中多处批判资本主义，他的理想便是“创立一种制度，应该为一般人民大众设想，不宜专为少数人便利。”《教学做日记》（手稿本），河津图书馆藏，第 44 页。

④ 郝星久：《国难日记》（手稿本），第 94 页。

久的偏左思想，他对乡村民众的观察多有“哀其不幸、怒其不争”的“鲁迅”式笔调，如他对乡村传统如社戏、婚丧仪式等的厌恶，尤其体现在抗战的非常时期。祛除其感情色彩，日记确也能客观地反映当时民众的家国观念。

郝星久从沪返乡后，一直在家乡附近的南卫、通化教书，其时太原已沦陷、省军政机关已迁至临汾。为防止混乱，当局禁止春节鸣放鞭炮，但民间仍然歌舞升平，除夕“爆竹声依然乱响”，郝星久认为此为“法治不济的事，用教育可以改变之”。[①] 为唤起民众抗日，县小学、牺盟会搞话剧下乡，郝星久认为效果不彰：“民众依然是醉生梦死麻木不仁的！为今之计，救亡工作的目标，不在什么提醒宣传，其实人人都晓得日本的可恶，并且都提起来咬牙嚼齿，积极的是如何发动群众来武装自卫，叫他们有自卫的实力。”[②] 如何让民众知道敌人的可恶？郝星久认为必须先毁民众的小家，然后才有毁家纾难之举：“敌人愈进攻，更加强了我们的社会纷扰，增多了人民的失业——亦只有在这样状态中才能增多我们的抗战军士，加强我们民族革命的力量，不然，人皆养尊处优安常习故，谁愿走上生死决斗枪林弹雨的战场！所以有人说：‘希望敌人把炸弹掉到中国每个角落里，以激起我们的全民抗战的怒念！’”[③] 如此决绝的动员民众的方式！

但民众有自己的生活逻辑。1938 年 2 月 22 日，当地为正月二十三迎神赛社，有飞机两架盘旋，引起民众混乱。即使如此“还不能制止我村人热烈的赛社情绪，鼓着勇气的向庙上进发，且有人说：‘走吧！怕怎的？落下炸弹我也不怕！’”[④] 郝星久评论道：“乡民对于迷信的毫无意义的事有那样大的牺牲精神，对于一切其他利社会益国家的事反现出敷衍退缩，像这种心理上畸形的发展，正需要积极的社会教育。”[⑤]

1938 年 2 月，万荣陷落，但民众仍然麻木不仁：“‘七七’日敌在各地也举行什么‘兴亚纪念’，万泉（今万泉乡）敌曾招［召］集小学教师学生及村间长，全县进城的教师有六十人之多，村间长差不多全数出席。据这位亲身参加过的教师告我，他们进城有酒宴、有洋糖、不管三七二一，吃他一个痛快淋漓！当散糖块时有许多丢脸的中国人竟然向日人手中抢

① 郝星久：《教学做日记》（手稿本），第 40 页。
② 郝星久：《教学做日记》（手稿本），第 55 页。
③ 郝星久：《教学做日记》（手稿本），第 66 页。
④ 郝星久：《教学做日记》（手稿本），第 79 页。
⑤ 郝星久：《教学做日记》（手稿本），第 80 页。

夺，人家不堪这种漫无秩序，让他们索性在地上抢吧。于是日人将糖块一把一把地向天空掷，一群中国人像 × × 似的在地上抢，日人拍手哈哈大笑，于是越抢越起劲了！”[①] 但当日伪政府引导民众们上街游行喊“打倒蒋介石”的口号时，“群众一声不响”，汉奸赶紧劝告群众：“大家到皇军跟前要呼喝，他反正不懂得。”所以一喊“打倒蒋介石”时，群众乱喊一气，欺骗日人。[②] 由此可见，彼时的中国已经不同于晚清，群众在国难中已经逐渐有了国家认同的影子。

民族国家的构建是中国近代以来先进者的重任。民族国家的构建，一方面是国家政治体制的建立，另一方面就是民众对国家的认同。因为传统文化的积习以及国家权力的孱弱，到抗战爆发时，民众对国家的认同感并不强烈。但在日军践踏之下，普通民众渴望国家强大，期冀子弟兵能将他们从“九层地狱”中救出：无论是作为遗民代表的刘大鹏，还是郝星久眼中的普通群众，他们在呼号惨怛中感受到了国家对他们生存的重要性。抗日战争从客观上强化了民众对国家的认同。

① 郝星久：《国难日记》（手稿本），第 35 页。

② 郝星久：《国难日记》（手稿本），第 36 页。

两岸海军抗战史研究的回顾与展望

程玉祥*

中国海军在抗战时期为国家与民族的利益做出了巨大牺牲，发挥了无可替代的关键作用。两岸学界鉴于其重要性，较早地投入研究，产生了一批颇具特色的学术成果。

大陆学界的海军抗战史研究起步较早，在抗战期间海军总司令部即重视编修海军抗战史的内部材料，如《海军抗战纪事》《海军战史》《海军抗战事迹》。不过，长期以来这些材料未能公开出版，其影响有限。20世纪五六十年代，由于此前大批海军档案被国民党带到台湾，大陆留存的海军抗战档案极为有限，相关研究停滞不前。

改革开放后，得益于各地文史资料和1986年杨志本主编的《中华民国海军史料》① 的出版，以及大量民国海军亲历者回忆文章的问世，民国海军史研究薄弱的状况开始有所改观。《中华民国海军史料》除收录回忆性文章外，还收录了中国第二历史档案馆收藏的大量海军档案。受此影响，学界出现了研究民国海军史的热潮。1989年，高晓星、时平编著的《民国海军的兴衰》② 问世，作为大陆学界第一部专门记述中华民国海军的著作，较为完整地呈现了民国海军的发展概况，填补了国内海军史研究的一项空白。此后陈书麟、陈贞寿编著的《中华民国海军通史》③、海军司令部编辑的《近代中国海军》④ 相继出版，民国海军史研究初具规模。不过，这一时期的海军史研究以通史或断代史著作为主，尚未出现海军抗战史专

---

* 南京大学中华民国史研究中心博士研究生。

① 杨志本主编《中华民国海军史料》，海洋出版社，1987。

② 高晓星、时平编《民国海军的兴衰》，中国文史出版社，1989。

③ 陈书麟、陈贞寿编《中华民国海军通史》，海潮出版社，1993。

④ 海军司令部《近代中国海军》编辑部编《近代中国海军》，海潮出版社，1994。

著。直到2013年，马骏杰著《中国海军长江抗战纪实》[①] 问世，大陆学界才出现第一本专门研究海军抗战史的专著。该书聚焦于以江阴阻塞战、长江布雷为主要内容的长江抗战，挖掘其历史意义，检讨其得失。期刊论文发表的研究成果相对丰富，议题集中于战前中日海军备战、海军长江抗战、水雷战以及中国海军对日抗战的战略战术。

台湾学界的海军抗战史研究起步于迁往台湾的“海军总司令部”以及具有海军背景的学人对海军抗战史料的搜集与整理。1965年，台湾“海军总司令部”将海军耆宿及退休将校的回忆文章、口述专访等集结成《中国海军之缔造与发展》[②]，其中有关海军抗战的回忆文章占了相当大的篇幅，为后人的研究提供了丰富的原始素材。1970年，曾在台湾“海军总司令部”新闻处服役的包遵彭撰写了《中国海军史》（上、下）[③]，设有专节论述抗战时期的海军作战。1986年，台湾“海军总司令部”鉴于“珍贵档案大都散失，致使海军在抗战史上留下一片空白”，依照台湾“国防部”制订的“国民革命军战役史”实施计划，由办公室史政组成立专案小组，负责编撰海军抗日战史。1994年，《海军抗日战史》[④] 正式出版，该书共分上下两册，是迄今为止唯一一部全面研究海军抗战史的专著。与此前著述仅关注海军战斗经过相比，该书的一大特点是系统论述了抗战前后海军的相关史实，如战前中日海军战力比较，战时海军教育与训练、海军陆战队，战后海军重建、日舰接收等。该书的另一大特点是将搜集到的档案、照片按章节体系分门别类附列于小节后，史料价值巨大。

此后，中研院近代史研究所张力教授大量运用“国军档案”、美国外交档案（FRUS）等核心史料，以中央与地方关系、战时中外关系等新视角重新审视战时海军的派系整合、军事外援等议题，突破了以往单一的叙事模式，代表论文有《从“四海”到“一家”：国民政府统一海军的再尝试，1937～1948》《航向中央：闽系海军的发展与蜕变》《1940年代英美海军援华之再探》。[⑤] 近

① 马骏杰：《中国海军长江抗战纪实》，山东画报出版社，2013。

② 中国海军之缔造与发展专刊编辑委员会编《中国海军之缔造与发展》，台北：“海军总司令部”，1965。

③ 包遵彭：《中国海军史》上、下，中华丛书编审委员会，1970。

④ 柳永琦编《海军抗日战史》，台北：“海军总司令部”，1994。

⑤ 张力：《从“四海”到“一家”：国民政府统一海军的再尝试，1937～1948》，《中央研究院近代史研究所集刊》1996年第26期；《航向中央：闽系海军的发展与蜕变》，《中华民国史专题论文集第五届讨论会》，台北：“国史馆”，2000；《1940年代英美海军援华之再探》，李金强、麦劲生、刘义章合编《中国近代海防史国际学术研讨会论文集》，香港：中国近代史学会，1999。

年来，台湾学界鲜见专门研究海军史的著作，其中刘芳瑜著《海军与台湾沉船打捞事业（1945～1972）》[①]、金智撰写的《青天白日旗下民国海军的波涛起伏（1912～1945）》[②] 代表了台湾学界研究的新趋向，前者以沉船打捞事业为研究课题开辟了海军史研究的新面向，后者第三章专门讨论了抗战时期的中央海军。

综观以上著述，大陆学界的研究侧重于海军抗战事迹的叙述与分析，台湾学界则在海军抗战史料的搜集与整理上取得了较为显著的成绩。尽管两岸的海军抗战史研究起步较早，并出现了一些有分量的著述，但客观而言，仍存在不少问题：第一，议题过于集中在长江抗战与布雷，有意无意地忽视了海军抗战史的其他内容，如对汪伪海军的研究明显不足；第二，对已公开档案与外文史料的运用远远不够。造成上述现象的主要原因是：第一，研究者模糊了海军抗战史的内涵，将海军抗战史等同于中国海军的抵抗，极大地制约了海军抗战史新议题与新内容的拓展；第二，史料的限制，涉及海军抗战史的核心史料分藏于两岸军事档案馆或军事院校图书馆，长期以来不对外开放，普通研究者根本无法接触。

如何进一步推进海军抗战史研究呢？笔者认为至少可以从以下几个方面入手：首先，明确海军抗战史研究的问题。荣维木先生在回顾抗日战争研究时，曾指出“抗日战争研究主要研究两个问题，一是日本的侵略，二是中国的抵抗”。[③] 就海军抗战史而言，从历史的长时段观察，海军抗战史在近代中国海军发展史上占有极为重要的地位，虽然中国海军主力在抗战初期损失殆尽，但在抗战胜利后，中国海军在盟国援助下磐涅重生。在此进程中，海军从“四海”走向“一家”，海军军令权与军政权收归中央，阻碍近代海军发展的派系问题逐渐得到控制。因此，海军抗战史研究似乎可以更关注三个问题：一是日本海军的侵略，二是中国海军的抵抗，三是中国海军的重建。现有成果集中于第二个问题，对其余两个问题均缺少深入研究。

其次，推动上述问题的研究，需要宏大而多元的研究视角。海军抗战史牵涉众多，以往主要从中日军事斗争、派系纷争、中央与地方关系等视角来研究，这无疑具有合理性，但相关研究应该在此基础上继续突

---

① 刘芳瑜：《海军与台湾沉船打捞事业（1945～1972）》，台北：“国史馆”，2011。

② 金智：《青天白日旗下民国海军的波涛起伏（1912～1945）》，台北：独立作家出版社，2015。

③ 荣维木：《抗日战争研究现状简析》，《抗日战争研究》2009 年第 1 期。

破。陈谦平教授所倡导的国际化发展的视角对海军抗战史研究颇为重要，这一研究视角强调史料和研究视域的国际化。抗战爆发前后中日两国海军亦师亦敌的复杂关系以及太平洋战争后英美两国对华海军援助等，对国民政府海军发展影响至深，这表明抗战前后中国海军从毁灭到重建的历史正是中国和世界相互作用的结果。史料方面，日、美、英三国保存的官方档案多数已经公布，为从国际化视角探究海军抗战史提供了可能。以太平洋战争爆发后中国海军重建为例，美国决定援助中国海军重建背后的战略考虑出现过明显变化，战时美国援助的重点是接收中国海军学员赴美参战见习，其目的乃是出于共同对日作战的需要，战后美国以赠舰、派遣海军顾问团等方式协助中国海军重建，其目的是要在东亚建立一支处于“辅助地位”① 的防守海军，以符合战后美国的全球战略。当然，抗战胜利前后中国海军重建还涉及复杂的国内局势，海军总司令部与军政部拟定的两种不同的重建方案预示着战后海军重建方向的不确定性，这需要结合派系关系、中央与地方关系等视角予以分析。总之，多元的研究视角可以呈现出历史的复杂面相，有助于推动海军抗战史研究的深入。

再次，研究方法上的推陈出新。目前海军抗战史研究依然遵循着实证研究的传统方法。现有的海军抗战史料，由于当时派系成见至深，史料本身存在大量互相矛盾的记载，因此，借助于实证研究的治学方法，爬梳史料，辨析真伪，考订相关史实，仍是海军抗战史研究的基础工作。但是，随着相关史实的逐渐清晰，以实证研究为基础，适当运用其他学科如军事学、社会学、教育学以及统计学的研究方法，对深化海军抗战史研究就显得尤为必要。在研究方法的创新上，值得引起关注的是马幼垣先生在《靖海澄疆》中提出重视舰船与海军技术知识的积累，以舰船研究作为海军史研究的基础等研究海军史的新方法。陈悦先生的“海军舰船志”研究系列是运用这一方法的典范之作。

最后，充分发掘与运用新史料。近年来两岸在海军抗战史料的开放与整理上取得了长足进步。第一，相关档案馆典藏海军抗战史料的开放。大陆方面，2014 年至今，中国第二历史档案馆先后开放完成数位化的“国防部史政局及战史编纂委员会（全宗号 787）”“海军部及海军总司令部（全宗号 790）”两个全宗。台湾方面库藏的海军抗战史料远较大陆丰富，主要

① 《周宪章呈蒋中正海军建设计划报告书》（1946 年 4 月 30 日），台北：“国史馆”，“蒋中正总统文物档案”，档案号：002 - 080102 - 00084 - 008。

典藏机构有“档案管理局”、“国史馆”和中研院近代史研究所档案馆。目前除“档案管理局”限制大陆及港、澳地区人士阅览外，其余均可申请调阅。“国史馆”馆藏海军史档案主要在“蒋中正文物档案”、国民政府档案及“国防部军事情报局档案”等几个全宗，中研院近代史研究所档案馆所藏相关档案侧重于太平洋战争爆发后涉及中美海军合作的外交档案。第二，海军抗战档案的出版。随着抗战史成为两岸学界研究的焦点与热点，有关海军抗战的档案史料也在两岸相继整理出版，其中较为重要者如下：《抗日战争正面战场》[①] 中的《海军抗战》、《国家图书馆藏民国军事档案文献初编》[②] 十二册、《海军军官教育一百四十年（1966～2006）》[③] 以及《海军抗战期间作战经过汇编》[④]。

新史料的发掘使研究者对新议题展开深入探讨成为可能，如“蒋中正文物档案”、《蒋介石日记》的开放为研究抗战时期蒋介石与海军的关系提供了条件。沙青青先生的新作《用、弃之间：欧阳格案与蒋介石的海军人事处置》（《抗日战争研究》2014 年第 4 期），大量运用《蒋介石日记》、“蒋中正文物档案”，透过对欧阳格案始末的详细梳理来分析抗战前后蒋介石对民国海军建设与人事布局的政治考量，是运用新史料研究蒋介石与海军关系的一次有益尝试。

新史料的发掘亦有助于我们对已有的“定论”提出新的看法。譬如抗战前成立的电雷学校，学界多认为是蒋介石在海军原有派系之外另起炉灶为培养“嫡系海军”而设。笔者在台北“国史馆”查档时曾看到与此相关的电文却显示：1938 年 1 月 29 日，蒋介石指示何应钦应竭力减少电雷学校经费，同时表示电雷学校“似已无作用，应即取消”。[⑤] 尽管蒋介石一度同意何应钦提出的暂时保留电雷学校的建议，但在马当失守后，蒋最终还是于 6 月 28 日下令取消电雷学校，并将尚未毕业的第三、第四届学生并入青岛海军学校。可见，在蒋介石看来此时的电雷学校已无继续存在的价值与必要，这显然与蒋介石建立电雷学校以培养“嫡系海军”之说相矛盾。实际上，从“国史馆”馆藏蒋介石与欧阳格往来函

① 中国第二历史档案馆编《抗日战争正面战场》上、中、下，凤凰出版社，2005。

② 殷梦霞、李强选编《国家图书馆藏民国军事档案文献初编》，国家图书馆出版社，2009。

③ 沈天羽：《海军军官教育一百四十年（1966～2006）》上，台北：“国防部海军司令部”，2011。

④ 台北“国防部海军司令部”编印《纪念抗战胜利 70 周年：海军抗战期间作战经过汇编》，2015。

⑤ 《蒋中正电示何应钦减少电雷学校及欧阳格经费人员武器归海军接管》1938 年 1 月 29 日，台北：“国史馆”，“蒋中正总统文物档案”，档案号：002－010300－00008－073。

电中，可以发现电雷学校存在的价值在于它可以扼制长江要道，阻断日军溯江威胁南京之可能，进而达到拱卫首都的目的。1937 年 12 月，南京、江阴相继沦陷后，电雷学校存在的价值随之消失，在此情形下，蒋介石下令要求取消电雷学校就显得较为合理了。因此，电雷学校应是战前江防计划中的一环，而非蒋介石为培养“嫡系海军”而设。

口述资料与抗战史研究

叶　铭*

2016年第二期《抗日战争研究》杂志的笔谈中，国家社科基金重大项目“抗日老战士口述史资料抢救整理”（15ZDB045）首席专家张连红教授回顾了抗战老兵口述调查现状，对存在的问题进行了检讨，肯定了抗战老兵口述的学术价值，认为抗战老兵口述历史调查是“抗战史研究领域中一大崭新的风景线”。① 作为项目参与者，又是史学研究的一名新学后进，本人结合最近访谈情况，冒昧提出自己的观点，以求教于方家。

首先，老兵口述资料调查具有紧迫性与局限性。2015年7月30日中共中央总书记习近平在主持“中国人民抗日战争的回顾和思考”的集体学习会上强调：“抗战研究要深入，就要更多通过档案、资料、事实、当事人证词等各种人证、物证来说话。要加强资料收集和整理这一基础性工作，全面整理我国各地抗战档案、照片、资料、实物等，同时要面向全球征集影像资料、图书报刊、日记信件、实物等。要做好战争亲历者头脑中活资料的收集工作，抓紧组织开展实地考察和寻访，尽量掌握第一手材料。”目前健在的抗日老战士大都在90岁以上，总人数仅5万人左右且在逐年减少，抢救抗战老兵口述史资料已经是刻不容缓的事了。近十年来，社会各界做了相当多的老兵口述采访工作，已有众多成果面世，保存了相当多的老兵资料。但正如张连红教授指出的那样，目前抗战老兵口述历史调查存在3个主要问题：其一是内容不够丰富，数量远远不足；其二是历史学专业人员参与访谈少，严重制约了口述访谈的质量；其三是缺少全国统一的组织，访谈工作较为分散，未能产生具有一定影响和一定规模的集

---

* 南京师范大学社会发展学院博士后。

① 张连红：《抗战老兵口述调查与抗战研究》，《抗日战争研究》2016年第2期，第22～25页。

成性成果。①

然而，目前老兵口述资料调查除了上述存在的问题之外，最大的局限就是资料性不强的窘迫状况。一方面，口述访谈调查各行其是。另一方面，口述访谈的成果很少得到专业人士认同并在自己的研究中运用。主要原因在于，口述资料的真实性受到专业研究人员质疑，他们倾向于认为，如果没有经过档案资料印证，口述资料缺乏在研究中运用的科学性。所以，专业人员的态度决定他们不大参与口述资料的调查，加剧了人们对口述资料真实性的质疑。

口述资料在学术上的运用古已有之，但是，随着历史学科的发展，口述资料的学术价值反而江河日下，个体的经验淹没在大历史的叙事之下。新史学的兴起要求视角向下，关怀历史中“人”的作用，从这个层面上说，口述资料的调查获取自身就有学术意义。

其次，老兵口述资料调查有其自己的理论与方法，下面进行初步分析。老兵口述资料调查的科学性从访谈设计开始，而访谈设计需要围绕特定的问题进行。与目前志愿者关注的战斗经历不同，为了避免口述资料陷入自说自话当中，同时增加口述资料潜在的真实度，我们项目在设计访谈问题时偏重战场之外的军人生活。一方面，这种设计符合现在新军事史，也就是军事社会史研究的大潮。另一方面，只要是真正经历过军人生活的老兵，对战时军人生活都有话可说，因为这是他们每天都经历的内容。同时，军人战时生活有档案资料可做佐证。

目前学界所关注的研究对象基本集中在军粮征集以及征兵方面，作为抗战战场主力的军人生活似乎被遗忘在历史的角落了。当然这也与中国军人资料缺乏有关，以美国为例，美国档案馆中有大量军人战时通信和日记等文字资料，这为细化研究提供了宝贵的史料，我国因为历史原因，这方面资料保存不多，制约了研究的进一步深化。抗日战争持续 8 年，中国军人如何历经艰险，完成抗日大业？他们饮食如何，摄入热量是否能够保证体力？受伤如何医治？平日如何训练？对保持战斗力有何影响？这些简单的日常生活其实就是维系战斗力的一个重要组成部分。理解抗战时期战场外的诸多因素，对于我们全面看待抗日战争有相当之裨益。

从口述历史获取的资料完全可以作为研究资料为我所用，一方面，

① 张连红：《抗战老兵口述调查与抗战研究》，《抗日战争研究》2016 年第 2 期，第 23 ~ 24 页。

我们要对现有的资料进行甄别、评判，另一方面，我们也可以从资料获取的源头，即从口述调查开始，有意识地进行资料科学化、学理化收集。就研究而言，我们要在占有档案、文献等资料基础之上，形成对于研究内容的初步而又全面的了解，至少要了解记忆区域中的公共区域和个人盲区中研究者需要知道的部分。如此，在进行口述采访以及分析口述资料的时候，才能不“陷入”口述资料的“陷阱”中去。关于战时军人生活，尤其是军粮、军医、军训方面亦有相当的档案资料。其中，中国第二历史档案馆馆藏军政部档案涉及战时军粮制度、征集分配、兵役制度、战场救护与治疗、军服制作与发放等资料。此外，各省市县档案馆，尤其是陕西、湖南、四川、云南、贵州等省以及其所辖县市档案馆中，有相当一部分关于战时军粮征集、运输，壮丁征集与训练方面的档案资料。在政治部档案中有关于战时军队政工工作的报告，其中涉及士兵士气以及相应的政治教育方面的内容，这是军人日常生活的一个重要部分。档案资料的重要性是不言而喻的，厘清相关档案资料，能够为战时军人战地生活提供制度层面的可靠佐证。当然，现在出版的口述历史书籍中，的确存在相当的谬误。一方面应该是老兵年事已高，记忆力衰退所致。另一方面，也不排除老兵有夸大自己战时经历，以及战时作用的一面。不过，为了最大限度规避老兵回忆中可能存在的记忆问题，如上文所述，访谈可以将战时军人的日常生活作为切入点。军人的日常生活在档案文献中有所体现，不过资料散落各处。这方面老兵的回忆则是丰富多彩、活灵活现的。同时，与老兵的战争记忆不同，日常生活的记忆资料被蓄意夸大的可能性比较小，材料真实性则大大增加，因为这是与老兵日常息息相关的活生生的回忆，有如深深烙印在老兵记忆中一样，很难为他们所遗忘。故而，选择这个切入点，运用老兵口述资料进行研究，在资料的真实性方面是有所保证的，也可以为我们进一步研究提供鲜活的一手资料。

有鉴于此，我们在项目访谈问题设计方面采用问题模块形式，第一模块是老兵的基本情况与入伍（学）情况。包括老兵家庭基本情况，战前职业，参军或投靠军校原因，受到何种训练，军校学习情况，生活情况等。第二模块是老兵日常生活模块，包含老兵衣、食、住、行各个方面细节，住哪里，吃什么，菜与米哪里获取这些细节情况都会涉及。第三模块是日常训练与政治文化生活，主要涉及战时军事训练，政治教育和文化娱乐等方面的情况，通过回忆研判军队主导下的军人生活状况。第四模块是战斗经历，主要询问老兵是否参加过战斗，最难忘的一次战斗经历，如果没有上过战场则询问老兵主要从事的业务范围，以期了解战时军事部门的主管事物。第五模块是战后情况与感想，主要了解老兵战后的经历，有没有受到从军经历的影响，家庭生活怎样，对后辈有什么交代，对国家、社会有何期望。通过 5 个模块的问题设计，对老兵战前、战时以及战后情况有一个较为全面了解，从中获得项目所需要的资料。

最后，我想浅谈一下老兵口述资料的学术价值。关于战时军人战地生活，过往的研究也有相当涉及。法国人雅克·梅耶所写的《第一次世界大战时期士兵的日常生活（1914～1918）》这本书，广泛使用法国军事部门留存的档案与士兵回忆，加上士兵的日记、书信、回忆录、报刊报道以及相应的其他资料，描写了战地士兵日常生活众面相，展示了战斗之外士兵的“私人空间”，并由此探讨战争给士兵个人留下怎样的烙印，揭示战争中的个体——人的状态。这本书给我很大启发，我们研究战争，过去倾向于研究战争的结构、战争的进程与原因、战争中的外交等宏大叙事型的内容，对于成百上千万普通士兵关注不够，我们不知道或者说不想知道士兵的喜怒哀乐。故而，我们的研究难免过于学院化而不能做到所谓的“接地气”。英国人罗德里克·布雷思韦特所写的《莫斯科 1941：战火中的城市和人民》，根据广泛的调研和访谈，并查阅了大量的档案资料，展现了战火中莫斯科上至最高统帅下至普通市民的所见、所想、所为。通过这些战火亲历者的讲述，重点解释一个问题：是什么让这些在斯大林统治下并没有过上“好”生活的俄国人，面对德军的进攻迸发出如此巨大的战斗力以及敌忾心？这本书对我最大的启发就在于，战火中民众的日常生活与战斗力之间存在着相当的关联，这种关系在学术研究中却往往被忽视。

口述历史资料不同于档案文献资料，特点在于其具有生动性、现场性，但是由于其主观性的因素，作为史学研究资料而言，真实性常常为人所质疑。我们首先要求明确两个概念。其一是了解基于口述历史的学问，易社强、周锡瑞以及唐德刚就是这类的代表。其二是关于口述历史的学问。口述历史并不等于口述史学。口述史学是关于口述历史是什么、有何价值的学问。口述历史则是对个人记忆的开发和利用的历史。从个人记忆这个源头来说，记忆是不完整的、不见得准确的、模糊的、经常有错的。保尔·汤普逊（Paul Thompson）指出口述历史中出现的信息，固然不一定是历史与社会的真实，但这是口述者口述时心理的真实展现，诸如讨论口述者故意说谎的可能性就是一种研究。一方面，每个人都有一个经验自我，就是日常生活中有部分被自我记忆，有部分被自我忽略的自我。另一方面契合乔哈尔所设计的窗口模型，所谓口述历史是一种心理考古。因为记忆区域分为四种：第一是公共区域，就是本人、他人都知道的区域。第二是私密区域，就是本人知道而他人不知道的区域。第三是个人盲区，就是本人不知道而他人知道的区域。第四是潜隐区域，就是本人和他人都不知道，埋在深处的记忆。关于记忆，有著名的峰终定律，即个人记忆总是以高峰或者终点作为选择目标。例如，在抗战老兵的口述中，一般比较关注老兵的抗战生涯，对于抗战之前与之后的口述，用上述定律可以全面理解其口述内容的成色与真伪、意义之准确等内容。因此，口述史学只能担保受访者受访时的真实，而不是历史、社会的真实。由于记忆具有情感性、建构性和治疗性等功能，所以需要我们对口述资料进行注释分析，或者做出自己的推测。因此，口述历史从业人员要进行学科化和专业化的能力建构。对于素材去向、素材落脚点要有自身的认识。从这个层面而言，口述历史不能排斥历史学的史料功能，必须在追究真实性的基础上才能追究人的心理。

在目前的实际采访过程中，我们从受访老兵那里获取不少有价值的信息，深入理解了之前老兵口述访谈中存在的问题，并从一定程度上摸索了自己的一套处理方法。项目进行至今，绝大部分老兵的口述与现有档案资料能够相互印证，尽管老兵都已年逾九旬，许多细节却仍然鲜活地保存在他们的记忆之中。例如，原属驻印军战车七营的冯宗尧老人不但记得自己部队长的名字，对所驾驶坦克的各种参数如数家珍，连自己所受教育的学校与地点也和相关档案记载分毫不差。尽管如此，老人也有个别年代记忆错误，这应当是岁月流逝的结果，用此来否定老人的口述价值自然是不应当的。这同时也提醒我们如何正确看待老兵口述资料中存在的谬误问题。此外，军校毕业的老兵在三个月入伍生问题上回忆基本一致。同时，入伍生期间，学习内容为典范令也是共识。军校基本学习内容，老人的回忆也是大同小异，大体是以四大教程为核心，辅以一定的政治教育。这些回忆，对于我们结合档案还原战时军校教育有相当大的价值。即使面对不那么靠谱的内容，甚至是有很多谬误的老兵回忆，我们参与采访的人员通过对既有资料的研判，大体能够分析出这位老兵进行错误叙述可能存在的原因，并大体可以厘清他口述中合理的部分，为我们今后全面分析老兵口述资料提供合理的路径与样本。

抗日战争胜利迄今已经七十多年了，抗日战争研究应该也可以走向更全面、多学科、多视角的研究新领域。从新军事史层面，运用军事社会学理论知识，利用现有的档案文献资料以及老兵口述资料，研究抗日战争时期中国军人的战地生活，不但可以丰富抗日战争史的研究，也可以从多角度、多侧面全面看待抗日战争的历史。如此，不但可以利用先贤师长们多年殚精竭虑搜集、访谈的相关资料，使之不至于散落、消失在历史的洪流之中，同时也能跟上历史学发展的脚步，有多层次对话的基础。

奋进与挫折

——抗战时期中国的"大国征途"

孙　扬*

虽说"弱国无外交"，然而，事实上强国自恃实力，有时未必视外交为国运所系；反倒是弱国往往极重外交，以图借力使力，改善处境。中国在两次世界大战中都选择了正确的国际阵营，关乎国运诚非浅显。积贫积弱的中国两次成为战胜国，胜利成果的累加，形成了获得民族复兴的重要机遇。在二战中，与美、英、苏不尽相同，"战胜国"之"战胜"二字，于中国而言，尤为沉重。中国苦撑八年，牺牲之大无以言表，实为"苦战"而"惨胜"。美、英、苏之"战胜"则更多是传统意义的武力征服——尽管牺牲亦巨大，但最终以强大的军事实力摧毁法西斯政权。因此，"战胜"之于中国的意义，更多是其浴血抵抗的贡献为国际社会，尤其是曾宰割自己的列强所认可，从而位列"四强"，最终跻身"五常"，立于民族复兴枢纽，赢得了在战后国际秩序中的地位，奠定了迈向"大国征途"的基础。1980 年代以来，学术界对战时中国外交，尤其是中国争取大国地位的努力颇多肯定，一些学者从中国"大国意识"与"大国作为"的角度进行了相当深入和精辟的论述。①战时中国外交取得卓著成就，已经成为一种共识，嵌入中华民族有关抗战的共同历史记忆之中。

总体而言，中国迈向"大国征途"的奋进主要体现在以下两大方面。

一是对战后国际秩序有所筹谋，主要包含了 3 个层次的设想。第一层次是中国本身，即，针对敌国收复失土，折冲盟国稳固边疆。第二层次是

---

* 南京大学中华民国史研究中心副教授。

① 有关此问题的著述颇多，不胜枚举，其中最具代表性的当属王建朗《大国意识与大国作为——抗战后期的中国国际角色定位与外交努力》（《历史研究》2008 年第 6 期）。该文较之既往研究更进一步，揭示了中国争取大国地位"主动作为"的一面，充分肯定了战时中国外交的积极奋进。

东亚世界（亦涉及东南亚和南亚），即协调周边邻国在战后的角色与作用。第三层次是整个世界，即参与构建战后国际体系和国际组织。3 个层次设想的重点在于领土、邻邦、不平等条约体系和战后国际组织几个问题。[①]

二是为争取大国地位采取行动，主要落实在 4 个方面的作为。第一是废除不平等条约，订立平等新约，冲破国际旧秩序的束缚。第二是巩固边陲，襄助邻邦，宣示中央对边疆的主权，增加对周边地区的影响。第三是谋划战后对日处置，努力收回国家利权，参与战后国际新秩序的建构。第四是积极参与筹设战后国际组织，为中国争取有利地位。

中国的奋进，取得了卓著的成就。首先是挣脱了不平等条约体系束缚，中美、中英订立平等新约，其他国家纷纷跟进，宣告了一系列不平等条约在法理层面基本上被废除，中国迈出攸关民族复兴的重要一步。其次是收复失土得到保证，开罗会议确认东北与台湾等被日本侵占的领土重回祖国怀抱，此为中国战时外交最为浓墨重彩的一笔。再次是为取得实质上的大国地位奠定基础，表现在有学者所称的中国国际地位三次跃升：与美英苏领衔签署《联合国家宣言》、共同发表《莫斯科宣言》和参加开罗会议、筹建联合国并成为安理会常任理事国。

中国外交之所以能够取得如许成就，至关重要的一条是抗战到底，这是中国大国地位的来源。蒋百里在全面抗战爆发后不久去世，生前叮嘱："胜也罢，败也罢，就是不要同他讲和。"[②] "言和即为汉奸"已然成为当时中国各界的共识。[③] 这充分说明，只有抗战到底，才能向死而生。另外，坚持与当时最强大的文明国家站在同一阵营是争取大国地位的正确方向。即便在美英对日妥协处于高潮之时，中国也一直克制与德国结盟的冲动，没有放弃基本立场。回望前尘，清廷曾向世界各强国宣战，其结果是被列强群起攻之；作为对比，德国与日本站在整个文明世界的对立面，最终除无条件投降之外别无选择。

然而，一个比较明显的现象是，中国争取大国地位的坦途，似乎止于 1943 年年底。1943 年在既往的历史叙述中既非分水岭，亦非转捩点。不

---

① 就蒋介石而言，太平洋战争爆发后，他已开始期待废除不平等条约以及筹谋战后收复领土与巩固边疆，包括东北问题（对日），西藏、九龙问题（对英），外蒙、新疆问题（对苏）等。将近一年后，除上述之外，蒋又提出关于收回台湾、琉球的设想以及涉及安南、泰国、印度、缅甸等邻邦的战后安排。

② 蒋方震：《日本人：一个外国人的研究》，出版机构及日期不详，第 45 页。

③ 《言和即为汉奸!》1937 年 11 月 9 日，《陈独秀文集》第 4 卷，人民出版社，2013，第 528 页。

过，若将战时中国国际地位及与盟国关系为纵轴，以时间发展为横轴，那么，到了1943年年底，中国已然处于这条抛物线的顶端。1945年初，蒋介石对中国国际环境的估计已相当严峻。此时，日军在中国大陆战场仍保持着战斗力，甚至在某些区域还在发起攻势作战；而经过史迪威事件，中美关系笼罩在阴霾之中；苏联的对华外交处处展现咄咄逼人的势头。蒋介石曾用八个字来简要地制定这一年的对外政策——“忍气吞声，负重致远”。[①] 战争即将结束，而战后新秩序与当初中国设想的蓝图已相去甚远。

中国迈向“大国征途”的顿挫，主客观原因皆有诸多可以检讨之处。

中国遭受挫折之原因，首先是国家实力不济，大国地位名实难副。战时中国依旧是一个积贫积弱的农业国家，且较之先前更加孱弱，原本在战前建立起来的薄弱的工业基础和管治体系基本毁于战火，国力已大为削弱。战前的国民党至少还可以相对有效地控制若干相对富裕的省份，战争爆发后，政府西迁，中央表面上控制的领土还不及原来版图的一半，而且基本上都是历来最为贫穷落后的省份，国家统一名存实亡。[②] 然而，与实际国力不相符的是，中国的国际地位却因太平洋战争的爆发有了显著的跃升。面对此种情况，蒋介石认为：“二十六国共同宣言发表后，名义上且以美英俄华为中心，于是我国列为四强之一。再自我允任中国战区统帅之后，且越南、暹罗亦列入本战区内，于是国家与个人之声誉与地位，实为有史以来开空前唯一优胜之局也，甚恐有名无实，盗虚名而受实祸，能不戒惧乎哉！”[③]蒋的担心并非没有道理，中国严峻的战局并未因美英对日开战得到根本缓解，中国为承担国际义务不得不将残存的精锐部队投入缅甸作战，付出巨大牺牲。而抗战后期，国民政府败绩连连，其在战场上的表现与大国形象相去甚远。1944年日军发起一号作战，中国遭受惨重损失，引发国际局势和国内政局双重变动，甚至牵连未来国际格局的走向。其结果是中国在盟国整体战略中的地位进一步下降，某种程度上沦为美英与苏联强权竞逐之下的一枚棋子。

其次，一些盟国排斥中国的大国地位，尤以苏联为甚。尽管抗战初期，苏联大力援助中国，但欧战爆发后，中苏关系日趋冷淡。1945年8月

---

① 郑会欣：《“忍气吞声，负重致远”：从蒋介石日记看他对雅尔塔协议的态度》，《社会科学》2008年第7期，第139页。

② 齐锡生：《剑拔弩张的盟友：太平洋战争期间的中美军事合作关系（1941～1945）》上册，社会科学文献出版社，2012，第3页。

③ 周美华编《蒋中正总统档案——事略稿本》第48册，台北：“国史馆”，2011，第200～201页。

苏联对日宣战之前，中苏并非共同对日作战的盟友，而日本一旦濒临崩溃，苏联必定介入东亚事务，这将导致原先各势力关于战后秩序的设想面临推倒重来的风险。苏联不希望中国成为大国，哪怕是名义上的大国。1943 年莫斯科外长会议期间，苏联试图阻挠中国参与签署《莫斯科宣言》。也正是主要由于苏联的反对，原本美、英、苏、中四国首脑会议才分成开罗会议和德黑兰会议两场进行。除此之外，中苏两国存在着实质上的国家利益争端，新疆问题即是其中之一。苏德战争爆发后，盛世才政治投机，中央政府势力得以进入新疆，基本实现了对这一地区的控制。对于新疆的“内向”，蒋介石曾宣称是“国民政府自成立以来最大之成功”。[①] 然而，国民党势力入疆后，当地政治形势愈加复杂，民族矛盾亦愈加尖锐，而国民政府频频处置失当。1944 年夏，在苏联的支持甚至直接参与下，新疆“三区革命”爆发，国民政府此时正身陷豫湘桂会战败局，不得不东西两线同时作战，其在新疆的统治岌岌可危。“三区革命”的历史作用可以历史唯物主义地辨析，当时造成的局势是，新疆问题成为苏联索取中国权益至为重要的砝码。

再次，当《雅尔塔协定》带来“新国耻”之时，国民党为一党之私，不惜牺牲国家利益。1945 年 2 月，美、英、苏三巨头会面雅尔塔，达成《雅尔塔协定》，中国虽号称“四强”之一，却完全被置之于外。美、英用中国的利益作为筹码换取苏联对日作战的承诺，三国私相授受，使得《雅尔塔协定》具有更大的不平等性和侮辱性。此后为与《雅尔塔协定》相衔接而进行中苏谈判，蒋介石试图在所谓保全国家体面的情况下，对苏联谋求新特权进行交易，换得苏联同意其战后解决中共问题，实现所谓的国家“统一”。其实质即是蒋介石将美、英、苏关于战后国际政治的安排转变为国民党关于战后中国政治的安排。[②] 在这样的逻辑支配下，《中苏友好同盟条约》签订，由此产生极其严重的负面后果，使得俄国自近代以来诸多侵略“成果”终于得到“合法”解决。不仅如此，蒋介石以条约为凭借，拒绝“联合政府”主张，力图一举解决中共问题。内战随之而起，严重削弱了中国在战后国际体系中的“议价”能力和对日处置能力，中国抗战的胜利成果打了严重折扣。在中苏谈判过程中，蒋介石虽抱怨强权压迫，但又不愿意团结国内各力量提出严正交涉，在国家利益和党派

① 古屋奎二：《蒋介石秘录》第 4 卷，湖南人民出版社，1988，第 321 页。

② 邓野：《联合政府与一党训政：1944～1946 年间国共政争》，社会科学文献出版社，2003，第 150 页。

利益形成矛盾的关头，选择维护一党之私。历史发展又证明，亚洲冷战初现的大格局之下，蒋的企图完全落空，而国家却失去了实实在在的利益。国民政府在外交问题上的作为受缚于内争思路，进退失据；而外交的困局又恶化了其内部的政治环境，统治合法性不断流失。在内政与外交的夹缝之中，国民党渐失民心。其最终崩解固属咎由自取，而国家利益已为其私念陪葬。

此外，中国外交的决策层，尤其是最高领导人的水平和观念与大国领袖的角色还有相当的差距。例如，1943 年中美、中英平等新约签订后，蒋介石视之为国民党，特别是其本人的功劳，授意以其名义出版《中国之命运》，提出了“没有国民党就没有中国”的伪命题。他将中国近代衰落的原因皆归罪于列强入侵，对西方列强尤其是英国大加抨击，并将美英等国家的核心价值“自由主义”和苏联的思想体系“共产主义”都纳入不平等条约的精神范畴，以批判不平等条约的名义对两者同时进行批判。结果是该书甫一出版便招致盟国反感，严重影响了中国与盟友的关系。另外，原本像开罗会议这么重要的时刻，本应由外交部部长宋子文陪同前往，却因之前蒋、宋争吵，宋被迫靠边站，失去顾问的蒋介石未能代表中国提出更多符合自身利益的诉求。在琉球问题上，罗斯福曾提出战后交由中国管理，但蒋无视琉球的战略重要性，敏感多疑，妄测意图，多谋寡断，错失良机。再如香港问题，中国在中英新约谈判中遭受挫折，蒋介石曾设想：“一俟战后用军事力量由日军手中取回，则彼虽狡狯，亦必无可如何。”[①] 从英方解密档案来看，英国最担心的情况就是中国军队先于英军占领香港，果若如此，英国很难掌握主动权。[②] 然而，蒋介石在关键时刻最终不敢与英国翻脸，与收回香港的机缘失之交臂。

尽管遭受挫折，但迈向“大国征途”对中国未来的发展影响深远。中国冲破了不平等条约体系的束缚，为改变半殖民地半封建的社会性质奠定了基础。中国收复了东北、台湾等领土，部分恢复了明清时代在东亚世界的影响。中国因“四强”跻身“五常”，成为联合国创始会员国和拥有否决权的安理会常任理事国，在新的国际秩序中拥有了一定发言权。这所有的一切，正是根植于中国人民艰苦卓绝的抗战到底、向死而生的浴血奋斗。从这个角度而言，中国获得大国地位当之无愧，是历史

① 高素兰编《蒋中正总统档案——事略稿本》第 52 册，台北：“国史馆”，2011，第 140 页。

② Possible Collapse of Japan before the Re - occupation of Hong Kong, 3rd August, 1945, CO 129/591/16, p. 94; Mr. Gent to Sir Gater, 4th August, 1945, CO 129/591/16, p. 2.

雄辩的事实。

有关抗战时期中国“大国征途”的问题，仍有许多有待思考之处。例如，怎样看待中国“革命外交”思维在争取大国地位过程中的利弊；外交与内政“打成一片而不可复分”的局面如何制约中国的“大国作为”；中国民众对大国地位有着怎样的认知与期待；如何理解抗战、内战与冷战时期中国外交政策的延续与断裂。对这些问题的讨论或许可以进一步丰富近现代中外关系史书写的层次。

“史迪威事件”再研究及其对中美关系史研究的启示

张宁静*

第二次世界大战时期的中美关系，一直是学术研究中备受关注的领域。1941 年 12 月“珍珠港事件”发生以后，中国与美国结成了对日作战同盟，特别是 1942 年 3 月，美国陆军中将史迪威被派到中缅印战区履新，这成为中美深入合作的重要标志。中美双方不仅在战略上加深了彼此的倚重，在租借物资、军事作战等多领域开展了具体、实质的合作，而史迪威就是这些合作的美方具体执行者。1942 年 3 月至 1944 年 10 月史迪威在任期间，在缅甸军事作战指挥、租借物资管理和中国远征军训练等多方面占据主要领导位置，涉猎战时中美军事合作多个关键领域。1944 年 9 ~ 10 月，中美关系一大事件便是蒋介石要求美国总统罗斯福召回史迪威，史威迪最终被召回。然而在之后的历史发展中，“史迪威事件”却被当事两方赋予了“失去中国”和“美国背叛”两种截然相反的观点，[①] 双方各执一词，真相扑朔迷离，“史迪威事件”演绎成为历史上的“罗生门”。

过去三四十年间，对于“史迪威事件”的考察拘于单方面叙事，或者归结于狭义的蒋介石与史迪威的个人恩怨。造成这种局面有档案开放度低、获取档案路径有限的客观原因，而中国大陆学界更受白修德所编辑的《史迪威日记》影响，[②] 但在中国抗日战争和第二次世界大战结束已有 70

---

* 上海交通大学东京审判研究中心博士后。

① Barbara W. Tuchman, *Stilwell and the American Experience in China*, *1911 – 45* (New York: The MacMillan Company, 1971). 梁敬錞:《史迪威事件》，台北：商务印书馆，1971。中国大陆也较早引进此书，大陆版是梁敬錞《史迪威事件》，商务印书馆，1973。

② Theodore H. White, ed., *The Stilwell Papers* (New York: William Sloane Associates, 1948). 中译本是〔美〕约瑟夫 · W. 史迪威:《史迪威日记》，黄加林等译，世界知识出版社，1992。关于《史迪威日记》的考辨，可参见张宁静《〈史迪威日记〉与胡佛档案馆藏史迪威日记稿的比较研究》，《近代史研究》2016 年第 2 期，第 142 ~ 159 页。

年的今天，围绕包括“史迪威事件”在内的这一时期的中美历史恩怨，理应尘埃落定。在对以往史料和相关新史料综合分析的基础上，对“史迪威事件”更为深入的再研究，时机与基础似乎都水到渠成，还可能进一步推动中美关系史的研究。随着档案资料的逐步开放和中外学术交流的便捷，“史迪威事件”研究呈现出中西互通的发展态势：一是海外研究者对于包括蒋介石日记、蒋介石档案等中文档案资料的运用，其中的代表是剑桥大学方德万的《中国的民族主义和战争（1925～1945）》和牛津大学米德的《中国，被遗忘的盟友》；[①] 另一是中方研究者对于海外英文档案资料的大量应用，其中的代表是香港科技大学教授齐锡生的《剑拔弩张的盟友——太平洋战争期间的中美军事合作关系（1941～1945）》。[②] 方德万和米德对以往西方学界在“史迪威事件”上普遍抱有的对华谴责观点做出了很大的修正，而齐锡生的研究则对领导国民政府抗日的蒋介石抱有极大同情。然而笔者作为读者一直抱有这样的疑惑：太平洋战争时期的中美军事合作关系真的是“剑拔弩张”吗？

1942 年初中美之间关于史迪威职权官方文本的快速订立，可以说是由于美国被卷入战争的措手不及，但也不失为中美间坦诚信任的明确信号，中美双方都表达了以深入合作来巩固和发展在亚洲对日作战的同盟关系。中美双方对史迪威职权的设定，尤其是监督管理租借物资和指挥在缅甸作战的中国军队这两点上，一方面令中国免于与英国直接交涉，避免再发生英军截留运输途中的援华租借物资；另一方面也在满足英方条件下，促使保卫缅甸公路的对日作战行动尽快展开。中美两方最初都没有预计到两国战略方面日后会发生重大冲突，因此并未预想到史迪威的职权将在中美战略相违时自相矛盾、难圆其说，并且反作用于中美之间的合作关系。

然而合作伊始即前线告急，遭遇了 1942 年年中第一次缅甸战役的失败以及溃退造成的重大损失。平心而论，造成战败的因素并不单是由于史迪

---

① 方德万：《中国的民族主义和战争（1925～1945）》（Hans van de Ven, *War and Nationalism in China: 1925－1945*），劳特利奇出版公司，2003；中译本是〔英〕方德万《中国的民族主义和战争（1925～1945）》，胡允桓译，三联书店，2007。米德：《中国，被遗忘的盟友——西方人眼中的抗日战争全史》（Rana Mitter, *Forgotten Ally: China's World War II, 1937－1945*），马里纳书局，2013；中译本是〔英〕拉纳·米特：《中国，被遗忘的盟友：西方人眼中的抗日战争全史》，蒋永强等译，新世界出版社，2014。此处需要注意的是，“米德”是 Rana Mitter 教授的中文名，并非笔者笔误。

② 齐锡生：《剑拔弩张的盟友——太平洋战争期间的中美军事合作关系（1941～1945）》，台北：联经出版公司，2011。该书大陆版由社会科学文献出版社于 2012 年出版。

威的指挥失当，英国的因素更为重要。而且对于相关研究者来讲，在太平洋战争时期的中美关系中，英国在其中的重要性长期以来未能得到足够的重视。不可否认的是，第一次缅甸战役的重大挫败，损害了蒋介石与史迪威之间的信任关系。史迪威职权中的矛盾性在史迪威监督管理租借物资上更为明显，使得中方对史迪威管理监督美国对华租借物资的合理性提出质疑。然而，史迪威的对华租借物资的管理监督权，实际受制于美国陆军部，必须遵循美国“先欧后亚”的战略布局。

然而，在史迪威职权发生问题的最初阶段，中美关系仍十分密切，中方本来有机会与美方积极厘清史迪威的职权问题，却因 1942 年 7 ~ 8 月的居里再度访华而错失良机。美国国务卿赫尔在 1942 年 5 月指示即将启程赴华的居里，后者的访问并无实权，只是为了安抚蒋介石情绪，缓和中美紧张关系。实际上居里也未料想其将卷入史迪威职权的梳理工作。居里在华与蒋的会谈中多在解决史迪威的职权问题。鉴于居里并无实权，他提出的调史迪威短期赴印整训中国军队的办法，实际是旨在逼迫蒋介石接受史迪威既有身份的外交手腕，暂缓史迪威职权引起的冲突。由于居里反复强调马歇尔对史迪威的器重，使得蒋介石顾虑增多，不敢为开罪以马歇尔为首的美国陆军部而替换史迪威；而居里在返回美国后向罗斯福总统建议召回史迪威也没有事先向中国透露，未能获得中方明确支持，加之马歇尔对史迪威的坚定支持，导致居里的努力落空，错失了中美得以解决此隐患的良好机会。

中国远征军驻印时期，史迪威在租借物资的分配、对中国驻印军人事的管理和与英方就驻印军相关事务的交涉上不遗余力，整训中国军队的热情极大。史迪威不仅积极向蒋介石提出整训方案，努力在印度蓝伽建设中国驻印军军事训练中心，也在其管理分配的对华租借物资上对中国驻印军大力倾斜，在中国远征军、驻印军的人事管理上主张由美军监督，更积极与驻印英军协商，允许中国向在蓝伽的中国远征军驻印军补充兵员。诸如此类，皆是史迪威所起到的积极作用，他帮助打造了中国远征军驻印军“美械师”的美名。但是，史迪威在租借物资管理上对在印在滇的整编师和中国其他陆空军部队厚此薄彼，以及他与多数中国高级将官的紧张关系，削弱了民国政府核心官员尤其是何应钦对史迪威的支持。史迪威在中国远征军驻印军事务和援华租借物资上的独断专行，极大伤害了蒋介石和中国军队高级将领们的民族情感，也反映了史迪威作为一个职业军人在外交事务上的能力有限。

国际会议频多的 1943 年，年中的华盛顿会议与年末的开罗会议原本为史迪威职权问题的解决提供了重要的机会，但却因中美双方的误读而再次被搁置。华盛顿会议上，同时被召回述职的两位来华美军重要人士史迪威和陈纳德之间发生激烈辩论，使得罗斯福发现了援华租借物资的极度短缺和驼峰航线的效能低下。同时，罗斯福确认陈纳德在中国空军上享有自主指挥权，此举部分削弱了史迪威在中缅印战区对空军的指挥权。而在开罗会议上，和蒋介石的关系有所缓和的史迪威作为蒋介石的参谋长，就全面重开缅甸战场的重要性而站在中国的立场上据理力争。在德黑兰会议以后，因首要确保欧洲战场的主要地位而延迟全面开辟缅甸战场的计划，使史迪威的努力宣告失败。这两次国际会议的舞台上，史迪威作为一个战区的指挥官，既无法参与最高会议的全程，也无法影响最高决策层的战略，实际影响力十分有限。

在 1944 年第二次缅甸战役前，美国陆军部削弱了史迪威对在华空军的指挥权和租借物资的管理监督权。此举一方面对史迪威复杂职权有所修正，令陈纳德指挥下的空军更好地发挥效能，驼峰航线租借物资的运输能力也大大提高；另一方面，也让史迪威的职权集中于缅甸前线中、美部队的指挥上，使其更好地履行该战区的中美军队指挥职责，配合盟军 1944 年发动反攻的全球策略。至于为第二次缅甸战役而新成立的东南亚战区，成立之初就明确限定了史迪威的指挥权，降低了新上任的东南亚战区总指挥官蒙巴顿与史迪威之间产生摩擦的可能性。值得注意的是，蒙巴顿作为英国因素，直接介入中美之间。由于蒙巴顿、史迪威先后提出的调遣驻守云南国民党部队入缅的请求都遭到了蒋介石的反对，美国陆军部利用驼峰航线停运为手段施以高压，蒋介石最终被迫派出云南部队。

史迪威具备了一个优秀职业军人的很多优点，但他的缺点也很明显，首先是受其过去经历限制，担任美国陆军军长是他的最高军职，其重视战术远远多于对战略全局的把握。其次，仍然是由于战略眼光的缺乏，作为军人的史迪威仇恨日军，以打败日军为第一要务，对中国军队整训和反攻缅甸十分执着，认为外交、经济、政治等都应让位于对日本的同盟作战，而所有这些难题都可以在打败日本后再行解决。史迪威始终认为他做的这一切都是有利于中国的，即便对中国利益短期有损，但也是为了最终打败日本这个长期目标。史迪威在华的大部分时间和精力都花在对中国军队的整训上，并热衷于深入一线的前线指挥。但史迪威没有充分了解的是，他的职权究竟是什么。实际上，曾经访华与蒋介石和史迪威接触的居里就指出，史迪威的问题在于，他必须能调整好自己，因为这个岗位并不是一个活跃的第一线指挥岗位，他要做的更应该既是一位对中国人富有同情且有帮助的顾问，又要在中英关系中因被两方接受而担当起联络官和调解员。[①]而这种政治性较重的复杂外交任务，尤其是糅合了中英关系在其中的中美外交官身份，史迪威显然难以胜任。

史迪威早年的在华经历是他被选派到中国的最主要原因，他对军阀割据时期的中国的了解，成为他和蒋介石友好相处的障碍。虽然史迪威也承认蒋介石能坚持抗战到中国最后一人，而且能用其在抗日方面的领导力将中国凝聚起来，但是史迪威的偏见是，蒋介石“通过个人影响、凭借占据政府重要位置的他一伙的人来统治国家，通过挑拨离间一方势力去与另外一方势力争斗来保持权利平衡，对维持控制的极度担忧使得他把所有绳子都紧紧拽在手里。这把他拖入了他无法有效处理的细节的海洋，也鼓励了他的部下在收到指示前无所作为”。[②] 雪上加霜的是，史迪威的幕僚班子由一群“中国通”组成，史迪威的主要副官窦恩和后出任蓝伽训练中心教育长的博特纳等，早年都有在华经历，而史迪威的参谋长赫恩则抽调自美国陆军第三军，还有被美国陆军部次长麦克洛伊评价为人品不佳的史迪威的空军总指挥官、空军顾问毕塞尔，以及出生在中国的传教士之子、后任美国驻华大使馆二等秘书的史迪威政治顾问戴维斯，这群幕僚对于中国和中国领导人的观点几乎与史迪威如出一辙。他们在史迪威与国民政府的相处上不仅没有起到帮助作用，反而增添了许多不必要的麻烦。时任美国《纽约先驱论坛报》记者的艾尔索普曾经有过这样的评价：“史迪威将军是一个很好的人。他不吸烟、不喝酒，也不没事闲聊。在任何国家，他都能成为一名特殊的受人敬重的童子军领袖。……但可以确信无疑的是，史迪威将军完全不适合在中国担任主要的军事领导人。他没有美国军队可以指挥——只有一群不满的幕僚使他忙于周旋。此外，由于现代中国的不断发展，他希望成为中国戈登[③]的想法已经落伍很多年了。”[④]

历史研究倘若仅仅停留在对史迪威个人的指责，那就失去了战争对和平的晓喻意义。“史迪威既不是当时由报刊造出的或原来被历史学家辩护的一位伟大的战争英雄，也不是被陈纳德和反对他的中国人所指的恶棍。

① 《中国之行报告》1942 年 8 月 24 日，美国斯坦福大学胡佛研究所藏居里档案，第 4 盒。

② 《史迪威致美国陆军部》1942 年 6 月 27 日，美国斯坦福大学胡佛研究所藏史迪威档案，第 20 盒。

③ 戈登（Charles G. Gordon），英国军官，曾于第二次鸦片战争后随英法联军来华，参与火烧圆明园行动并策划开辟英租界，他曾训练清朝士兵，南下指挥洋枪队与太平天国军队作战。又称“中国人戈登”（Chinese Gordon）。

④ 《艾尔索普致宋子文》1943 年 8 月 20 日，吴景平编《战时岁月：宋子文与外国人士往来函电稿新编（1940～1943）》，复旦大学出版社，2010，第 190 页。

无论作为指挥官还是战略家，他都是个军事技能有限的人。……对史迪威褒也罢贬也罢，都高估了他对战争的意义。”① 史迪威的地位取决于政治意义和别人对他的需用，比如马歇尔坚定支持史迪威在中国实行军队整训，开罗会议上罗斯福告知其已允诺中国的全面攻缅计划都被延迟，第二次缅甸战役第一期蒙巴顿利用史迪威向中国施压调用云南军队等。正如反复强调的那样，史迪威的作用和能力都是有限的。

二战时期中美的合作关系紧密之深，以至于彼此都卷入了对方国家的内政，这在国际关系史上都是非常少见的。由于史迪威在日记中所披露的“剑拔弩张”的史迪威与蒋介石的关系，就认为“剑拔弩张”是中美战时合作关系本质写照的看法可能不太准确，至少不很全面。以史迪威为代表的美国军方或是广义的美国，想要帮助中国塑造一支现代化的军队，史迪威及其背后的美国陆军部自认为在实践这一目标。史迪威以及美国陆军部期望以一支现代化的军队，带动中国军队整体素质，继而帮助中国成为一个现代化的国家，达成的手段虽然值得商榷，但是愿望本身并无恶意。对美国而言，一个在军事上大有能力的中国为美国战胜日本所能提供的帮助实际而迫切，而几乎是无偿性质的“租借法案”更是这一立场的体现。但史迪威急功近利，几乎是以父亲对儿子的态度对待作为国家领袖的蒋介石，其对中国空军的干涉、对物资分配的管控，不仅是对蒋介石个人权威的挑战，更与战时中国的军事体制乃至政治体制不相容。美国当局甚至那些所谓的“中国通”并不能真正了解的是，当时的中国并不是一个真正意义上的现代化国家，在迈向现代化的进程中，蒋介石所努力确立的领袖地位不可为人所动摇，因而对于蒋介石至少表面上的绝对尊重是在中国开展任何事务的先决条件。居里也曾告诫：“在与委员长打交道方面，必须非常小心不能伤害他的自尊。正如他反复重申的那样，总体态度比具体事务重要得多得多。……美军参谋长应该理解他这样坚持的原因是他底下的部下不会冒犯他的地位，在这一点上我相信他。换句话说，中国那些老一套对他而言真的很重要，如果我们牢牢记住这一点，在我们想要在远东做出任何举动之前都和他协商，我们将会得到巨大的回报。”②

与美国对于中国的误解相对应的是，中国对于美国抱有不切实际的期待，认为美国这个自由民主的国家将维护正义、主持公道，并拯救岌岌可

① 〔英〕方德万：《中国的民族主义和战争（1925～1945）》，胡允桓译，三联书店，2007，第 72～73 页。

② 《中国之行报告》1942 年 8 月 24 日，美国斯坦福大学胡佛研究所藏居里档案，第 4 盒。

危的中国于水深火热之中，并将以全部力量一揽子解决中国的问题，帮助中国迈入现代化。然而实际上，美国对中国所做的一切，一定不会脱离美国自身的基本利益，换言之，无论笼罩在何种理想的光环下，其基础还是是否对美国有利。而与战时领袖集权制的中国相比，美国的政治制度即便在战时仍然对总统权力有所辖制。1942 年 10 月，罗斯福曾应其私人助理居里的建议要求美国陆军部召回史迪威，却为美国陆军部参谋总长马歇尔驳回，因不与美国利益产生直接冲突，罗斯福并未坚持；1943 年 12 月，由于美军参谋长们一致同意德黑兰会议上“先欧后亚”战略，罗斯福不得不向蒋介石表示收回之前的承诺，牺牲中国的利益而平衡英方意见；1944 年在云南部队的调动上，罗斯福向蒋介石迭发电报催促，引起蒋介石极大反感，但此举不仅缓解英军在缅甸所受日军的压力，更可牵制大量日军，惠及美国正在实施中的太平洋跳岛军事行动。这些例子都可以表明中方对于美方的过高期待，实际并不可能得到完全落实。中美双方对彼此的过高期待，随着战局的步步恶化而逐渐落空，这样的发展并不是中美双方最初所预见的，也并非中美双方包括史迪威等的所有参与人员愿意看到的结果。

第二次世界大战中日本陆军的唯意志论倾向

马　军*

如果不是局限于中国战场，而是从整个世界大战的视野来看，和半近代化的中国国民党军队相比，1930～1940年代的日本陆军明显要高出一筹，但若置身列强，和英、美、苏、德等国的现代化陆军相比，它则无可争辩地显示出整体、全面的滞后。

1930～1940年代日本陆军建设的指导思想中弥漫着浓厚的唯意志论倾向。其基本特征是：漠视已经发生变化的世界军事潮流，错误估价构成战斗力的诸因素，过分抬高人的精神、体能的作用，相应贬低科学技术和物质力量的效能。具体表现为，极端迷信日本军人的意志力和近身接战的能力，轻视技术兵器的更新换代和军事学术的演进，“轻视火力的压倒威力，坚持先前的白刃万能主义，把步兵作为战斗力的核心”。[①] 这一思想贯穿陆军建设的始终，对军事战略、战役战术、部队编制、军事教育、军工生产等许多方面产生了深远和广泛的影响。

唯意志论的产生有着非常复杂和深刻的根源，推究之，在意识领域主要源于日本人传统的心理特征和他们对以往战争的经验。日本自古以来就有着崇尚意志的传统，“日本人往往认为，只要一个人具有足够的意志力，并能刻苦努力的话，任何困难都是可以克服的”。[②] “日本人说精神就是一切，也是永恒的。当然，物质性的东西也是必要的，但是次要的，暂时的。”[③]江户时代，德川幕府为了强化统治而禁止枪炮，于是各类争斗常常以一人对一人的武士方式来解决。以力取胜、重力轻物的民族心理特征，

---

*　上海社会科学院历史研究所研究员、“中国现代史”创新型学科团队首席专家。

① 〔日〕藤原彰：《日本现代史大系·军事史》，东洋经济新报社，1961，第148页。

② 〔美〕埃德温·赖肖尔：《日本人》，上海译文出版社，1980，第164页。

③ 〔美〕本尼迪克特：《菊花与刀——日本文化的诸模式》，浙江人民出版社，1987，第21页。

由此得到进一步强化。

明治维新后的日本是一个军国主义国家，天皇被奉为“现人神”，天皇的意志就是神的意志，具有终极性和不可违逆性。只要坚定保持对天皇的忠诚和信仰，就能完满实现个人、民族和国家的价值。这一心理铸成了日本军人特有的武士道精神，他们将军人的坚定意志和勇敢拼命视为战争的制胜根本。天皇制军队本质上的封建的意志主义造成了他们对物质数量的轻视，甚至以“大和魂”万能来否定事物的科学性和合理性。所谓“数量要用训练来抵挡，钢铁要用肉弹来碰撞”，[①] 这样的妄言在日本陆军中比比皆是。日军一系列作战须知、手册和纲要表明：他们坚信“只要有充分的训练、必胜的信念、极严格的军纪和旺盛的进攻精神，就可以压倒物质的威力而取得胜利”。[②]陆相荒木贞夫在《向全日本民族呼吁》的小册子里写道：日本的“真正使命系弘布和宣扬皇道以达于四海。力量不足非我等介意之事，吾人何必忧虑物质之事”。[③]绪方胜一将军也在一次演说中断言：“吾人纵使不幸未得精良之兵器以供使用，日本军队以前所成就之胜利，乃成就于吾人精神上之道德力量，吾人对天王之忠诚，吾人之爱国心及高尚纪律。”[④]军事理论家冈田铭太郎则声称：“战争胜负之真正原因，非武器之力，乃人之问题。”[⑤] 显然，许多日本军事领导人认为：日本人无疑具有与众不同的坚强意志力，凭借于此，就能战胜在物质资源上占绝对优势的敌国。

先前那些侵略战争的胜利似乎也验证了日军的精神万能主义，以致助长了他们人力胜于机械力的观念。在甲午、日俄战争中，日军正是凭借猛冲猛打、短兵突进、刺刀搏杀的特点，击败了在数量和物质实力上强于自己的对手。1899 年新渡户稻造在《武士道》中宣称，日本所以能赢得甲午战争，完全是依靠跃动于日本人“心中的祖宗的威灵”。[⑥] 日俄战争以后，由于长期与弱敌作战，日军滋长了骄傲情绪，自以为天下无敌。由此产生了这样的逻辑：既然凭借旺盛的斗志就能一次次打败对手，那么因循下去即可，何必在国家经济不堪重负的情况下，再在武器方面花费更多的财

---

① 金重远：《炮火中的文化——文化和第二次世界大战》，浙江人民出版社，1991，第 80 页。

② 〔日〕林三郎：《关东军和苏联远东军》，吉林人民出版社，1979，第 213 页。

③ 金重远：《炮火中的文化——文化和第二次世界大战》，第 80 页。

④ 孙孤山编《日本陆海军国防观》，正中书局，1937 ，第 4 页。

⑤ 军事学术杂志社编《第二次世界大战军事论文选》，军事科学出版社，1985，第 322 页。

⑥ 〔日〕新渡户稻造：《武士道》，岩波书店，1969，第 23 页。

力。这是日军“不十分关心兵器技术的发展”的另一原因，由此便在心理上放松了实现陆军现代化，尤其是技术兵种现代化的紧迫感。

日军唯意志论的盛行和20世纪人类军事活动的新趋势是背道而驰的。在漫长的冷兵器时代和火器时代的早期，近战亦即白刃格斗几乎一直是歼灭敌人的唯一方法。这种战法需要最大限度地集中人的精力和体力，因此取胜的基石在于军人的旺盛斗志、高超的格斗艺术和坚韧耐劳的精神，很自然地这也就成了那时武装力量建设的重点。这是某些军史家所说的古典战争时代，“那是一个武器在用兵上不占很重要地位的时代”。① 然而19世纪末兴起的第二次工业革命却深深地改变了这一状况。由于电气、冶金技术的飞速发展导致了自动武器，尤其是飞机、坦克等具有高度机动力和突击力的兵器的出现，火力已代替人力成为战场上实施突击和杀伤敌人的主要手段，军队拥有的军事技术装备和有效使用这些复杂装备所需的知识及技能越来越具有重大意义。“对进攻进程和结局起决定性作用的是，各种射击武器的大量运用，以火力压制和歼灭敌人。”② 第一次世界大战有力地论证了这一点，它本身就是这一巨大转折的首要实践。一战实质上是火力战，由于大量使用机枪、速射火炮，火力的作用显著增长。这些武器能够进行机动射击，无情地吞噬冲击着步兵。一个研究一战史的学者这样写道：“火力完全统治了现代战场，并且造成火力把战士逐出战场的印象。”③ 这些都给战后西方军事学术的演进带来了莫大启示：“武器技术这个前所未见的要素，第一次世界大战后不久就出现在人们面前，而且表现出极其重要的绝对价值。”④ 英国军事理论家富勒甚至认为：“武器之良窳亦战争胜负之枢纽，胜利之秘密，百分之九十九系于武器之改进，双方之战争不过为武器之争斗，改进武器愈速，愈有胜利之把握。”⑤ 基于这一理念，1920～1930年代欧洲列强均大力加紧陆军技术的更新换代。

面对西方的新趋势，历来是“好学生”的日本当然不会熟视无睹，但这一次日本只限于技术装备的权宜调整，并未就战斗力诸因素的此消彼长做出科学、理性的分析。“陆军考虑到财政困难，在扩充军备方面忍痛割爱，专心致志地加强部队的思想教育和军事训练，推迟了武器装备的增

① 〔日〕浅野祐吾：《军事思想史入门》，解放军出版社，1988，第108页。

② 〔苏〕A. A. 西多连科：《进攻》，上海译文出版社，1978，第19页。

③ 〔苏〕A. A. 西多连科：《进攻》，第19页。

④ 〔日〕浅野祐吾：《军事思想史入门》，第109页。

⑤ 曹聚仁、舒宗侨编《中国抗战画史》（影印本），中国书店，1988，第2页。

强。"[①] 日军虽然在1920年代建立了航空和坦克部队，但直至第二次世界大战，尚未彻底改变部队的原有素质。

除了认识偏差外，没有"一战"的实战经验也是其故步自封的重要原因。日军没有派兵赴欧作战，他们对飞机、坦克等新技术兵器的战场使用，缺乏直观感受，"第一次世界大战的教训不是自己的体会，而是从有关文献中得到的，所以没有很好接受一次大战的教训"。[②] "以世界大战为机，各种军备起了划时代的大变化，参加世界大战的列强，以进步的火器，发达的飞机，机械化的军队为主，并使用科学战器等，坚持五年之久，各竭全国之力，耗尽人力与金钱，从事各种战争，是已完全具有近代的设备"，[③] 欧洲各国陆军经历的这些长足进步，是日军所无的。正如1930年代初任陆军参谋总长的金谷范三所说："帝国因于欧洲大战，未尝实际参战，是故对此新式军器之设备，颇感有落伍之惭。"[④] 另外，日军对以往那些主要靠"拼刺刀"赢得的军事胜绩也没能采取清醒的态度。不正确的经验告诉他们，用很小的力量，在最短的时间，胜利就会唾手可得。然而，那些战争充其量不过类似于18~19世纪西方国家征服殖民地的战争，一般来说，对手的军事素养和技术水平都很低劣，日军凭借稍好的物质装备和优良的单兵技术便足以取胜。但如果据此认为，可以像战胜中国国民党军队和东南亚殖民军那样，去战胜苏军和美军，那则是"最危险的幻想"，是大错特错了。苏联一位军事史家后来这样写道："同国民党军队的所谓'战争'和太平洋上的战斗冲昏了日本鬼子的头脑，他们自信已经掌握了现代化战争的经验。"[⑤] 一位德国军事评论家则如此类比："今日日本的陆军与拿破仑三世的陆军（它在非洲的阿尔日里亚战役中受了火的洗礼，而在色当战役中覆亡）的确有许多相似之点。拿破仑三世的兵员都是骁勇的经过了二十年的殖民地战争的精兵，但他们从未经过近代的战争，而今日的日本陆军也正如此。"[⑥]

日本陆军的唯意志论在第二次世界大战中彻底破产。在与美军和苏军的交战中，日军常常"陷入了对飞机和坦克的恐怖之中"，[⑦] 这是精神力量

① 〔日〕中原茂敏：《大东亚补给战》，解放军出版社，1984，第21页。

② 〔日〕中原茂敏：《大东亚补给战》，第87页。

③ 张孤山编《日本陆海军国防观》，第68页。

④ 〔日〕金谷范三：《日本参谋本部满蒙国防计划意见书》，东北问题研究会译良友文化社，1932，第59页。

⑤ 〔苏〕弗诺特琴科：《远东的胜利》，辽宁人民出版社，1979，第30、31页。

⑥ 〔德〕马克斯·威纳尔：《列强军力论》，生活书店，1939，第402页。

⑦ 〔日〕柴田隆一、中村贤治：《日本陆军经理部》，解放军出版社，1984，第192页。

所无法战胜的。一些参战军人这样感叹道："吾人不应该轻视火力；如果有充分的火力，士兵的行动就会果敢，情绪就会高涨。反之，如果火力不足，就只能消极应付。"① "在坦克这个庞然大物面前，人完全变得像豆腐一样软弱无力。这无论如何也不是肉搏战所能对付的。"② "我军初战胜利以后就被美国物质力量所压倒。所谓物质力量是指物资的数量、质量和效率。我军败于电子器材（雷达）和航空兵的数量，大型飞机的可靠性，科学技术的优势，以及生产的机械化和效率。"③ 这一切印证了一个颇有远见的日本学者在1934年说过的话："现代的战争是科学的战争，不论在意识方面军队训练得怎样好，他们是不能与物理、化学及数学的力量作战的。不管兵士如何勇敢，希望他们徒手与超等的飞机、坦克、机关枪等作战，那是过分的。"④

当然，1920～1930年代日本陆军领导人中也并非全是碌碌之辈。金谷范三在《日本参谋本部满蒙国防计划意见书》（1930）里对未来战争做过全面、切实的设想，一针见血地指出了日军的技术弱点，内中许多观点颇富远见。石原莞尔则基于他在德国的留学经验，撰写了《现在和将来日本的国防》（1928）、《对现代战争的经验》（1929）等一批文章，为日本构建了"总力战"的大战略。在石原思想的影响下，陆军省新闻班先后发表了《国防之本意及其强化之提倡》（1934）、《陆军军备之充实及其精神》（1936）两篇长文，急切呼吁提高陆军技术水平，缩短与列强的差距。在这些极少数的"有识之士"中，有人虽然进入过最高决策层，但任职时间太短，而另一些人则在军内属于非主流派，其能量最多不过呐喊呼吁而已，无力改变日本陆军建设的大政方针。

除了主观方面的失误外，唯意志论的成因更重要的还在于日本国家综合物力，尤其是军事经济力较之列强孱弱。为了维持一支与美国相抗衡的海军，日本不得不长期牺牲陆军的军费。由于不具备实现陆军现代化所需的充足财力和基础技术力量，军事领导集团不得不希冀通过对精神因素的绝对化倡导，以弥补物质力量的不足。

---

① 〔日〕柴田隆一、中村贤治：《日本陆军经理部》，第178页。

② 〔日〕柴田隆一、中村贤治：《日本陆军经理部》，第192页。

③ 〔日〕中原茂敏：《大东亚补给战》，第269页。

④ 王造时编译《日本备战论》，开明书店，1937，第21页。

被遗忘的审判?*

——战后国民政府对日审判研究的回顾与检讨

严海建**

第二次世界大战后，同盟国对日本战犯进行了大规模的审判，除在日本东京设立远东国际军事法庭负责审判日本甲级战犯外，还在各地设立法庭审判乙丙级战犯，其中就包括国民政府在南京、上海、徐州、北平、济南、广州、汉口、沈阳、台北、太原等地进行的对日本乙丙级战犯的审判。作为东亚战场最大的受害国，中国主导的对日本战犯的审判，其重要性不亚于远东国际军事法庭的审判。但相对于学界近年来对于东京审判研究的重视，对国民政府主导的乙丙级战犯的审判则重视不够，研究也较为薄弱。

将战后国民政府对日本战犯的审判称之为“被遗忘的审判”，并非是笔者故作耸人听闻之论。正如有论者指出的那样，关于抗战胜利后国民政府审判日本战犯的学术研究起步较晚，相关成果总体较少，与这一重要历史事件本身的地位不相匹配。① 长期以来，国内学界对于国民政府对日本乙丙级战犯的审判多以“南京审判”名之，以区别于东京法庭对日本甲级战犯进行的国际审判。除了对南京大屠杀案审判有较为详尽的研究以外，我们对于南京以外的其他法庭审判的情况知之甚少。实际上，在战后国民政府设立的 10 个法庭中，南京法庭并不具有典型性，其所受理案件和审判的战犯均有相当的特殊性，且与其他法庭相比实际审判的战犯案件较少。

之所以出现这一现象，原因大致可归结为：1949 年，国民党败退台湾，新中国成立，由于冷战的爆发与两岸的长期对立，导致国民政府对日本战犯

---

* 本文系国家社科基金重大项目“抗战胜利后国民政府对日本战犯审判研究”（15ZDB046）的阶段性成果。

** 南京师范大学历史系副教授、南京大屠杀史与国际和平研究院副研究员。

① 徐志民:《抗战胜利后国民政府审判日本战犯研究》,《杭州师范大学学报（社会科学版)》2015 年第 5 期，第 76 页。

审判的政治影响和历史意义未能得到延续；区别于东京审判对于惩处发动战争罪的甲级战犯的审判，对于犯有常规战争罪的乙丙级战犯的审判，因其多属于日军中下级的军官和士兵，且犯罪事实较为简单，故而受关注度远不如东京审判；相关档案资料的不开放或缺失是限制研究的最大因素，就目前而言，国民政府专司其职的战犯处理委员会的档案全宗未开放利用及各地法庭的档案文献下落不明，对于相关研究的深入和细化无疑是不利的。

近年来，随着日本侵华与抗战史研究的不断升温，相关档案资料的挖掘和整理工作有望取得突破性的进展，尤其是欧洲、美国、日本等地的相关档案利用日益便利，对于推动国民政府对日本战犯审判的研究具有重要意义。笔者不揣鄙陋，拟对学界既有的相关研究做一回顾与检讨，以利相关研究的再出发。

国内相关研究最早始于20世纪80年代，由于是作为侵华日军南京大屠杀史料整理和学术研究的一部分，所以早期研究关注的焦点是战后国民政府对南京大屠杀案的审判，代表性的成果是胡菊蓉于1984年发表的《中国军事法庭对日本侵华部分战犯审判概述》，该文对中国法庭审判日本战犯的大致过程做了概述，着重介绍了南京审判战犯军事法庭对南京大屠杀案相关战犯谷寿夫、向井敏明、野田毅、田中军吉的审判。1988年胡菊蓉撰写的《中外军事法庭审判日本战犯——关于南京大屠杀》出版，这是最早全面叙述中外法庭对南京大屠杀案审判史实的著作，但此书当时能参阅的第一手文献有限，且叙述中国法庭的篇幅较短，故学术价值有限。20世纪90年代发表的一系列成果大体未能超越胡菊蓉研究的视野和水准，如李荣的《国民政府审判侵华日军战犯略论》（1995）、张发坤的《不许为日本战犯翻案——中国国民政府审判日本战犯的前前后后》（1997）、翁有利的《国民党政府处置日本战犯述评》（1998）等，上述论文大多是在审判大致过程叙述基础上的一种对于由历史延及现实的正义伸张，由于缺乏真正建立在文献基础上的史实重建，故而所论大义多失之于空泛。

2000年以后，得益于史料的挖掘及研究视角的转换，国内相关研究的学术性得到加强。代表性的成果有，宋志勇的《战后初期中国的对日政策与战犯审判》（2001）将国民政府对日本战犯的审判放到其战后对日政策的大背景下考察，论述了国民政府的战犯处理政策、审判的立法工作以及罪证调查工作，在此基础上对国民政府主导的战犯审判给予了全面、客观的评价，认为国民政府的宽大政策，带来两方面的结果，一方面是战后大多数日本国民感激中国，对中日关系的恢复和发展起到了重要作用，另一方面，由于审判过于宽大，使大批日本战犯逃脱了正义的审判；李东朗的

《国民党政府对日本战犯的审判》（2005）区别于以往集中关注对日军南京大屠杀暴行的审判，对中国法庭审判战犯酒井隆、冈村宁次等人的情况亦有论述。类似的研究还有对国民政府除南京以外的法庭审判战犯情况的介绍，如徐家俊对上海法庭的审判以及关押战犯的提篮桥监狱的研究，孔繁芝对太原法庭审判日本战犯的研究，房建昌对北平、徐州审判战犯军事法庭相关文献的译介等，这些研究对丰富我们对于国民政府审判日本战犯全貌的认识有重要贡献。

近年来，随着学界对台北“国史馆”档案及蒋介石日记的利用越来越便利，战后国民政府对日本战犯审判的研究水准亦有提升。如左双文的《国民政府与惩处日本战犯几个问题的再考察》（2012）利用台北“国史馆”馆藏资料，对国民政府对日军战罪的调查、战犯名单的提出、战犯的处置做了全面、深入的研究，其研究认为，战后国民政府的战犯处置工作，既有伸张正义、惩处元凶的一面，又有敷衍民意、虎头蛇尾，甚至刻意开脱的一面。汪朝光的《抗战胜利的喜悦与对日处置的纠结》（2013）以《蒋介石日记》为中心，讨论了蒋介石战后对日处置的双面性，其中有相当篇幅论及国民政府对日本战犯审判的轻纵，尤其以冈村宁次案为代表。刘统的《国民政府审判日本战犯概述（1945～1949）》（2014）依据档案文献，从前期准备、审判经过、重要个案审判、特殊案件的审判等方面对审判的全过程做了回顾和再现，对国内政治因素导致的缺陷和冈村宁次案的重大误判，也进行了分析和总结。

海外的相关研究主要集中在日本。日本学界的研究主要分为两种类型：一种是对盟国乙丙级战犯审判的整体研究，比如林博史、茶园义男、田中宏巳等人的研究著述，利用日本法务大臣官房司法法制调查部整理的战争犯罪裁判资料以及联合国战犯委员会的战犯裁判月报等资料，对战后美国、中国、英国、澳大利亚、法国、荷兰、菲律宾等国主导的乙丙级战犯审判法庭做了全面的概述，具体到中国法庭的讨论，虽失之简略，但却提供了一种对比研究的可能，从而在整个盟国战后对日审判的框架下，获得了对中国法庭特殊性的认识。另有一部分研究则关注中国法庭对日本战犯的审判以及由此引发的日本国内对于战争责任的争议和讨论，比如广岛正通过日本军方文件以及日军官兵日记等一手文献，重建了参与实施南京大屠杀暴行的第六师团的犯罪事实，以确认中国法庭对原第六师团长谷寿夫的判决在事实层面是毋庸置疑的；伊香俊哉对国民政府审判日本战犯做了深入的研究，其研究结论认为国民政府证据搜集工作的不足影响了对战犯的逮捕和审判，国民政府对日本战犯的宽大政策是一种“惩一戒百”式的处置，并且希望日本人民对战争进行自我反省。此外，内海爱子、饭田进等人的研究，从乙丙级战犯及其家属的体验出发，对日本社会对乙丙级战犯战争责任的认识做了深入的调查和研究。

近年来，海外的相关研究日益深入，区别于以往整体性的日本乙丙级战犯审判的研究，已经有相当一部分研究聚焦于国民政府对日本战犯的审判。代表性的成果有，日本尚䌹大学语言文化学部的和田英穗从 2001 年以来发表了一系列关于国民政府审判日本战犯的研究论文，对于国民政府对日审判的战犯引渡、宪兵裁判、审判终结等问题做了较为深入的研究，在个案研究的基础上尝试分析和概括国民政府对日审判的特征；英国剑桥大学日本史学者顾若鹏（Barak Kushner）在 2015 年出版的《从人到鬼，从鬼到人：日本战犯与中国的审判》，主要讲述了国民党和共产党对日本战犯进行审判的历史，同时还描绘了日本对战犯审判的反应，该书还讨论了战后审判对中日关系的影响及其历史记忆的遗产；德国海德堡大学的高安雅博士则已经将国民政府对日审判的视野扩展到南京以外的其他法庭，比如济南、北平等法庭对日本战犯的审判。

上述研究无疑对国内学界是一个鞭策，作为抗战史研究不可或缺的一个领域，国内学界的相关研究还比较薄弱。所幸由上海交通大学东京审判研究中心刘统教授领衔的国家社科基金重大项目“抗战胜利后国民政府对日本战犯审判研究”已经启动，根据该项目的规划，无论是档案资料的搜集还是相关专题的研究均有望突破既有研究的局限。

客观而言，无论是从研究内容的覆盖面上，还是从研究的深入程度上，国内学界对于国民政府审判乙丙级战犯的研究还处在起步阶段。就研究的覆盖面而言，既有研究对南京审判战犯军事法庭以外的其他法庭的研究较为薄弱，导致我们关于国民政府对日本战犯审判的认识实际上是建立在对少数法庭的有限研究的基础上的。从研究视角来看，既有的研究主要着眼于国民政府的战犯处理政策和法庭审判的整体叙述与评价，基本未脱离对审判大致过程叙述基础上的历史意义阐述的模式，缺乏建立在文献基础上的史实重建，亦未能真正回到国民政府对日本战犯惩处的历史场景中去，故而对于国民政府惩处日本战犯的特殊性缺乏充分的认识。

长期以来，由于对东京审判研究的重视，积累的相关成果较多，从而造成学界对盟国在各地设立的审判乙丙级战犯法庭的研究，往往将国际法庭的标准作为比照来看乙丙级战犯审判存在的问题。因此，如日本学者大沼保昭在谈及日本国内对于乙丙级战犯审判的认识时，提到“对乙、丙级战犯的审判，是在战后初期对日本军队抱有强烈的憎恶感、翻译和辩护律师不完备、审判时间短、法庭自身的主观臆断及对日本军队的指挥命令体制不了解的情况下进行的，许多事例表明，审判存在着很多问题”。[①] 当时留在中国任日本官兵善后总联络部长官的冈村宁次也曾提到，对日本战犯的审判“不准用日本律师，官方指定的律师与被拘留者联系不密切，以致草率从事，裁判欠公”。[②] 这样的认识实际上忽视了乙丙级战犯审判的独立性及其区别于国际审判的特质。

毋庸讳言，对于乙丙级战犯的审判，其影响和意义实际上偏重于受害者，审判对于平复受战争暴行侵害者的创伤具有重要意义。对于在暴行实施所在地审判乙丙级战犯的好处，远东国际军事法庭的中国法官梅汝璈曾言及：“这不仅是由于这类战犯的官职地位较低、犯罪事实较为简单，用不着组织国际法庭去审判，而且把这类战犯引渡给犯罪地国内的或当地的军事法庭去审判还有两大好处：第一，他们所犯的暴行既然是在某地区实行的，则在该地区审判不但可以贯彻‘犯罪属地’的刑法原则，而且对于证据的搜集、证人的传唤以及现场的调查等均较方便；第二，由犯罪地国内的或当地的法庭去审判，使这类战犯在当地受到法律制裁，可以使对他们的暴行记忆犹新的地方群众在心理上、精神上感到快慰。”[③]

国民政府设立在各地的法庭，由于处理的战犯多来自当地受降的日军，所以比主要负责处理引渡及各地转押战犯的南京法庭更具有“在地化”的特征。民众检举的踊跃程度即能反映出受害地审判战犯对于地方民众正义求偿的重要意义。如当时报纸所言：“在中国人的心里，尤其是沦陷区中的老百姓，八年来曾亲尝其暴虐与蹂躏，强掠与屠杀，种种非法的恶行。于今抗战已得到最好的胜利，日本被正义扑灭了他们的凶焰，到处在缴械，到处在降伏。可是，在这国土沦陷的期间，所有国人的生命与财产的剥夺，仍然不能使他们幸免了这一切重大的责任，于是无辜的民众在检举，当局在查办，这是一件非常快心的事情。”[④]

由于亚洲特殊的战后格局，战后在亚洲进行的对日审判，无论是东京审判，还是各地对乙丙级战犯的审判，大多都是由美国及欧洲殖民国家主

① 〔日〕大沼保昭：《东京审判·战争责任·战后责任》，宋志勇译，社会科学文献出版社，2009，第100页。

② 〔日〕稻叶正夫编《冈村宁次回忆录》，天津政协编译委员会译，中华书局，1981，第136页。

③ 梅汝璈：《远东国际军事法庭》，法律出版社，2005，第37页。

④ 《日战犯拘留所一瞥》，《世界日报》1946年2月3日。

导的，由此造成战罪惩处的主体缺位或错位，使得长期遭受日本侵略之害的亚洲国家，尤其是中国和韩国的正义未得到充分的伸张。东京审判进行之时，日本记者长文连就曾指出："东京审判中，日本对台湾、朝鲜的殖民统治没有受到审判，这很奇怪。"① 就这个意义上而言，作为亚洲少有的战前即为民族国家的受害国，国民政府主导的对日审判所具有的历史意义不言而喻，对此的研究亦不可或缺。

① 长文连：《战犯偶感》，《自由恳谈会》第 1 卷第 5 号，转引自粟屋宪太郎《日本东京审判研究的由来与现状》，东京审判研究中心编《东京审判再讨论》，上海交通大学出版社，2015，第 1 页。

战时私立大学与国民政府教育部

韩　戍*

1946年，冯友兰在为西南联大迁校纪念碑撰写的碑文中称："联合大学以其兼容并包之精神，转移社会一时之风气，内树学术自由之规模，外来民主堡垒之称号，违千夫之诺诺，作一士之谔谔。"冯友兰描绘总结的"联大精神"，经后人不断演绎，几乎成为神话。如今看来，其中不无溢美的成分。然而，不能否认的是，西南联大作为顶尖国立大学，盖中外观瞻所系，地位十分重要，在某种程度上确实受到政府的格外关照。西南联大的治校者和教授们，亦具有强烈的精英心态，敢于抵制来自党政方面的各种政治干预。至于抗战时期的一般高校，则鲜有此种待遇和底气。尤其是那些国人自办的私立大学，更需要谨慎地与其主管部门教育部相处。本文拟从经费问题和党化教育两个方面，简单讨论两者之间纠缠复杂的政学互动。

近代中国的私立大学的创办，始于晚清新政之时，实为公立教育不发达的产物。这些私校多聚集在通都大邑，数量以上海为最。盖因上海工商业发达，江浙中产阶级子弟接受高等教育的需求甚为迫切，并有余力为此支付高额的学费。同时，上海银行钱庄林立，私立大学建立于此，更便利于与银行合作，通过信贷来弥补办学经费的不足。因此，抗战前上海一般私立大学的校董，多是工商银行界要人。这些要人多是主办方聘请，尽管很多人仅仅是挂名，属于象征性的存在，但也基本可以认为，以他们为代表的城市工商资产阶级是支持私立大学的主要力量。当然，私立大学也接受政府的补助，但数额不多。从1934年开始，国民政府教育部系统补助私立大学，每所学校分到经费平均在两三万元之数。[①] 相对于每所学校每年

---

* 上海财经大学人文学院历史系讲师。

① 《二十四年度私立专科以上各校补助费项目数额表》，《第四次申报年鉴》，申报年鉴社，1936，第38页。

20 万元以上的支出，此种政府补助绝非大宗。

抗战军兴，大学普遍迁往大后方。国立大学的办学经费，原本来自国库省款，与地方工商界关系甚微。国立大学接受政府的命令迁往大后方，教育部亦对其拨发迁移经费。私立大学希望政府能一视同仁资助迁移费，并如国立大学般日后永续获得开办经常费。然而，政府自顾不暇，不愿援助私立大学。上海的所谓私立大学“四大金刚”——复旦、大夏、光华、大同希望组成联大内迁时，政府命令其自筹经费。由于经费困难，光华、大同两所大学退出联大。其后，光华校舍被毁，一部分留在租界继续维持，另一部分自行内迁成都办学。

私立大学迁移到大后方，日常办学的经济来源更成为严重问题。江浙学子安土重迁，多半不愿随校迁移。在大后方招收的本地新生，一般都支付不起高额学费。私立大学内迁，与原来所在地的工商界也断了联系。盖因学校不能再为工商界输送人才，也不能为培养中产阶级子弟出力，这样便难以获得工商界的捐助。那么，私立大学的经费从何处而来？主要有两条途径：教育部和地方政府。中央财政收入稳定，如果私立大学能乘抗战之机，正式将经费列入国家财政预算之内，便可高枕无忧，一劳永逸。如果依靠地方政府，需要看地方政府是否有办学的热心。即使热心，一旦成为靠省款资助的大学，则容易陷入“拿人手短”的窘境，抗战胜利后或可能被留在当地，不易回迁。因此，一般内迁私立大学都向中央政府方面努力，解决经费难题。

当时，国民政府教育部每年补助国立大学的数额虽然不算大，却也比较充足，而且随着物价逐年上涨。在此列举一个数据。1939 年，教育部补助各国立大学的经常费，中央大学 122 万元，翌年 144 万元；武汉大学 69 万元，翌年 72 万元；浙江大学 60 万元，翌年 71 万元；[①] 四川大学 74 万元，翌年 83 万元。[②] 而 1939 年教育部补助私立光华大学的数额是 4 万元，次年 4.5 万元；复旦大学 13.8 万元，次年 12.6 万元；大夏大学 9.2 万元，次年 8.4 万元。[③] 由于国立大学同样也接受工商界捐助，而且更容易获得国际知名基金会的拨款，所获数额更为充裕。相比之下，私立大学仅靠学费和微弱的政府补贴，可谓捉襟见肘。那么，是否私立大学规模小，不像国立大学般需要太多经费？事实并非如此。据笔者参考多方资料统计，

---

① 竺可桢：《竺可桢全集》第 7 卷，上海科技教育出版社，2005，第 171 页。

② 《国立四川大学简况》，国立四川大学出版组，1942，第 10 页。

③ 《省私立专科以上学校补助费分配表》，中国第二历史档案馆藏教育部档案，档案号：五/4012（1）/69。

1939～1940 年，复旦、光华、大夏三校在校生则保持在 1500～2100 人之间。[①] 同一时期的国立四川大学，学生人数将近 1400 人。[②] 西南联大是三校联合，当年人数亦在 2800～2900 人之间。[③] 如果将经费平均摊到每位学生身上，便可知私立大学的窘迫。由于缺乏经费，一切校园设施与学术建设都谈不上，其教育质量可谓每况愈下，更加弱势。

由此，这一时期私立大学与国民政府教育部的往来信函中，最多的并不是官样的公文报表，而是索款的各种私人信函。这些索款信函多用词恳切，向教育部表明为国办学的热心，希望教育部能够额外增加补助。有的信函则是万分火急，似乎若没有教育部的汇款，学校便马上会陷入瓦解之虞。抗战八年，执掌教育部的是陈立夫。陈立夫被视为 CC 系的领袖，与教育界的渊源较浅。由此，比较稳妥的做法便是寻求中间人，即私立大学在中央政府中聘任党政要人担任校董，借其向教育部关说筹款。这一时期，不同的私立大学，在中央政府依靠的党政要人不尽相同。光华大学所依靠的校董是朱家骅。大夏大学依靠孔祥熙、何应钦。复旦大学主要依靠孙科，以及于右任这样的复旦校友。这些大学的主事者充分调动各种学缘、血缘、地缘关系，希望这些达官显贵们能够如对待自己的事业一样支持私立大学的发展。

查阅这一时期的教育部档案，或者这些党政要人的私人档案，发现一般情况是私立大学当局与教育部沟通索款交涉无效后，再由这些党政校董出面请托。由此，在私立大学的经费问题上，呈现出一种三角关系：校方、党政要人校董、教育部。每一笔来自教育部的拨款援助，都是三者角力的结果，其中充满了各种微妙的博弈。不同的校董权势和背景，决定了私立大学索款行动的有效与否。私立大学当局和校董的关系亲疏以及利益交换的有无，也决定了这些校董是否愿意在经费问题上施以援手。

一般认为，陈立夫常常利用权位，刻意在经费上为难各大学。时人

---

① 《私立光华大学分设四川第一次报告》1940 年 2 月，中国第二历史档案馆藏教育部档案，档案号：五/4012（1）/22；《抗战以来之光华大学》1940 年 11 月，中国第二历史档案馆藏教育部档案，档案号：五/4012（1）/121～122。朱时隽、姚璋：《十五年来之光华大学》，《光华大学十五周年纪念特刊》，光华大学，1940，第 7～9 页。《上海大夏大学历年学生人数统计表》《本大学迁黔后各学期学生人数统计表》《私立大夏大学概况》，贵阳大夏大学，1941，第 105、107 页。复旦大学百年纪事编纂委员会编《复旦大学百年纪事（1905～2005）》，复旦大学出版社，2005，第 96～125 页。

② 《国立四川大学简况》，第 9 页。

③ 《国立西南联合大学历年在校学生人数统计表》，徐心坦主编《国立西南联合大学史料》第 5 册学生卷，云南教育出版社，1998，第 4 页。

称："（陈立夫）蓄意统制教育界，非其私人，必加以困厄，逼其脱离；属其私人，则无论如何办得坏，亦与维持。……不肯投降，彼遂以经济封锁政策相胁迫。"① 从种种历史细节观之，陈立夫主政教育部时期，在经费分配上确实常有厚薄不均的情况。各国立大学的待遇不同，各私立大学之间亦有多寡之分，此种差异对待与学校的办学水平关系不大。抗战前，陈立夫曾经担任复旦大学的校董。其担任教育部部长后，原则上不准再兼任大学校董，但旧的渊源仍然存在。由此，国人自办私立大学中，复旦大学所获得的补助较多。而大夏大学和光华大学，陈立夫则援助甚少，处处加以限制。对于一般私立大学要求教育部按照与兄弟学校同等标准对待的呼声，陈立夫也常常是置若罔闻。

然而，其中或也别有隐情。作为中央教育部门的首脑，陈立夫的教育部所能掌握的教育经费实际上是相当有限的。陈立夫曾经自述："在抗战时期财政收入减少，而军费浩繁，教育与文化在短见者看来，比较为不急之务，国家不应为此耗费巨额金钱。"② 恰是陈立夫在抗战时期不断据理力争，才从国家财政中继续分得一点微薄的教育经费。由此，教育部亦常陷入捉襟见肘、非常为难的境地。此时的教育部每天要处理国立、私立和教会学校发来的各种索款信函，以及各种党政要人请托等，可谓负担极重。如何处理各种关系，如何满足各方需求，对主事者的智慧实为一种极大的考验。而且，不为人知的一面是，陈立夫的教育经费政策，背后往往有蒋介石授意。对蒋介石而言，在抗战的大背景之下，教育的发展并不是迫在眉睫之事。其理解的教育也主要是训育，对于不配合的大学，常常不惜下手令直接解散。因此，他对于这些大学动辄向教育部索款的情况非常反感，不时训令陈立夫要谨慎使用教育经费。③ 然而，受私立大学委托索款的，多半是何应钦、孔祥熙、孙科等朝中位高权重的官僚。对于这些官僚，蒋介石亦常奈何不得。作为教育部部长的陈立夫身处各方之间，实际极难做人。陈立夫一直希望限制党政要人兼任私立大学校董，以免其用权威干涉教育行政，但最后往往有心无力。后来者往往看到所谓"经费封锁"的一面，而较少体察国家教育经费的困难，体会主事者的不易。

另一个为人诟病的是所谓的党化教育以及政党入侵大学的问题。关于抗战时期国民党与三青团、CC 系与朱家骅系的矛盾等，研究成果已不少

① 桑兵：《国民党在大学校园的派系争斗》，《史学月刊》2010 年第 12 期。

② 陈立夫：《成败之鉴》，台北：正中书局，1994，第 241 页。

③ 《陈立夫呈复陈处理大夏大学改组问题及设置国立贵州大学之经过以及对于本案之意见当否祈核示》1943 年 2 月 5 日，台北："国史馆"，档案号：001/0901000/0010 /70a/60。

见。不过，这些研究依据的材料多半是后人的回忆录，其中也不无捕风捉影的夸大成分。比如，台湾学术界过去即对所谓CC系和朱家骅系的斗争闻所未闻。[①] 而在大陆这几乎已经成为定论，如桑兵教授这样的史学家亦对此言之凿凿。[②] 所谓人事斗争无时无处不在，在国家的教育行政中，此种派系争斗只能是一种变态，而非常态。作为教育部部长的陈立夫，在处理私立大学的问题方面实际比较审慎，更多是综合各种因素统筹考量，所希望的莫不是教育事业走上正轨。如果一国的教育主事者，一味安插亲信、蓄意破坏教育，从常识上也难以理解。一般研究者都认为，陈立夫主政教育的八年，实为民国以来高等教育进步最迅速的八年。或者说，其对教育的理解与西方自由主义的教育观不同，更多是倾向于训育和管制，不免给外人种种恶感。至少目前可知，对于一般国人自办私立大学，陈立夫很少予以直接控制。因为控制一所大学，便要为其经费负责，否则即使实现了人事上的控制，也难以将此种控制落到实处。所以，更多时候是，教育部无力解决私立大学的经费或不愿解决经费，也在大方向上尊重其办学的独立自主，很少给予干涉。不过，某种情况确实存在，那就是自命为CC党徒的地方党政势力，颇有心思染指高等教育，主动向陈立夫等高层请令，希望将这样一所学校变成自己的势力范围，解决同侪的饭碗问题。然而，此种请令很少得到陈立夫的肯定。[③] 这种情况，无疑与我们以前对党化教育蛮横无理的认知面相迥异。

吊诡的是，私立大学方面在走到山穷水尽时，往往主动请求教育部的介入和干涉，甚至希望教育部接管学校。[④] 一般私立大学与教育部之间的关系并不是独立或敌对，更多是顺从和依附。以前我们常认为，国立大学是党化教育的重镇。实际上，私立大学更是党化教育的天堂，而非所谓独立自由的乐土。而且，私立大学对党化教育的遵行，对学生的管束和训育，常常出于自觉而非强迫。为什么会如此？经费问题或许是很重要的因素。国立大学作为教育部的嫡长子，拥有固定的岁入和经常费。此种权利来自于最高国务会议的决策，可谓天经地义，教育部很难加以折扣。因此，在一些所谓的民主运动中，国立大学往往“有恃无恐”，学生常常在

---

① 相关研究参见黄丽安《朱家骅与中央研究院》，台北：“国史馆”，2010。

② 桑兵：《国民党在大学校园的派系争斗》，《史学月刊》2010年第12期。

③ 《张登寿致陈立夫函》（1943年11月3日），中国第二历史档案馆藏教育部档案，档案号：五/5543/21。

④ 《摘录卅二年秋学潮文件》，《私立光华大学成都十年记》，成都光华大学，1947，第39页。

各种潮流中充当领导责任。至于共产党组织，也主要是在国立大学中蓬勃发展，私立大学中往往难以生根。私立大学则完全相反，在训育方面对学生管束极严，教授与学生均不得逾矩。因为其原本是“庶出”，其政治表现关系着教育部对私立大学的评价，更关系着教育部是否愿意为这所学校挹注经费。我们看到，抗战以前教育部无力补助私立大学，在各种学生运动中，私立大学往往扮演着急先锋的角色，至少可以和国立大学平分秋色。尤其是九一八事变后，学生几次赴南京请愿，主力都是复旦、光华、大夏等校的私立大学学生。然而，此时私立大学在经费上完全依靠教育部，使其处于某种尴尬的“妾妇”地位。出于“政治正确性”的表态，非但其党化教育贯彻得十分彻底，在各种争取民主宪政的运动中，私立大学不是国立大学的尾随者，便是全面的落伍者。此种情况，在抗战胜利各校复员之后，表现得更为明显。

总之，抗战时期私立大学与教育部之间的关系，政治与学术之间的勾连，曲折幽微而又错综复杂。其内部的种种面相，前人缺乏关注，亦少深入研究。从理论上，类似研究开拓了新的议题，在一定程度上增加了抗战时期大学史研究的深度和广度。私立大学与教育部的关系背后反映的亦是民间教育团体如何与国家行政当局相处的问题。此种情况在西方私立大学的办学过程中或许不常见到，实际带有明显的中国特色。搞清楚这个问题，对于理解私立大学为什么在中国难以生根的大问题，亦有重要意义。

【经济史研究】

难以根除的“二地主”

——民国时期学田地权双层分化问题的再认识

蔡兴彤*

提　要　针对现时学界对民国时期学田地权是否发生双层分化的矛盾观点，依据民国时期各省政府及国民政府陆续颁布的相关办法、政令及农村调查，可以判定民国时期学田地权普遍存在着双层分化，以公认的田面权为条件而形成的“二地主”现象大量存在。

关键词　学田地权　地权结构　包佃制　“二地主”

土地租赋是中国传统社会的主要税收来源。因此，土地的租佃关系及地权结构是中国史研究，特别是经济史研究的热点。而以往的研究较多关注民田即私田，相对而言，对于学田虽有一些成果，却较集中于宋代至清代的学田。[①] 那么，民国时期学田的租佃关系是何种情况，相比清代有何变化，地权结构又如何？现在学界对此有两种截然不同的观点。张明教授以清末至民国初年皖南青阳县的学田契约为史料，认为“在皖南学田地权普遍发生了双层分化，逐渐形成了公田所有者主要掌握公田田底权、永佃农主要掌握公田田面权的双层地权格局”。[②]（以下简称“张文”——笔者

*　南京大学历史学院博士研究生。

①　漆侠：《宋代学田制中封建租佃关系的发展》，《社会科学战线》1979 年第 3 期；孟繁清：《元代的学田》，《北京大学学报（哲学社会科学版）》1981 年第 6 期；桂栖鹏：《元代江南地区封建租佃关系的进一步发展》，《南京大学学报（哲学·人文·社会科学版）》1995 年第 4 期；施由民：《清代江西学田的租佃析论》，《农业考古》2001 年第 1 期；张小坡：《清代江南官学学田经营实态述论》，《中国农史》2008 年第 2 期。

②　张明：《清至民国时期皖南官田、学田和义田地权的双层分化考察》，《安徽史学》2013 年第 2 期，第 115 ~ 124 页。

注）而苏全有教授则以报刊、各级政府相关政令为史料，认为“所谓双层分化说并非常态”。[①]（以下简称“苏文”——笔者注）本文试以相关资料，对二位学者的观点加以讨论，并解答以上问题。

一 关键概念与判断标准的确定

在讨论民国时期学田的租佃关系与所有权问题之前，有必要对几个相关术语做出明确定义，以免文不对题、各说各话。

学界以往的研究已经表明，民国及其之前，中国农村的地权结构极为复杂，并非只有地主向佃农出租土地或是农民自有土地为自耕农这两种模式。曹树基、刘诗古对这种复杂的地权结构做了精准的归纳，主要有：(1)“永佃权”，佃农获得土地的永久耕种权，不可转让；理论上，如果拖欠地租较多，地主可以撤佃。(2)“相对的田面权”，“田面”是可以转让的，但因地租较高，转佃收取小租相当困难，理论上可能因欠租而夺佃，不过撤租之困难使得其与一般的“永佃”有所区别。(3)“公认的田面权”，其所有人拥有田面的继承、出卖、典、顶、当、出租等一系列权力。三种权利当中，“相对的田面权”最不稳定，如果撤佃困难，它就可能向“公认的田面权转化”，如果田面价真的可以改为押租，致使其不可转让，它就可能向“永佃”后退。从一般“永佃”至普通租佃的转化，如果没有政治权利的压迫，只不过是租期长短的协议罢了。其结构如下：永佃权——相对的田面权——公认的田面权。[②]

以上是私田的土地产权分化，即“普通租佃、相对的田面和公认的田面等三个层级，就标志着社会结构分化为地主与佃农、地主与相对的田面权人、业主与公认的田面权人这样更为复杂的社会关系”。[③] 这就表明在相对的田面权下，佃农的田面可以转让，即“兑佃”。而在公认的田面权下，佃农的田面可以继承、出售、典、顶、当、出租；特别是出租，佃农将田面转租即转佃于其他佃农，自为二地主。“也就是说，在‘一田二主’的地权结构中，‘公认的田面田’的分化形态最为彻底。”[④] 因此，田面是否可以兑佃，田面是否可以继承、出售、典、顶、当、出租，就成为判断地

---

① 苏全有：《对民国时期学田权双层分化说的质疑》，《中国社会经济史研究》2014年第2期，第59~65页。

② 曹树基、刘诗古：《传统中国地权结构及其演变》，上海交通大学出版社，2014，第59页。

③ 曹树基、刘诗古：《传统中国地权结构及其演变》，第72页。

④ 曹树基、刘诗古：《传统中国地权结构及其演变》，第75页。

权是否发生双层分化的重要标准。

以往学界的研究表明，自宋代学田兴起至清代，这种复杂的地权结构在学田亦是同时存在的。这里需要注意的一个问题是，有学者指出元代江南地区学田盛行包佃制，也称"二地主"；在清代江南地区，学田租佃盛行"一田二主"。[①] 那么，清代的"一田二主"是否就等同于元代的包佃制呢？实际上，无论是"一田二主"抑或包佃制[②]，都是佃户取得公认的田面权后，将土地出租自为"二地主"，以获取差额地租谋利，是地权双层分化的一种表现，在规模上有差异，而无性质上的不同。只不过，包佃者是土豪、富农，大量承租公地或大地主土地。而"一田二主"或转佃自为"二地主"现象中，"二地主"可能是包商，也可能是出租小块土地的佃农。因此，包佃就可以完全归入"一田二主"或"二地主"等概念中，进而就囊括在公认的田面权下，佃农所拥有的一系列权力当中。[③]

综上所论，借鉴民田租佃关系的研究成果，判断学田地权是否发生双层分化的标准，除了以佃农可以兑佃学田田面权外，还需以佃农有学田田面权的继承、出卖、典、顶、当、出租等一系列权利和行为作为依归，而非"苏文"所认为的以学田是否加租为判断条件。

二 学田地权双层分化的普遍性

用以上标准重新检视"苏文"所举案例、各省政府及国民政府的政令、办法，以及其他史料，可以确认民国时期学田地权的双层分化普遍存在。

---

① 桂栖鹏：《元代江南地区封建租佃关系的进一步发展》，《南京大学学报（哲学·人文·社会科学版）》1995 年第 4 期，第 155～156 页；张小坡：《清代江南官学学田经营实态述论》，《中国农史》2008 年第 2 期，第 99～101 页。

② 包佃与包租的含义并不相同。包租的第一个含义是定租，亦称"定额租"，中国旧时收地租的一种方式。地主出租土地时，按土地面积计算，规定佃户每年应交地租的数额。一般有两种：一是定租呆交，不问年成奉歉，都按规定数额交租，亦称"包租""铁板租"或"死租"；一是定租活交，荒年歉收可酌量减交或缓交，亦称"花租""软租"。减交成色和折价均由地主决定。后者租额往往比前者高。定租租额一般占总收获的百分之五十左右，高的达百分之七八十。第二个含义是包佃：中国旧时土豪、富农将公地或大地主的土地承租后，提高租额转佃农民，从中分割部分地租的行为。包佃人名称各地不同，有二地主、二佃东、大佃、大包等。包租制下，佃农负担较一般地主为重。辞海编辑委员会编撰《辞海》（第 6 版）第 1 册，上海辞书出版社、上海世纪出版股份有限公司，2009，第 99、478 页。由包租的释义可以推断出，包租的第一种，定租呆交是包佃产生的条件。特别是包佃公地（包括学田）的情况下，因其地租较民田为轻，更容易导致包佃的出现。

③ 吴文晖也将这两种租佃方式归为同一类型。但只认为其是一种租佃方式，而非地权结构的变化。吴文晖：《中国土地问题及其对策》，商务印书馆，1947，第 191 页。

“苏文”认为民国时期推行严禁包佃的政策。事实上也是如此。河南省政府明令：“查各县公产学田多为包佃制，迭经明令禁止在案，但各县遵办者固多，而未办者亦复不少，亟应由各主管机关直接招佃耕种，不得再有前项包佃情事。”[①] 1932 年江苏省政府制定推行《清查学田及整顿学租办法》，其第四条规定：“各县学田应俟清丈峻事及包租期满（指现已包租者而言），即依照地方经费保障办法第三条（丁）项，直接招佃不得再用包租制以杜于中取利。”[②] 1936 年江苏省政府又拟定，计划于 1937 年分批推行的《江苏省政府分批整理本省各县学产公产计划大纲》中规定：“承包人低价承租学产公产高价转租佃户已为二地主，一面剥削业主，一面剥削佃农应分别取缔由佃户直接承种。”[③]

在“张文”研究的安徽，1935 年安徽省政府颁发《安徽省取销学产永佃权暨二重地主实施办法》后又略加修改为《安徽省整理学产实施办法》。[④] 其中第二条规定：“本省省县学产承佃人，已取得永佃权而其所佃之田地转佃自为二重地主或欠缴租金达二年以上者，应一律取消公告，发还所缴纳押板金，其所欠租金应在押板金内照数扣除。”[⑤]

“苏文”据此认为学田佃农没有学田的田面权。但河南、江苏、安徽 3 省政府屡屡颁布禁止包佃的政策正说明包佃并没有被禁止。江苏两次颁布办法，等于间接再次承认江苏省学田包佃制的盛行，转佃自为“二地主”的现象极为普遍，承包人获得了公认的田面权。安徽省出台办法的原名称《取销学产永佃权暨二重地主》及具体内容“转佃自为二重地主”已经清楚显示，安徽学田永佃权及以永佃为基础产生的公认的田面权的普遍存在，由此衍生的“二地主”已严重影响到地方政府的收入。这也恰恰说明“张文”的论断是正确的。为保障该办法的顺利实施，安徽省规定“如有反抗把持者，准用三省剿匪区内法令严重处办”，[⑥] 政府必须动用武力才能追缴

---

① 《通令各县公产学田尽先稞给农校毕业生种植案》，《河南省政府公报》1934 年第 1197 期，第 1 页。

② 《清查学田及整顿学租办法》，《教育季刊》1933 年第 1 卷第 4 期，第 262 ~ 263 页。

③ 《江苏省政府为前已订有整理学产之计划大纲及办法等请将院颁各省市清理教育款产办法暂缓实施呈》1937 年 7 月 29 日，南京：中国第二历史档案馆藏国民政府教育部档案，五/10814/47。本文所用档案皆为南京中国第二历史档案馆所藏国民政府教育部档案，以下不再标注档案收藏地及收藏机构。

④ 《省府令饬各县取销学产永佃权暨二重地主》，《安徽教育周刊》1935 年第 3 期，第 4 ~ 5 页；《省府令发各区专员公署等安徽省整理学产实施办法》，《安徽教育周刊》1935 年第 7 期，第 2 ~ 5 页。

⑤ 《省府令饬各县取销学产永佃权暨二重地主》，《安徽教育周刊》1935 年第 3 期，第 5 页；《省府令发各区专员公署等安徽省整理学产实施办法》，《安徽教育周刊》1935 年第 7 期，第 4 页。

⑥ 《省府令饬各县取销学产永佃权暨二重地主》，《安徽教育周刊》1935 年第 3 期，第 4 页。

欠租和保证撤佃。江苏省亦规定了相似措施。这说明学田撤佃极为困难。

因此，在河南、安徽、江苏3省，学田地权普遍发生了双层分化，且以公认的田面权为条件形成的包佃，严重影响了地方政府的税收与教育经费。否则，各地方政府不会一再出台办法力图对这种复杂的地权关系加以清理。

在中央层面，国民政府也意识到学田地权双层分化对国家税收会造成严重损失。行政院在审定《安徽省整理学产实施办法》时就指出：“本案与各省整理学产，颇有关系，拟请提会通过并送请中央政治会议备案后，令行各省市政府参酌办理。”[①] 1937年国民政府又颁布《各省县市清理教育款产办法》，其第四条（丁）项规定：“旧有田产税项向由私人低价承包于中取利者，其田产应撤回另行直接招佃，税款应撤销承包，另定征收方法，尽力剔除中饱。”[②] 学田地权的双层分化导致包佃制的盛行，学田所有权被佃户侵蚀，公认的田面权的普遍存在，给学田的名义所有者各级地方政府及国民政府都造成了财政收入的巨大损失。

另一方面，从案例以及当时的农村调查看，各省学田地权的双层分化也是极为普遍的。

“苏文”第61页所举栖霞寺案例，正说明栖霞寺僧人包佃学田。由于当地政府采取措施，力图取消栖霞寺的包佃权，引起其激烈反抗，撤佃困难。在无锡，“公有机关之田地，如学田义田，大多采取包租制，恒有催租员承包征收，再转租于佃农，收取额外之润”。[③] 在江苏学田的重要来源——沙田，包佃制也极为盛行。[④]

“苏文”第62页所举福建案例。[⑤] 查原文，佃农范继成、范锄牳所佃寿宁县儒学学田，自乾隆五十三年（1788）发执凭开始耕种，在咸丰四年（1854）因被水灾毁坏，被其先人重新修复耕种。至民国二十一年（1932）被寿宁县政府转给叶明主承耕。长达143年的佃耕，实为永佃。而且因佃农修复土地有功，该县儒学加以奖励准其继续佃耕。长时期的永佃加以修复耕地，侵蚀了学田的田面权，佃农自认为拥有部分田面权，理应由其继续租佃耕种，因此发生纠纷。此案例正说明，范继成、范锄牳认为拥有相对的田面权即学田的部分所有

---

① 《省府令发各区专员公署等安徽省整理学产实施办法》，《安徽教育周刊》1935年第7期，第3页。

② 《各省县市清理教育款产办法》，《法令周刊》1937年第365期，第2页。

③ 阮荫槐：《无锡土地之整理》（一），萧铮主编《民国二十年代中国大陆土地问题资料》第35册，台北：成文出版社、〔美〕中文资料中心，1977，第17451页。

④ 朱福成：《江苏沙田之研究》，萧铮主编《民国二十年代中国大陆土地问题资料》第69册，第35972～35973页。

⑤ 《范继成等因承耕学田事件行政诉讼案》，《司法公报》1935年第26期，第25～26页。

权，寿宁县政府不能擅自转佃于他人，显示福建存在着学田地权的双层分化。

在河南的洛阳、陕州，“转租业主，即一面向其他业主租田，一面以其田转租或分租于他人，此种多系承租寺院学校之土地，如都市之二重房东相似”；在山东、河北两省，“包商承领学田后，即转租于小包商，由小包商再分租种于零星花户，如以县府为房东，则包商为二房东，小包商为三房东，甚至有四房东五房东的”；在山东历城，学田“以名义言之，虽为政府所有，而人民种者，确视若私产，以其佃种已久，相传有年，且每年只交钱粮，无佃租性质，故迭相承继，传至后代”。[①] 包租的普遍化，不仅限于转佃自为二地主，还出现了三地主、四地主、五地主，层层转租，层层盘剥。学田的包佃，佃农对学田产权的继承都说明了学田公认田面权的存在。

在浙江，“包租制仅限于学田、祭田、堂田、寺田等公共租田”；在湖北武昌，一部分学田“虽由该会收租（公款公产委员会——笔者注），而实际该田产权已落入他人之手者”；在湖南，“尚有包租制，普通行于学田、祭田、寺田等公有田租”；在四川，“昔日防区时代，不合法理之永佃转佃及重押段租等情成为普遍现象”；在成都，“各县公学产租佃，往往租佃关系在百十年以前（形同永佃），佃户传授数代，自然有分割情形，久之此分佃至不可稽考”；在广西，“转租在各县的官产、学产、或离开的大地主上，便常常可以见到”；在广东，“沙区的公田和私田，多用包佃制出租，富商、巨绅包佃”，转租于“分耕仔”，其再转租于佃农“大佃仔”，有时甚至还有二重“分耕仔”，情形与山东、河北极相似。[②] 包佃、学田产权被佃农侵蚀世代继承，学田的公认的田面权在这几省也是普遍存在的。

---

① 孟光宇：《洛阳陕州之租佃制度》，萧铮主编《民国二十年代中国大陆土地问题资料》第 65 册，第 34171 页；廖泰初：《从学田研究见到的土地财政和农村教育问题》，《教育学报》1939 年第 4 期，第 16 页；王文甲：《历城县田赋之研究》，萧铮主编《民国二十年代中国大陆土地问题资料》第 23 册，第 11309 页。

② 行政院农村复兴委员会编《浙江省农村调查》，商务印书馆，1934，第 9 页；廖启愉：《武昌田赋之研究》，萧铮主编《民国二十年代中国大陆土地问题资料》第 25 册，第 11995 ~ 11996 页；中国第二历史档案馆编《中华民国史档案资料汇编》第五辑第三编财政经济六，江苏古籍出版社，1994，第 133 页；《四川省政府请核示整理公学产废止永佃及清理隐匿两项呈》1941 年 9 月 16 日，五/10819/46；陈太先：《成都平原租佃制度之研究》，萧铮主编《民国二十年代中国大陆土地问题资料》第 62 册，第 32496 页；行政院农村复兴委员会编《广西农村调查》，商务印书馆，1935，第 157 页；吴文晖：《中国土地问题及其对策》，第 191 页。吴文晖指出“包佃制度，几乎各处都有，各地名称不一”。江西的“二佃东”“田贩子”，山东的“包租人”“二层地主”“土地商”，山西的“大佃”，河南的“租头”，江苏的“探田人”“大包”“小卖头”，西康、贵州土司制度下的“头人”都是“二地主”、包商的别称。吴文晖：《中国土地问题及其对策》，第 192 页。

因此，为了扩充财源、增加收入，同时也为了稳定教育经费，国民政府及各地方政府必须对此种状况采取措施以求彻底消除。

三 学田地权的复杂结构难以清理

针对以公认的田面权为基础而形成的包佃制。战前苏、皖两省的政策就是将公认的田面权取消，用行政权力迫使相对的田面权向后退，使其恢复到永佃的状态。在安徽，因转佃为“二地主”而“取消永佃权之土地，应依新制实施勘丈，按照市租实亩公开招标以最高投标额为承租人，标额相同者，除原佃人时原佃人有优先承佃权外，以抽签定之。永佃权人如确系自耕并不欠租者，仍准继续租地耕种，但须依前项之规定，分别实地勘丈并重定租额其不愿续租者听之”，[①] 并且需要重新订立佃约标明田亩四至，数量，租佃年限，需要佃户缴纳保证金（即押租）和保证人担保。

然而采取投标竞佃的效果却并不理想，“就是投标另租，以恶势力关系，新租户必不敢结仇结怨强来种也”。[②] 包商在“河北、山东各县已认为一种甚肥的‘祖业’，外人轻易不能插足，且偶有与省府人物有裙带关系的”。[③] 成都学田包商，“尤甚者，一县中有力份子借此自己地位，包佃一批田地以从中渔利，如新津财委会学田中竟有转佃两三层者”。[④] 可见包商在地方已然形成一个特殊的利益集团，且与地方相关人员有密切关联。

对于如何处理永佃权，使其符合国家现行法令，变为合法的永佃以求彻底根除这一相对的田面权和公认的田面权产生的必要条件，国民政府做了一个严格的界定。

1941 年，四川省在执行废止永佃转佃施行投标竞佃规定时，虽然在永佃及大押典当年限，依照《公有土地处理规则》第五条将租佃期予以缩短。但反抗者认为“民法债权编第 449 条规定，租赁期间可达二十年，民法典权第 912 条规定，典期可达三十年，民法与公有土地处理规则，虽有普通法与特别法之分，但普通法公布施行在前，特别法公布施行在后，法

① 《省府令发各区专员公署等安徽省整理学产实施办法》，《安徽教育周刊》1935 年第 7 期，第 4 页。

② 廖泰初：《从学田研究见到的土地财政和农村教育问题》，北平《教育学报》1939 年第 4 期，第 16 页。

③ 廖泰初：《从学田研究见到的土地财政和农村教育问题》，北平《教育学报》1939 年第 4 期，第 15 页。

④ 陈泰先：《成都平原租佃制度之研究》，萧铮主编《民国二十年代中国大陆土地问题资料》第 62 册，第 32496 页。

律不溯既往”。[①] 国家现行法律与政策之间出现了矛盾，永佃时间的长短就不准确了。因为按照《公有土地处理规则》第五条的规定“凡属公有土地非经行政院核准管有机关不得放领标卖设定负担或超过十年期间之租赁”。[②] 学田租赁时间最长十年，必然与“租赁期间可达二十年，典期可达三十年”相矛盾。

对此国民政府财政部与教育部首先明确，永佃权是私权，“以前地方政府设定之永佃权，如与当时之法令不相抵触，现在自不能以行政权力片面宣告废止。至大押佃或租赁之期限未满者，亦未便不受契约之拘束”。但又给永佃权加以时间限制，以《公有土地处理规则》公布日期为界，之前的“所有一切处理，应查明原处理机关是否依法得有处理之权，所定契约曾否呈报主管机关核准，再分别办理”。其后必须按照规则第五条办理，否则即是违法，必须废止或变更契约。而且取得永佃权后禁止转佃或者欠租，一经发现给予取消。[③] 这样，就给了永佃权以明确的定义和时间限定，考虑到民间租佃契约多以口头或书面签订且很难保证符合《公有土地处理规则》公布之前的相关规定和办法，其政策实质就是废除公认的田面权、相对的田面权，将永佃制的时间限定在十年以内，进一步将永佃推回到一般的租佃，简化了地权结构和土地所有权关系。

四川省的执行情况还有待进一步研究。但在1943年，国民政府对学田制度进行改革。教育部奉蒋介石命令，拟定并颁行了《各省市县学田拨充学校校产实施办法》，其第七条规定：“分配为校产之学田，由各校师生自行耕种，惟遇学生体力及技术上不能操作之工作得临时雇工助作，并得佃租人民耕种，山地并应积极造林。”[④] 该办法相比于1941年国民政府对永佃的界定更为激进。事实上等同于废除了与佃农的租佃契约，直接将学田所有权与使用权合一，连一般的租佃关系也取消了。虽然也规定了“并得佃租人民耕种”，但明显的是自耕在前为主，佃租在后为辅，更强调学生自耕。

因此，国统区各地方政府在执行过程中遇到了巨大的阻力。在浙江江

① 《四川省政府请核示整理公学产废止永佃及清理隐匿两项呈》1941年9月16日，五/10819/45～46。

② 《奉行政院训令公布公有土地处理规则通饬施行等因令仰知照并饬属知照由》，《司法行政公报》1934年第60期，第33页。

③ 《教育部财政部致行政院秘书处交核四川省政府呈请核示整理公学产废止永佃及清理隐匿函》1942年2月25日，五/10819/138～140。

④ 《各省市县学田拨充学校校产实施办法》，《教育部公报》1943年第十五卷第四期，第11页。

山，“本县学田佃农均有永佃权，且佃农家境大都贫苦，一旦撤去其永佃权，转移与学校自行耕种，不特将滋纠纷，佃农生计亦恐发生问题”；在广西中渡，“学田其来历究竟如何，早已无从查考，故学田名义强属县有财产，而实际则已属私人营业，万一拨充校产……必引起极大纠纷”。[①] 结果，“实行自耕的田地仅 9230.37 市亩，约占国统区学田总量的 0.22%”。[②]

结　语

综上所述，学田地权难以清理的原因在于，第一，学田租佃关系年代久远，民间习惯使然。一些学田为各界捐赠的贫瘠土地，为鼓励佃农投入时间、劳力和肥料以提高地力，获取更稳定的收成，多采取永佃制度。在此制下学田地权难免被佃农侵蚀。一旦强行撤佃，就会引起佃农的强烈反抗，导致地方社会秩序不稳。地方政府自然多一事不如少一事，不愿整理。

第二，包商的特殊性。包佃学田者非地方上富商、巨绅，或是与地方政府、相关组织有密切关系者不能为也。如前文所举成都例子，包商实为组织中的一员，监守自盗，或是如山东、河北情形，形成利益集团垄断学田包佃权，且又与政府人员关系密切。[③] 这样有背景、势力的包商，地方政府自是无力清除的。

第三，国民政府对地方基层的权利渗透不够，此点已为现在学界所公认。各省及国民政府都认识到学田包佃、“一田二主”是对地方财政收入的严重损害，亦制定了相关政策力图加以纠正。但因地方政府行政权力不够，难以动用国家暴力机关采取强硬措施，实现其目标。又加之，地方官吏时常更易，五日京兆，地方政府的统治就更难以稳定。[④] 所以，政策、办法屡屡制定，而问题却每每得不到解决。

所以，民国时期的学田接续了清代的复杂地权结构，公认的田面权的普遍化导致包佃的盛行，“二地主”众多。虽然，国民政府及各地方政府

① 《浙江江山县长请释示各省市学田拨充学校校产实施办法疑义呈》1943 年 11 月 30 日，五/10814/20；《广西中渡县政府报学田拨充学校校产实施困难情形代电》，五/10816（1）/208。

② 蔡兴彤：《论 1943 年国民政府对学田制度的改革》（未刊稿）。

③ 吴文晖：《中国土地问题及其对策》，第 175 页。

④ 吴文晖：《中国土地问题及其对策》，第 104 页；廖泰初：《从学田研究见到的土地财政和农村教育问题》，《教育学报》1939 年第 4 期，第 12～13 页。

屡屡出台相关政策，力图废除“二地主”和学田的永佃，简化地权结构和学田所有权关系。但由于国民政府对地方基层权利渗透不足，无法依靠行政力量强制执行上述政策。因此，民国时期的学田地权并非如“苏文”所论“所谓双层分化说并非常态”。而是学田地权双层分化实为常态，亦非“张文”所论的仅限于皖南，而是在各省普遍存在。

专家荐语：

多年以来，在中国社会经济史研究领域，对传统中国乡村特殊的土地租佃关系与地权机构的研究，受到海内外学者的关注，也取得了一些研究成果。但以往对此的研究多集中在对民田地权的变化考察，对中国传统乡村社会普遍存在的学田，则研究不足，成果更为少见。蔡兴彤同学的这篇论文，将民国时期的学田地权作为研究焦点，并参照了曹树基、刘诗古等人在地权研究方面的某些新观点，对此时期学田地权的分层化现象做了入微的剖析，不仅回应了学界在这一问题上的不同观点，而且提出了个人独到的见解。该文的突出优点是史料翔实，持论客观周延。为写好此文，作者收集和阅读了大量原始资料文献，如政令、法规、调查报告等，从而较好地做到论从史出。作者文中的一些观点，如对民国时期学田地权双层分化现象实具普遍性的指陈，及对国民政府在解决地权问题上何以无所作为原因的分析，都是具有相当价值的学术新见，也是有意义、有深度的学术探讨。有鉴于此，我愿意向《民国研究》刊物推荐蔡兴彤同学的这篇论文。

推荐专家：南京大学中华民国史研究中心教授　申晓云

机遇与发展[*]

——抗战前建设委员会对电力工业之推动（1929～1937）

谭备战[**]

提　要　南京国民政府建立后的第二年，成立了以张静江为委员长的国民政府建设委员会，主持领导新政府“不属于各部主管”的建设事业。1929年建设委员会组织法调整，接管了全国的电力工业。在此近十年的时间内，建设委员会不仅调查与指导全国的电力工业，还管理全国电力工业。在建设委员会的领导下，中国电力工业在抗战前取得了前所未有的发展，是抗战前发展最快的现代工业之一，也推动了地方工农业的发展与进步。

关键词　建设委员会　张静江　电力工业

国民政府建设委员会（以下简称“建委会”）于1928年2月在南京成立，翌年初即按照中央政府的要求管理全国电力工业。在抗战爆发前的近十年时间内，电力工业具有一个良好的历史发展机遇：从国际而言，一战早已结束，各国均将复兴经济作为头等大事，建设事业一日千里，电力工业的发展突飞猛进；从国内而言，南京国民政府全国形式上的统一为经济的发展奠定了政治基础。与此同时，国内要求加强经济建设的呼声日益高涨，又有强势政治人物、“民国元老”张静江这位孙中山的终生挚友与蒋介石的革命“导师”的领导，① 故此时电力工业的发展迎来一个良好的历史机遇，在建委会经营与管理之下发展颇快，为中国各项现代化事业的发

---

*　本文为2014年国家社会科学基金项目“南京国民政府建委会研究（1928～1938）”（14ZFS041）的阶段性成果。

**　河南中医药大学思想政治理论教研部副教授。

①　有关孙中山与蒋介石对张静江的评价，可参见谭备战《孙中山和蒋介石心目中的张静江》，《党史文苑》2007年第10期（纪实版），第40～44页。

展提供了一定的动力条件。截至目前，论述抗战前十年电力工业发展的学术论文尚付阙如。[①] 本文拟以报刊和档案资料为依据，探讨抗战前中国电力工业在建委会指导下的发展情况及其影响。如有不当之处，敬请各位专家学者批评指正。

一 建委会接管全国电力工业

南京国民政府建立初期成立的建委会是中央政府秉持孙中山先生建设现代化国家理念的产物。1928 年 2 月 1 日，中国国民党中央政治委员会召开第 127 次会议，张静江、胡汉民、谭延闿、蔡元培及蒋介石等 17 人提议迅速设立一个负责国家全面经济建设的专职机构，定名为“中华民国建委会”，按照孙中山先生的“建国方略”实施国家建设计划，张静江被推选为建委会委员长。建委会“奉建国大纲、建国方略为圭臬，以解决民生问题为主旨”。[②] 1929 年初建委会即按照第二次修改的“组织法”的第二条内容“水利电气及其他国营事业，不属于各部主管者均由建委会办理之”,[③] 从而接管了全国的电力工业。

1929 年 1 月 15 日，建委会组织民营电气事业委员会，任命鲍国宝、江湛、张行恒、王承桓与李鼎等 5 人为委员。后来又增加委员至 11 人，主任委员专任，其他委员兼任，均系电气工程或经济领域内的著名专家，且由建委会委员长派任。主任委员之下，设行政、经济、业务、工作 4 股，由专家主其事。29 日，派李鼎接收交通部和前北京政府交通部民营电气事业的卷宗，直至 6 月份完全移交完毕。8 月初，建委会亦将整理一年、已粗具规模的无线电事业交予交通部管理。

建委会接管全国电力工业之后，十分注意从政府政策层面向电力工业方面倾斜。1929 年 6 月，建委会委员长张静江在中国国民党三届二中全会的提案中提出，电气事业“实较铁道尤为重要，盖电气则可以解决民生衣

① 截至目前，所见的论述中国电力工业发展历史的论文，极为少见，仅有台湾王树槐先生的《中国早期的电力工业，1882～1928》（中研院近代史研究所编《中国现代化论文集》，台北：中研院近代史研究所，1991），不过该文论述的是 1928 年之前中国电力工业的发展历史；刘文丰：《抗战时期国民政府的电力工业建设》，广西师范大学，2007 年硕士论文，该硕士论文是研究抗战爆发后电力工业的发展情况，而本文则是探讨南京国民政府建立后至抗战全面爆发前中国电力工业在南京国民政府建委会领导之下的发展情况。

② 张人杰：《发刊词》，《建设》（1），建委会，1928 年。

③ 《国民政府建委会组织法》，《建设》（2），建委会，1929 年 1 月，第 1 页。

食住行四大问题之全部，诚应为建设之中心也”。[①] 在1930年2月的建委会大会上，副委员长曾养甫也提出“积极发展电气事业以促进全国农工电气化案”，认为“我国农工凋敝，生产落后，补救之方”，则是大力发展电气事业。作为中央政府主管电力工业的政府机构——建委会，则“亟宜确定发展电气事业方针，积极进行，以达农工电气化之目的”。[②] 因此建委会对电力工业颇为注意经营，不遗余力。

建委会为加强全国电力工业的管理，1930年2月成立电气处，著名电力专家、美国康奈尔大学博士鲍国宝任电气处处长。该处职掌6项内容：一、国营电气事业之计划建设；二、建委会所属各电气事业之指导、监督及管理；三、民营电气事业之发照、注册；四、民营电气事业之指导、监督与改良；五、电气机械材料之制造及标准检定；六、其他与建委会有关之电气事项。[③] 至于各省电气行政事宜，皆归各省建设厅主管，特于“厅内专任电气行政或视察指导工作者，多则四五人，少则一二人，但不尽为技术人员，其经验或亦不尽相称。至于各县政府，一则限于预算，二则人才难得，关于电气行政工作，只能为中央及省方传递命令，或调查简单事件，此外均无力过问”。[④]

建委会在接管全国电力工业之后，迅速成立了全国电气事业管理指导委员会与电气处，开始了对全国电气事业的管理工作，为了解全国各地电力工业的发展情况，在全国电气事业指导委员会的领导下，迅速开展了对全国各地电力工业的调查与指导工作。正如时论所言，在建委会领导后的“中国电气事业，已渐渐的由萌芽时代，走到开展时代”。[⑤] 此论说明了电力工业迎来了一个良好的发展机遇。

二　调查与指导电力工业

鉴于国民政府统一后中国电力工业发展不甚明了的情况，建委会决定对全国电力工业进行彻底调查，以便将来能够指导其发展。建委会对全国

---

① 中国国民党中央委员会党史史料编纂委员会编《革命文献》(26)，台北：中央文物供应社，1963，第108页。

② 曾养甫：《提议积极发展电气事业，以促进全国农工电气化案》，《建设》(7)，建委会，1930年4月，第62页。

③ 倪正太、陈晓明：《中华民国职官辞典》，黄山书社，1998，第334页。

④ 恽震：《论电气事业之政府监督权》，《建设》(20)，建委会，1937年2月，第1页。

⑤ 《江浙电气事业概况》，《中行月刊》1931年第3卷第4期，第92页。

电力工业的调查与指导工作主要从以下几个方面进行。

（一）调查与统计

1929 年初建委会接管全国电力工业之后，为掌握电力工业在各地的发展情况，对全国所有电厂进行了调查摸底。为此制定了电厂的年报表格，分发至全国电气事业人，要求其如实填报并将每个电厂的工程业务、经济情况填具呈核。据 1934 年调查统计，全国电气事业大小合计共约 450 家（东北自沦陷后未曾列入），已注册完竣领取营业执照者计 192 家。全国一、二等电厂大致均已注册，三、四等电厂[①]大多无注册，应属违法经营。建委会要求各地三、四等电厂迅速注册，以便管理，否则将依法取缔，禁止其营业。关于电气事业注册发照的审核工作，建委会“力求审慎，其办理腐败者，在督促整顿未见成效之前，不予注册”。[②] 在该政策的指导下，全国电力工业开始改变过去那种不习惯注册，以致管理混乱的现象，为建委会管理电力工业提供了真实数据与资料。

（二）视察与监督

建委会制定的电厂年终报表，使其能随时掌握全国电力工业的发展情况。与此同时，建委会每年还分派指导员至各省市进行视察，对各电气事业的经营情况加以核实。为防止出现反弹现象，建委会令各省建设厅指定一个视察员定期至全省各个电厂视察，以便督促其发展，并将视察报告呈送建委会以备考核。为总结经验，1933 年 10 月，全国电气事业指导委员会在南京召开了各省市电业视察会议，讨论有关电力工业的发展方针，制订视察计划。此次电业视察会议使建委会加强了对各地电厂视察监督的情况。

根据各个电厂每年呈送的年终报表以及各个视察员的视察汇报，全国电气事业指导委员会编制了各项电气事业的发展统计，每年刊印一期，以便国内外对中国电力工业的发展全面了解，“并将各种材料进行分析研究，借以推求各项平均指数以供企业家及学术界参考之用”。[③] 建委会编纂的《电气事业发展统计》至抗战之前共出版七期，每期均对当年中国电力工

① 当时根据《建委会电气事业条例》的规定，发电容量在 1 万千瓦以上为一等电厂，1001～10000 千瓦者为二等电厂，101～1000 千瓦者为三等电厂，100 千瓦下者为四等电厂。

② 中国建设协会：《建委会指导下之建设事业近况》，《中国建设》第 13 卷第 1 期，1936 年 1 月，第 1 页。

③ 中国建设协会：《建委会指导下之建设事业近况》，《中国建设》第 13 卷第 1 期，1936 年 1 月，第 2 页。

业的发展统计甚为详尽，掌握着全国电力工业发展的整体情况。

（三）指导与整顿

全国电气事业指导委员会因为负责电气事业，对各地电厂经营情况十分注意，意欲使其成为地方工业发展的推动者。实际上当时全国电厂虽然多达数百家，“然求其办理优良，售电低廉，足以促进工业之发展者无几”。[①] 为发展电力工业起见，全国电气事业指导委员会按照以下电厂管理中5种常见的情况进行整顿：

1. 对于缺乏资本、无力整顿者，则责令其经济公开，招徕投资，并助其筹措资本，帮助整理，以便经营走上正常轨道；

2. 对于缺乏技术人才而由工头把持者，则令其重新聘请一些电力方面的技术人才，或者聘用一些电力顾问工程师以备咨询而利发展；

3. 对于设备简陋、线路老化、灯光暗淡、经常出现危险者，则令其添置新的机器，充实电力供应器具，整理线路，保障安全；

4. 对于业务废弛、经济信用不固者，则令其整顿收入，撙节开支，以便增加用户的信任，从而扩大其业务；

5. 对于一些因为督促改善，但因电气事业人办理棘手，难见成效者，请求政府代为整理者，全国电气事业指导委员会则接管该电厂，与原有管理者订立管理整顿年限，帮助整理。[②]

建委会对地方电厂整顿成效最为明显者为江西九江映庐电灯公司。经过整顿，该电厂步入良性发展轨道。九江自开埠后经济迅速繁荣，九江市民遂有办理电厂之议。1917 年唐伯龙在九江总商会支持下集资办厂。但因地方势力很大，私灯甚为严重，以致电厂财务不支，运转困难，不得不求助于建委会。1935 年 5 月，建委会派单基乾、朱谦然与朱大经等电力专家帮其进行整理。通过对设备、营业以及财务的两年整理，使其逐渐走上良性发展轨道，成为建委会整理地方电气事业的典型。[③]

---

① 中国建设协会：《建委会指导下之建设事业近况》，《中国建设》第 13 卷第 1 期，1936 年 1 月，第 3 页。

② 中国建设协会：《建委会指导下之建设事业近况》，《中国建设》第 13 卷第 1 期，1936 年 1 月，第 3 页。

③ 关于建委会对江西九江映庐电灯公司的整理情况，见王树槐《九江映庐电灯公司：自营与政府的整理（1917～1937）》，《中央研究院近代史研究所集刊》第 27 期，1997 年 6 月，第 139～184 页。

建委会的调查统计、视察与监督、指导与整顿等，使中国的电力工业改变了过去管理混乱的局面，逐步走上了规范的发展轨道，为电力工业的快速发展奠定了基础。

三 经营与管理电力工业

主管全国电力工业的建委会，对电气事业的经营管理颇为努力，在张静江的指导下，开始拟具全国的电气建设计划，采取国营与私营并存的方式，“以求发电之经济，电价之低廉，供电之普及，俾全国逐渐电化”。除此之外，还“规定工程标准，以资制造及联络之便利，厘定法规，以便指导监督之实施，培植人才，以应工程事务之需要，提倡电气制造，以期机器材料之自给”。① 正是在此方针指导下，建委会开始了对全国电力工业的经营与管理，主要体现在以下几个方面。

（一）筹建全国电气网

按照建委会的宏伟计划，拟将全国电力工业区域划分为 6 个区，即华北、黄河长江上游、黄河下游、长江下游、西南、东南。依照每个区域内农工商业用电的需要，估计区域内应有发电设备的总量，选择煤矿附近，或运煤较为方便之处，利用天然水力等建设电厂。在电气事业发达地区，则筹建电气网，以获得发电、供电的最大收益。

电力工业最发达的上海走在了全国组建电气网的前列。为使上海电力工业合理发展，建委会协调各个电厂逐渐使其走上统一供电和协调发展的轨道。1929 年底，上海市“公用局统一上海电厂计划之第一步，系将本市发电工程，集中于闸北华商两公司”。② “上海市公用局为统一各电厂供电起见，对于翔华、真茹、宝明三厂，不允添装机器，而以闸北电厂之电售诸三厂，为将来统一（电气网）之第一步。同时浦东电气需要，亦复增加，该局令华商电气公司售电于浦东公司，借免小规模发电之浪费。”③ 根据统一全国电气网的建设方针，上海的一些小型电厂均于 1929 年以后开始向大型电厂实施购电转售，例如翔华电气公司于 1929 年 11 月与闸北电气

---

① 《电气事业专刊》，建委会，1932，第 1 页。

② 建委会编《中国各大电厂纪要》，建委会，1931，中国电业史志编辑室、湖北省电力志编辑室编《中国电业史料选编》（上），编者印行，1987，第 3 页。

③ 建委会编《中国各大电厂纪要》，建委会，1931，中国电业史志编辑室、湖北省电力志编辑室编《中国电业史料选编》（上），第 23 页。

公司签订购电转售合同。[1] 翌年1月，浦东电气公司与上海华商电气公司签订合同实施购电转售。[2] 遗憾的是，至抗战爆发后，全国电气网的计划亦未曾实现。

（二）审核各地电价

电气事业乃专营事业，因此政府对电价的高低不易掌握。但电气事业同时亦为公用事业，电价过高，易引起公众的强烈不满，故需政府经常对电价进行审核，以保护地方民众的生活。如电价过高，“不特有失公用事业力求普遍之本旨，且足以引起用户与电厂之纠纷”。[3] 因此全国电气事业指导委员会对各地电价的波动颇为注意，充分考虑到各地的发展实情，将电价调整至电厂与公众双方均能接受的程度。总的原则是既要照顾地方电厂发展，也要促进各地工农商业的发展和方便民众的生活。

下面以建委会所辖的首都电厂与戚墅堰电厂的电价和全国其他电厂的电价相比，可看出其属全国最低。具体详情，可参见表1。

表1　1936年度各大电厂电价比较

单位：分/度

类　别	厂　名	电灯价	电力价
公　营	戚墅堰电厂	18	5.0
	首都电厂	20	6.0
	安徽省会电灯厂	26	—
	杭州电气公司	20	6.2
	北平电车公司	—	—
外　资	上海电力公司	17	6.3
	九龙中华电灯公司	18/25	7.0/7.5
	天津比商电车电灯公司	25	10.0
	天津英工部局电厂	20	6.0

① 建委会编《中国各大电厂纪要》，建委会，1931，中国电业史志编辑室、湖北省电力志编辑室编《中国电业史料选编》（上），第16页。

② 建委会编《中国各大电厂纪要》，建委会，1931，中国电业史志编辑室、湖北省电力志编辑室编《中国电业史料选编》（上），第13页。

③ 中国建设协会：《建委会指导下之建设事业近况》，《中国建设》第13卷第1期，1936年1月，第3页。

续表

类别	厂名	电灯价	电力价
民营	大照电气公司	20	8.0
	上海华商电气公司	18	6.0
	上海闸北水电公司	18	6.0
	苏州电气公司	20/22	4.5/7.2
	南通天生港电厂	23	6.0
	福州电气公司	24	9.0
	广州电力管理处	13	6.0
	汉口既济水电公司	20	8.0
	济南电气公司	20	6.0
	北平华商电灯公司	22	9.0

注：1. 戚墅堰电厂与苏州电气公司以及上海电力公司采取的是二部收费制，除去电费，每马力每月另收基本费 1.4 元，因此比较起来较为困难，第一级较贵，如用电多则较为有利。电价有两种价格者，如苏州电气公司、九龙中华电灯公司，便宜者为城市用电价，贵者为农村用电价。

2. 东北地区未列入。

资料来源：《全国电气事业电价汇编》，建委会，1936，第 3～23 页。

由表 1 可知，建委会所辖的两个模范电厂，电价均十分低廉，尤其是戚墅堰电厂，无论是电灯价还是电力价，在公营电厂中均为最低。即使与民营和外资电厂相比，戚墅堰电厂的电力价亦属较低。说明建委会所办电厂堪称全国“模范”电厂，推动了各地电厂降低电价以服务民生的建设理念。

（三）协助其他机关或地方建立电厂

建委会对电力工业的指导，还体现在协助全国各地电力工业的发展上。“建委会对于政府之任何机关及人民之任何团体，凡以设计或创办电厂相托者，无不尽力相助，或全权代办，或选购机器，或审定计划，或代事设计”,① 均全力相助。如中央陆军军官学校委托建委会筹建洛阳电厂，以便给洛阳军校以及整个洛阳市供电。当时中央陆军军官军校将预算及工程建筑等全权委托建委会办理，自招标至装机，未及一年，即全部竣工并

① 中国建设协会：《建委会指导下之建设事业近况》，《中国建设》第 13 卷第 1 期，1936 年 1 月，第 3 页。

交洛阳军校接收自办。洛阳电厂建成后，由于中央政府开发西北的需要，作为国民政府定为“西京”的西安，仍未有大型电厂以推动地方工业及各项事业的发展，亟须创办电厂以加快西安和西北地区的开发。陕西建设厅与建委会商议筹办西京电厂，在双方的共同努力下，西京电厂亦未经一年即开始发电经营，为西安各项事业的发展提供了电力。[①] 中央政府虽然名义上统一了全国，但是实际上很多地方的经济并未完全纳入国家经济建设的轨道，故建委会协助其建立的电厂并不算多。

（四）筹设各省市电表校验所

随着各地电厂的逐渐增多，电表的准确度成为用户与电厂之间甚为关心的问题。因为“电表之准确与否，关系电厂与用户之利益甚巨，若无妥善之复验机关，实不足以昭公允”。[②] 因此建委会对电表校验事宜十分重视。1932 年建委会首先在南京筹建了全国标准的电气试验所，该所备有各种电量标准及检定用精确仪器以备校验。由于电气事业的迅速发展，需要检测的设备越来越多，1935 年电气试验所又添置了 10 万伏高压实验设备、灯泡试验设备，不仅引进国外的先进设备，而且还自行设计了三相单相电表试验柜，并交由建委会电机制造厂制造。据检测报告称：“此项试验柜，国内尚无他厂制造，使用成绩极佳。”[③] 由于试验效果良好，各省市设立的电表校验所及各地电厂纷纷订购使用，并派员来所实习。该所开始在全国各地设立电表校验机构，方便人们校验电表。至 1936 年初，全国各地设立电表校验机构的省份，有江西、湖北、山东与河南 4 省，浙江、福建、湖南各省则暂时委托省会电厂代为校验，并受电气校验所监督。江苏、安徽亦已筹办电表校验所。

（五）奖励办理良好的电气事业

建委会为了鼓励各地电气事业的良好发展，根据每年电厂的年报以及各地电业视察情况的汇总，遴选几家办理较为良好并经考查属实的电气企

---

① 关于建委会发展西北电力工业的情况，可参看谭备战所撰《南京国民政府对西北电力工业的开发与建设——以建委会创办西京电厂为例的考察》，《中国经济史研究》2012 年第 4 期，第 82 ~ 89 页。

② 中国建设协会：《建委会指导下之建设事业近况》，《中国建设》第 13 卷第 1 期，1936 年 1 月，第 4 页。

③ 中国建设协会：《建委会指导下之建设事业近况》，《中国建设》第 13 卷第 1 期，1936 年 1 月，第 7 页。

业，颁发荣誉奖状，以资鼓励。1930 年获奖者为上海浦东电气公司等 3 家，1931 年获奖者为苏州电气厂等 7 家，1932 年获奖者为上海闸北水电公司等 7 家，1933 年为杭州电气公司等 10 家，1934 年为上海闸北水电公司等 8 家。对办理良好的电气企业进行奖励，既促进这些电厂的业务发展，也在一定程度上鼓励了其他电厂在经营上有更大的进步与发展，从而整体上推动了电力工业的发展。

（六）鼓励民间资本投资电力工业

20 世纪 30 年代，正是世界经济不景气之时，国内游资甚多，但愿意投资电力工业者寥寥无几。电气事业投资利息虽然薄弱，可是比较稳健，这也是其他投资行业所不具备的。在建委会的宣传鼓励下，各地游资很快聚集到各地电厂之中。然而一些大型电厂的资金却需要银行的大量贷款，方能渡过难关，而恰在此时上海金融财团有闲散资金寻觅投资机会。为此，张静江利用与上海金融财团的密切关系，极力说服其向电气事业投资。如此则“使金融界得确有保障之投资，电业界得发展事业之机会”,[①] 达到双赢的目的。一·二八事变之后，上海闸北水电公司因江浙财团的借款助其发展即为明显一例。另外，杭州电气公司由上海银行团承办，亦说明电力工业已与金融行业紧密地联结在一起，推动了电力工业的快速发展。

（七）筹办全国首次电气展览会

为了加快电气事业的发展，1937 年春建委会事业处处长秦瑜奉张静江之命，决定举办全国首次电气展览会。4 月 26 日，秦瑜任命薛绍清、陈中熙、黄辉、胡如鼎与潘鼎新 5 人为全国电气事业展览会筹备委员，并指定薛绍清为主任委员。5 月 4 日，正式成立全国电气事业展览筹备委员会，在中央电气试验所二楼办公，开始向全国征集各种电气展览品。由于电气知识需要通晓中英文的专业人才，14 日，薛绍清请求建委会从文书科调用兼通中英文书记一人常驻在筹备委员会内，以利于工作进行。6 月 16 日，建委会举行第 158 次会议，逐项讨论《全国电气展览会章程》，并于 7 月初颁布。为帮助了解此次全国电气展览会的情况，现将该章程的部分内容摘录如下：

1. 本会以征集国内外电气制造出品或模型，及与电气有关之各种

---

① 中国建设协会：《建委会指导下之建设事业近况》，《中国建设》第 13 卷第 1 期，1936 年 1 月，第 4 页。

仪器机械，定期陈列，举行公开展览，以灌输民众电气知识，增进专家研究兴趣为宗旨，定名为全国电气展览会。

2. 本会由建委会主办之，于必要时得函请其他机关或团体参加。

3. 本会预定于民国27年4月15日，在南京西华门建委会开始展览，于5月15日闭会。

4. 本会以建委会委员长为会长，总理本会会务。

5. 本会职员概为名誉职，于必要时得酌用雇人。

6. 凡国内外各公私机关团体或个人，如愿以出品及模型仪器机器图表著作，陈列本会参加展览者，应将陈列品直接运送本会，所有一切国内关税及运费，概由本会向关系各部陈请分别减免。

7. 本会对于各项出品，交审查委员会审查合格后，予以陈列，并择其成绩较优者，分别给予褒奖状或纪念章，以示鼓励而资提倡。[①]

由上述内容可知，本次展览会的目的非常明确，“以灌输民众电气知识，增进专家研究兴趣为宗旨”，从而满足各界人士对于电气知识的需要并扩大人们的视野。对于较好的电气展览品，还予以奖励，以推动电力工业的快速发展。

6月25日，全国电气事业展览会主任委员薛绍清考虑到电气展览的专业性，又请求增加一些大学教授为全国电气展览会委员，以便随时对电气知识进行解答。根据电气展览会章程第二条，“于必要时得函请其他机关或团体参加”，兹为技术上便于合作起见，又聘专门委员、中央大学电机系主任陈章，金陵大学电机系主任杨简初及中央党部广播电台工程师刘振清三人兼任电气展览会筹备委员。7月21日，建委会又派购料委员会副主任委员苏乐真兼任全国电气展览会筹备委员。在建委会的督促与支持下，全国电气展览会筹备工作颇具成效：“经各委员及各干事之努力，三月以来，（电气展览会）粗具端倪，计发出中、英文征集信件239封，聘任函件76封，收到公文函件49封。全国电气展览会章程及筹备委员会章程均经印刷分送，征品规划及会场说明书亦经拟就，正待付印，并蒙各国商务参赞允以协助，欧美各大电机制造厂亦允踊跃参加，明春开幕，必有可观。”[②] 11月1日，由于抗战形势

① 该展览会章程内容为14条，由于其中有8条内容与此次展览会内容无关，故未列入，仅列7条。详情可参见《建委会有关电气展览会的章则等文件》，中国第二历史档案馆藏建委会卷宗，档案号：46－40。

② 《建委会有关电气展览会的章则等文件》，中国第二历史档案馆藏建委会卷宗，档案号：46－40。

日益紧张，日军已逼近南京，建委会各项事业均受重创，全力筹办的全国电气展览会也不得不停办。为此，薛绍清向建委会事业处请示停办，因“八月间沪战爆发，商业停顿，电气展览会势难如期举行，拟请暂时作一结束”。① 建委会考虑到抗战形势严峻，同意此次全国电气展览会暂停举办，以待来日再行举办。至此，筹办近半年的首次全国电气展览会夭折。

通过建委会对全国各地电厂电价的审核，帮助各地办理电厂，办理电气校验所，以及奖励各地办理良好的电气事业，鼓励民间资本投入电力工业等诸多有利于电力工业快速发展的措施，使抗战前的电力工业得以迅速推进。

四 抗战前建委会发展电力工业的影响

电力工业作为一种新型的、能够代表现代化工业水平的工业，经过建委会的经营与管理，于抗战前取得了巨大成就，为 20 世纪 30 年代中国现代化事业的发展做出了积极贡献。建委会推动电力工业的影响，具体而言，主要表现在以下几个方面。

（一）发电容量、度数、投资总数与销电度数均增长迅速

1929 年初建委会接管全国电力工业时，电力工业极为落后。据调查：“全国除工厂附设发电厂及发电量不详者外，共有 387 厂，总发电量为 47 万 7260 千瓦……水力发电尚未发达，仅西南部有一个 400 千瓦及一个 1 350 千瓦电厂。”② 至 1936 年，全国共有电厂 461 家（不含东北与台湾），发电容量已增至 63.1%。足见发展之快。据建委会对 1932～1936 年电业发展情况的调研，中国电力工业在电厂数目、发电容量、发电度数、投资总数、每人每年的销电度数等方面均有明显增长。具体详情，请参考表 2。

表 2 1932～1936 年电力工业发展情况

年 份	厂数（家）	发电容量（千瓦）	发电度数（千度）	投资总数（千元）	每人每年销电度数（度）
1932	452	478750	1195059	281577	2.72
1933	448	496140	1411816	269252	3.09

① 《建委会有关电气展览会的章则等文件》，中国第二历史档案馆藏建委会卷宗，档案号：46－40。

② 电气事业处：《中国电气事业之鸟瞰》，《建设》（5），1929 年 10 月，第 18 页。

续表

年 份	厂数（家）	发电容量（千瓦）	发电度数（千度）	投资总数（千元）	每人每年销电度数（度）
1934	450	542399	1541375	295680	3.35
1935	446	584914	1568737	301647	3.77
1936	460	631165	1724305	307731	4.98

资料来源：朱大经：《十年来之电力事业》，谭熙鸿主编《十年来之中国经济》，中华书局，1948，第 14 页。

从表 2 可知，自 1932 年至 1936 年，虽然电厂数目增长较为缓慢，从 1932 年至 1936 年仅增加 8 家电厂，但发电容量、发电度数与投资总数均有大幅度增加，分别增加了 32%、44%与 9%，每人每年销电度数则几乎增加一倍，足见发展之快。另外，从该时期的电器料及装置进口商品比重仍可看出中国电气事业的快速发展。请参考表 3。

表 3　中国电器料及装置进口商品所占比重变化

单位：%

年 份	1913	1921	1929	1936
进口所占比重	0.5	1.6	1.4	2.0

资料来源：陈争平：《1912～1936 年中国进出口商品结构变化考略》，张东刚主编《世界经济体制下的民国时期经济》，中国财政经济出版社，2005，第 3 页。

从表 3 亦可看出，在 1913～1936 年内，中国在电器类商品方面的比重增长颇快，电气类商品进口从 1913 年的 0.5%增至 1936 年的 2.0%。值得注意的是，1921～1929 年的 8 年间，电气类商品的进口比重不升反降，说明了该时期中国电力工业停滞不前的状况，而至 1929～1936 年的 8 年间，电气类商品进口比重迅速上升了 0.6%，前后两个 8 年之间电气类商品进口比重的巨大变化，正好说明了电气工业发展在抗战时期迅速发展的事实。

（二）电力工业是抗战前发展最为迅速的工业之一

电力工业是一个比较稳定发展的工业，抗战前十年中国多数工业“趋势鲜能恒定不变”。因为当时工业发展情况，即是某种工业“常因一时之顺利，诱致新厂之繁兴，更由生产之过多，益增竞争之剧烈，故往往创设较盛之年即为营业不利之岁”。可是电力工业却恰恰相反，“中国新工业中，惟电业未尝陷入若是纷乱之境地”。如 1934 年，由于受到世界经济危机的影响，中国经济异常凋敝，“而华资电厂亏者不过 5%，盈者殆占绝对多数，外资各厂更无不获利。故发电容量与年增加，其趋势恒定而显明”，① 说明电力工业在该时期发展的强劲势头（见表 4）。

表 4　1933 年中国电力工业与其他工业的发展情况比较

行　业	冶炼业	机械及金属制造品业	交通用具制造业	土石制造业	建筑材料业	水电业	化学工业
厂数（家）	33	306	55	112	14	14	148
资本额（元）	2690750	16549708	19004411	29184299	298120	32613625	26326882

资料来源：朱斯煌：《民国经济史》（上），沈云龙主编《近代中国史料丛刊》三编第 47 辑，台北：文海出版社，1988，第 236 页。

从表 4 可知，水电工业在 20 世纪 30 年代的发展还是较快的。在重工业中唯有水电工业的资本额为最高，达 32613625 元。此前水电工业是中国较为年轻同时也是较为弱小的现代重工业之一，在建委会指导下发展迅速。在建委会接管电气事业之前，西部几乎没有较大的电气事业，但之后由于建委会致力于全国范围电气事业的均衡发展，经过艰辛努力，抗战前十年中西部电气事业发展颇快，不但在建委会支持和帮助下建立了一批电厂，如陕西西京电厂和河南洛阳电厂，而且还进行了历史上首次勘测三峡水力的计划。

在关注电力工业迅速发展的同时，我们还必须注意到当时电力工业的发展亦有如下缺陷：全国虽有电厂不少，在 1936 年时电厂数量有 460 家，“而发电容量总额不过 631165 千瓦，况有多处电厂只供电灯，不供电力”，② 说明了电力工业在刚起步时仅是为了满足于生活照明的需要，而非为工业发展提供便捷的现代动力，反映了现代化发展程度甚低的状况。

（三）推动了各地工农业的现代发展

现代工业的繁荣发展严重依赖于电厂的供电能力，而电厂的发展壮大亦有赖于工业用电量的增加，两者互相促进，互得利益，共同发展。全国电气事业指导委员会认为：“欲求吾国实业之发展，自非促进工业电化不

① 黄秉维：《五十年来之中国工矿业》，中国通商银行《五十年来之中国经济（1896～1947）》，台北：中央文物出版社，1971，第 177 页。

② 朱斯煌：《民国经济史》（上），沈云龙主编《近代中国史料丛刊》三编第 468 辑，台北：文海出版社，1988，第 236 页。

可，欧美兴国先例莫不皆然。”① 但是反观“吾国近年来重要工业亦呈蓬勃之象，但仍多自行发电”，② 这既说明了中国工业的现代化程度低，也反映了中国电力工业发展的薄弱现状。因此建委会十分注重宣传电力工业对地方工业发展的推动，通过多种方式宣传和鼓励地方工业采用电力以节约成本，提高效率，增强在市场上的竞争力。

因为电力工业为地方现代工业发展提供动力，所以电力工业的分布对地方工业布局影响甚大。1937 年前，中国工厂多分布于长江下游，上海共 1166 家，南京 91 家，镇江 5 家，无锡 140 家，武进 71 家，如此的工业分布情况，很明显与当时中国电厂的分布有很大关系。武进与无锡的工厂较他处多，不但有经济发达的历史原因，戚墅堰电厂的迅速发展给当地工业提供的动力支持，无疑也是一个不可忽视的因素。

电力工业对农业的推动作用虽不如工业突出，但亦有明显的进步。③ 其中尤以江浙一带电厂的电力灌溉最为明显。电力灌溉，于 1924 年“创始，戚墅堰电厂实开其端，继之而起者为苏州电厂，随后为湖州电厂”。关于上述三个电厂的电力灌溉情况，请看表 5。

表 5　戚墅堰电厂、苏州电厂与湖州电厂电力灌溉情况

厂　名	开始年份	用电容量（启罗瓦特）	灌溉亩数（亩）
戚墅堰电厂	民国十三年（1924）	500	50000
苏州电厂	民国十五年（1926）	600 ~ 700	60000 ~ 70000
湖州电厂	民国十六年（1927）	50	5000
总　计		1150 ~ 1250	115000 ~ 125000

资料来源：《江浙电气事业概况》，《中行月刊》1931 年第 3 卷第 4 期，第 95 页。

值得注意的是，在戚墅堰电厂发展壮大之后，按照建委会的要求，电厂“不惜巨资，专设数十里高压线路至四乡村镇，以电力戽水灌溉农田，至今无锡、常州、丹阳等地，电力灌溉之农田，约有 15 万亩以上，电化农

① 全国电气事业指导委员会：《十年来之中国电气事业建设》，《建设》（20），1937 年 2 月，第 49 页。

② 全国电气事业指导委员会：《十年来之中国电气事业建设》，《建设》（20），1937 年 2 月，第 49 页。

③ 关于建委会推动地方农业现代化发展的论文，可参见谭备战所撰《抗战前农田机灌事业的肇启——以建委会推行模范灌溉为例》，《中国经济史研究》2016 年第 2 期，第 117 ~ 127 页。

村，规模粗备”。[①] 在抗战前十年武进与无锡一带的电力灌溉事业，就全国而论，亦属最为发达，显示了电力工业促进现代灌溉农业发展的巨大作用。

综上所述，抗战前建委会经营与管理中国电力工业的短暂 9 年内，对全国电厂进行“积极保护指导，并自营电厂示范，于是我国电气事业之行政、技术与管理乃渐纳正轨”。[②] 电力工业由一个基础薄弱、管理松散的行业发展成为一个在抗战前发展前景最好的行业之一。在抗战前的中国新工业中荣获了“惟电业未尝陷入若是纷乱之境地”[③] 的评价。客观而言，建委会管理时期的电力工业为抗战前的中国经济建设做出了一定贡献，为现代工业提供了动力基础，推动了抗战前现代工业的成长与壮大。

① 朱大经：《十年来之电力事业》，谭熙鸿主编《十年来之中国经济》，中华书局，1948，第 57 ~ 58 页。

② 陈中熙：《三十年来中国之电力工业》，中国工程师学会：《三十年来之中国工程》，1948，第 1 页。

③ 黄秉维：《五十年来之中国工矿业》，中国通商银行《五十年来之中国经济（1896 ~ 1947）》，台北：中央文物出版社，1971，第 177 页。

南京国民政府时期江苏营业税的创办与改革*

柯伟明**

提　要　西方现代税制在近代中国地方上的建立和发展是一个艰难而曲折的过程。江苏营业税从筹办登记费计划落空到税率标准几经变更，再到筹办具有厘金性质的特种营业税，其间交织着政府与商人团体的矛盾冲突，以致征收效果与预期相距甚远。面对重重困难，江苏省政府不得不采取一系列改革措施，使营业税制度渐趋完善，并在实践中取得显著成效，由此奠定了营业税在地方财政税收中的重要地位。南京国民政府时期江苏营业税的创办与改革是西方现代税收制度在中国早期发展的缩影。

关键词　南京国民政府时期　江苏营业税　西方现代税收制度

近代以后，中国社会经济发生深刻变化，开启了现代化的历史进程。作为一个后进国家，中国吸收了西方国家现代化的成果，在税收领域，引进了印花税、所得税、营业税、遗产税等现代税收制度。作为唯一属于地方的西方现代税种，营业税是如何在中国各地创办和发展起来的？这是民国税收史研究当中值得深入讨论的问题。由于中国幅员广阔，各地社会经济发展水平相差悬殊，加之受政治局势影响，地方营业税发展各具特色。在南京国民政府的统治区，江苏的地位自不待言，其营业税制度的建立和实践既有很强的代表性，也有很多的特点。本文拟利用有关历史资料，探讨南京国民政府时期江苏营业税的创办与改革，以求进一步透视西方营业税在中国推进的复杂历程，同时为深化和拓展民国地方税收史研究提供一

---

*　本文系国家社会科学基金青年项目“民国时期营业税制度研究”（16CZS048）的阶段性成果。

**　中山大学历史系副教授。

些有益的启示。[①]

一　登记费：江苏创办营业税之准备

营业税是工商营利事业课征的一种商业税。它兴起于法国，其后在其他主要资本主义国家和地区发展起来。营业税最原始的形态是“许可税”和“牌照税”，即纳税人须每年向政府缴纳一定税额以获得经营的权利。[②]近代以后，随着西方资本主义经济的发展，工商各业的经营范围和规模不断扩大，原有征税模式已不能适应社会经济的发展，不能满足政府的财政需求，于是逐渐发展演变出一种根据营利事业自身经营状况（经营规模或盈利大小）而征税的现代营业税制度。效法西方国家创办营业税的议论始于清末。中华民国建立以后，北京政府在改革传统税制的同时，也计划引进西方现代营业税制，曾先后颁布《特种营业执照税条例》和《普通商业牌照税条例》。[③] 由于北京政府时期中国长期处于军阀割据混战的状态，中央所订营业税法律法规无法施行。南京国民政府成立以后，为统一和整理财政，重新划分国家与地方税收，于 1928 年 7 月召开第一次全国财政会议，决定开征营业税抵补地方裁厘损失。[④] 会后召开的“全国裁厘委员会”会议决议通过了《各省征收营业税办法大纲》。[⑤] 但因当时国内政治和军事局势尚未稳定，尤其是新军阀间的混战此起彼伏，裁厘进程及开征营业税事宜被迫一再搁置。在此过程中，有的地方政府为缓解日益严重的财政困难，不得不采取一些预备和变通的办法。

1930 年 8 月 13 日，江苏省政府组织成立江苏省营业税筹备委员会，聘任陈其采、马寅初、刘大钧、俞行修、魏颂唐、庄希一等为筹备委员，

---

① 关于民国营业税研究的代表性成果有：《中华民国工商税收史》编委会编《中华民国工商税收史·地方税卷》，中国财政经济出版社，1999；林美莉《西洋税制在近代中国的发展》，台北：中研院近代史研究所，2005；魏文享《工商团体与南京政府时期之营业税包征制》，《近代史研究》2007 年第 6 期；柯伟明《南京国民政府时期中央、地方与商界的税收纷争——1931 年营业税法颁布前后的分析》，《民国档案》2011 年第 4 期；《在传统与现代之间：再论南京国民政府时期的营业税征收制度》，《中国经济史研究》2013 年第 4 期。由于选题的局限，以上研究均未能对江苏创办与改革营业税的历史进程详加论述。

② 魏华：《现代各国营业税制之发展及其现况》，《工商半月刊》第 3 卷第 7 期，1931 年 4 月 1 日，第 1 ~ 2 页。

③ 江苏省中华民国工商税收史编写组、中国第二历史档案馆编《中华民国工商税收史料选编》第 5 辑上册，南京大学出版社，1999，第 375 ~ 376、383 页。

④ 《实行划分国家税地方税及国家费地方费案》，《申报》1928 年 7 月 5 日，第 12 版。

⑤ 《裁厘会议纪要》，《银行周报》第 12 卷第 29 期，1928 年 7 月 31 日，第 27 ~ 28 页。

并于8月14日召开江苏省营业税筹备委员会第一次会议，议决通过了《江苏省营业税筹备委员会组织大纲》。该筹备委员会的主要职责在于："研究营业税税率及编制营业税条例草案、各种施行细则，筹备开办时一切手续。"① 鉴于中央裁厘问题迟迟未能解决，该筹备委员会提出："先行试办一种商业牌照税作为过渡办法，同时仍将营业税种种手续积极筹备。"② 10月1日，江苏省政府召集各县商会代表开会，讨论开征营业税问题。财政厅厅长陈其采提出办法："中央因军事未能结束，现拟试办营业牌照捐，实行营业统计，为办营业税之过渡。"③ 此种过渡之法未能得到各县商会的响应，最终会议决定将"营业牌照捐"更名为"筹办营业税登记费"。

1930年10月20日，江苏省政府委员会第340次会议决议通过了《江苏省筹办营业税征收登记费暂行章程》。根据章程规定，凡在该省境内各种营业，须一律遵照章程登记，并缴纳登记费；营业登记费，按资本额征收2‰，以舶来品为主要营业者，按资本额征收5‰，其资本额不及500元者，概收登记费两角。④ 为了便于登记费的征收，江苏省政府委员会根据《暂行章程》第十三条规定，于11月7日制定了《江苏省筹办营业税征收登记费暂行章程施行细则》，对征收手续做了具体而明确的规定。⑤《暂行章程》和《施行细则》公布后，江苏省政府即委派征收主任分赴各县局实行，并对各县筹办人员给予相应的经费支持。江苏省政府主要根据税源多少将各县分为一等县、二等县、三等县，配备若干筹办人员，拨给相应的经费。由表1可见，一等县设征收主任1人，经费80元；办事员3人，经费分30元、20元、10元；顾问1人，经费40元。二等县设征收主任1人，经费70元；办事员2人，经费30元、20元；顾问1人，经费30元。三等县设征收主任1人，经费60元，办事员1人，经费30元，顾问1人，经费30元。此外，分别给予各等县40元、30元、20元的调查费。

---

① 马敏、肖芃主编《苏州商会档案丛编》第4辑下册，华中师范大学出版社，2009，第1378页。

② 《定期召集大会讨论营业税办法》，《江苏省政府公报》第522期，1930年8月21日，第22页。

③ 《苏省府讨论营业税》，《申报》1930年10月2日，第6版。

④ 《江苏省筹办营业税征收登记费暂行章程》，《江苏省政府公报》第572期，1930年10月20日，第1~2页。

⑤ 《江苏省筹办营业税征收登记费暂行章程施行细则》，《江苏省政府公报》第589期，1930年11月8日，第1~2页。

表1 江苏省各县筹办营业税征收登记费预算经费

县等级 类别	一等县		二等县		三等县	
	人数（人）	月支数（元）	人数（人）	月支数（元）	人数（人）	月支数（元）
征收主任	1	80	1	70	1	60
办事员	3	30 20 10	2	30 20	1	30
顾　问	1	40	1	30	1	30
调查费		40		30		20
合　计		230		180		140

资料来源：《江苏省各县筹办营业税征收登记费进行程序（附表）》，《江苏省政府公报》第607期，1930年12月1日，第4页。

筹办营业税征收登记费本是江苏省政府在裁厘被迫一再延迟的情况下，为今后开征营业税所做之准备，但随着蒋介石军队在新军阀混战中逐步奠定胜局，废除地方割据势力赖以生存的厘金迫在眉睫。1930年11月，行政院发布明令："二十年一月一日实行裁撤厘金及类似厘金之交通附加捐等，各省不得以任何理由，请求展期。"① 既然中央裁厘的日期已经确定，那么江苏省筹办征收登记费是否还有继续推行的必要呢？11月21日，无锡县商会召集各业代表开会讨论解决办法，各商会一致认为江苏省政府筹办营业税征收登记费与财政部所订《各省征收营业税办法大纲》有两点不合理：一是营业税之征收须待厘金实行裁撤后举办；二是营业牌照每年换领不取牌照费。无锡县商会电请镇江商会领衔呈请中央核示明白解释，在未奉中央核复以前，请省政府将所有筹办营业税征收登记费暂缓征收。②

面对各县商会的反对和抵制，为适应形势的变化发展，江苏省财政厅决定变更原定计划："所有规定征收营业登记费应通令各县财政局暂行缓收，先由各县局督同各主任遵照前颁表册格式先从调查入手，分别登记造册呈报。对于调查各商户，一律只收登记费两角。俟调查登记完竣，中央实行裁厘，即着手改办营业税。"③ 江苏各县商会对此项计划仍有不满，纷纷呈请财政部"通令各县转饬财政局停止派员调查登记，以杜纷扰"。财

① 江苏省中华民国工商税收史编写组、中国第二历史档案馆编《中华民国工商税收史料选编》第3辑上册，南京大学出版社，1996，第1718页。

② 《苏省营业税征收登记费问题》，《申报》1930年11月22日，第8版。

③ 《议决筹备营业税变更步骤》，《江苏省政府公报》第607期，1930年12月1日，第12页。

政部部长宋子文在批复中指出："（派员调查登记）核与部订营业税办法大纲当无不合，所请饬停止派员调查，由各业自行着手调查一节，应毋庸议。"[①] 江苏省政府筹办营业税计划固然受到中央裁厘政策的影响，但各县商会的态度也非常关键。正如马寅初所言："商人对于此制毫无经验，不知此制于彼等之利益，拘执营业秘密之成见，不愿以账册示人，致周转次数，无从寻找，营业税制，无从实施。"[②] 不过，此种登记费的筹办确实也为江苏营业税的创办做了必要的政策和思想准备。

二 调整税率与筹办特种营业税

自1931年1月1日南京国民政府正式实行裁厘后，财政部相继公布了《各省营业税征收大纲》及《补充办法》。根据规定，营业额税率不得超过2‰，资本额税率不超过10‰。[③] 这本是各省市政府制定地方营业税条例的依据。从江苏省政府通过的《江苏省营业税条例草案》来看，其资本额税率多按照最高限度10‰征收，营业额税率为5‰～20‰。该税率标准因超出《大纲》及《补充办法》的规定而引起商人的高度关注和严重不满。苏州总商会在致财政部的函中请求："（财政部）俯念商艰，转咨江苏省政府慎重考虑，根据大纲更定税率，提会复议，俾垂绝之商业稍绵喘息。"[④] 苏州总商会的请求得到各县商会的一致支持和响应。1月31日，江苏省各县商会联衔电请财政部"将苏省营业税条例草案发交苏财政厅详细修正"，并由省政府"召集各商会代表，参加讨论"。[⑤] 2月25日，江苏各县商会代表在镇江开会，对于税率问题主要意见有："各业税率之高下，应根据社会状况，重行规定"；"内地税率不能高于上海"。[⑥]

1931年3月25日，江苏省政府公布了经财政部修正通过的《江苏省征收营业税条例》。根据该条例规定，江苏省营业税采用营业额和资本额两种课税标准：以营业额为标准者，征收1‰～10‰；以资本额为标准者，征收2‰～20‰（见表2）。较之《大纲》及《补充办法》，经财政部修正后的《江苏省征收营业税条例》中所订税率标准仍然过高。江苏省各县商会

① 马敏、肖芃主编《苏州商会档案丛编》第4辑下册，第1381页。
② 马寅初：《江浙两省筹备之营业税》，《交大季刊》第4期，1930年12月，第101页。
③ 《财部订定各省征收营业税纲要》，《申报》1931年1月18日，第12版。
④ 马敏、肖芃主编《苏州商会档案丛编》第4辑下册，第1382页。
⑤ 《苏各县商会对苏省营业税条例意见》，《申报》1931年2月1日，第12版。
⑥ 《江苏各地商会讨论营业税》，《国货新声》第34期，1931年3月15日，第21页。

表 2 1931 年 3 月财政部修正之江苏省营业税课税标准及税率

单位：‰

业　名	课税标准	税　率
物品贩卖业	营业额	1～10
输运业、交通业 营造业、电气业	营业额	2
租赁物品业	营业额	5
照相业	营业额	10
印刷出版及书籍文具 教育用品业	资本额	2
制造业	资本额	2～20
货栈业	资本额	5
钱庄业	资本额	10
保险业	资本额	20

资料来源：《财政部修正苏省营业税条例》，《申报》1931 年 3 月 26 日，第 8 版。

为此在镇江召开会议，决定推定代表晋京，分别向实业部、财政部、行政院、立法院请愿，请求各院部在审核时，严格按照中央既定法规予以修正。“请钧院此次审议内容时，详为订明，任何施行机关不得自由伸缩，以重立法之精神，则商民幸甚。”① 在商会代表赴京请愿之时，江苏省政府即召开会议，决议于 4 月 1 日正式开征营业税。为表示不满，江苏省各县区商会代表于 4 月 16 日再次在镇江召开会议，并发表共同宣言，一致反对和抵制开征营业税：“为减轻商民痛苦计，在立法院审定营业税法未经公布以前，对于吾苏四月一日开征营业税之通令，誓不承认。”②

由于财政部所订《大纲》及《补充办法》并未经立法程序，且与地方政府所订营业税征收条例有很大差异，引起许多纷争。为缓和地方政府与商界的矛盾及增强营业税法规的合法性，南京国民政府于 1931 年 6 月 13 日颁布了中国历史上的第一部《营业税法》。③ 根据税法规定，营业税的税率标准为：以营业总收入额为标准，征收 2‰～10‰；以营业资本额为标

① 《苏商会代表晋京请愿结果》，《申报》1931 年 4 月 16 日，第 8 版。

② 《苏各商会发表联合宣言》，《申报》1931 年 4 月 18 日，第 10 版。

③ 柯伟明：《南京国民政府时期中央、地方与商界的税收纷争——1931 年营业税法颁布前后的分析》，《民国档案》2011 年第 4 期，第 109 页。

准征收4‰～20‰；以营业纯收益为标准征收2%～10%。[①] 税法颁布以后，各省市本应根据新税法之规定，修正原有营业税征收条例，但为避免税则朝令夕改之弊，江苏省财政厅厅长许葆英向省政府提议暂缓实行新税法："苏省营业税开征伊始，各县纠纷方此解决，未便再有更张。拟请本年征收营业税税率暂照财政部修正条例办理，免得再引起纠纷。俟试办三季以后，调查营业状况渐有眉目，自二十一年一月换营业证时，再遵照新税法实行。"[②] 此项提议经江苏省政府委员会决议实行。

江苏省政府开征营业税以后，其收入极为有限，根本无法弥补裁厘损失。"全年营业税应收税额为数甚微，较之旧有厘金数目相差甚远。若不改弦更张，亟图补救，则是新设税目徒有虚名，于省库收入毫无裨益。"江苏省政府认为，影响营业税收入的主要因素在于，原定税率分级太繁，"以致商人借此趋避，多所匿漏"，"且普通商店每多一户兼营数业，其中税率轻重不一，不独避重就轻，易于取巧，对于调查征收尤兹纠纷"。为应对地方财政困难及简化征收制度，江苏省政府决定于1932年1月起大幅度提高营业税税率，即将之前的分级税率改为单一税率，其中，物品贩卖业、转运业、交通业、营造业、电气业、酒菜茶馆业、旅馆浴堂业、娱乐场业、租赁物品业、照相业按营业额征收10‰；制造业、货栈业、钱庄业、保险业、印刷业、出版业、书籍业、文具业按资本额征收10‰。[③]

统一税率并提高至10‰征收，确实是江苏省政府在"后厘金时代"应对地方财政危机的无奈之举。对商界而言，此种税率设计显得相当不合理：一是奢侈品与必需品按照同一税率课税，违背了税收公平原则；二是将地方营业税税率提高至税法税率的最高档，加重了商民的税收负担。经商界方面与政府多次洽商，尤其是在商联会的压力下，江苏省政府不得不再次调整税率标准。1932年7月，经江苏省政府委员会第514次会议决定，将营业税税率定为5‰、8‰、10‰三级，同时对专营整卖批发商号折半征收。[④] 从分级税率到单一税率，再回到分级税率，这正是江苏省政府与商界博弈的结果和反映。

---

① 中国第二历史档案馆编《中华民国史档案资料汇编》第5辑第1编（2），江苏古籍出版社，1994，第426页。

② 马敏、肖芃主编《苏州商会档案丛编》第4辑下册，第1402～1403页；《苏省营业税率不变更》，《申报》1931年7月20日，第8版。

③ 江苏省中华民国工商税收史编写组、中国第二历史档案馆编《中华民国工商税收史料选编》第5辑上册，第959～961页。

④ 《苏省府修订营业税率》，《申报》1932年7月29日，第8版。

江苏省政府变更营业税税率标准未能带来收入的增加，“自上年开征以来，计一年内仅征起三十余万元，就中除去各县局所职工等项开支，实收只十余万元，核与省府所列预算相差极巨”。[①] 为缓解地方财政困难，江苏省政府与财政厅商议补救办法，决定于1932年7月1日起开征特种营业税，并向商界借款200万元。1932年6月13日，江苏省财政厅与商会联合会为此事进行商谈，商会联合会常委于龙川表示：“特种营业税试办不能接受，借款二百万元允为考虑措施。”[②] 财政厅方面则以开办特种营业税作为借款之要挟：“如贵会能照日前面谈结果，于本月二十二日以前，代为筹措二百万元，本厅亦决不愿坚持原议。否则环境所迫，仍唯有自七月一日起，实行设处征收（特种营业税），以资救济。”[③] 面对财政厅的强硬态度，江苏省商会联合会于6月21日开会议决：（1）不承认特种营业税；（2）不接受财政厅以请借200万元作为停办特种营业税的交换条件；（3）呈请蒋委员长制止江苏省举办特种营业税；（4）推举代表与财政厅接洽和晋京请愿。[④]

事实上，江苏省政府之意并不在于少量的借款，而在于开征特种营业税以弥补财政收入预算之不足。尽管财政部电令江苏省财政厅予以撤销：“（特种营业税）系就水陆运输道路扼要设处，对于产销之丝、竹、茶、棉花等项货物直接收税，与征收厘金无甚分别，应查照部前咨免予举办。”[⑤] 但江苏省政府仍决定如期开征特种营业税。根据财政厅所订办法，特种营业税的征收范围总共包括竹木、茶、纸、棉、牲畜、油豆6大类：竹木分94种，茶分19种，纸分183种，棉分12种，牲畜分14种，油豆分22种；所分各种货品均规定估计价值，其税率一律按20‰征收。[⑥] 为负责征收和管理特种营业税，江苏省政府还计划设立特种营业税征收局。根据所订办法，特种营业税征收局以税收多寡分为甲、乙、丙三等共有20处，其中甲等局有靖江局、淞沪局、大胜关局、镇江局等4处；乙等局有武进局、高邮局、仙女镇局、吴县局、江阴局等12处；丙等局有宿迁局、盐城局、新浦局、徐州局等4处，每个局都任命主任一名，全面负责该局及其所辖范围的特种营业税征收事宜，具体见表3。

---

① 《苏省特种营业税开始筹备》，《银行周报》第16卷第21期，1932年7月7日，第1页。

② 《苏商联对营业税意见》，《申报》1932年6月15日，第7版。

③ 《苏省决办特种营业税》，《申报》1932年6月21日，第8版。

④ 《苏商联会反对征收特种营业税》，《申报》1932年6月23日，第7版。

⑤ 马敏、肖芃主编《苏州商会档案丛编》第4辑下册，第1857～1858页。

⑥ 《苏省特税下月开办》，《申报》1932年6月28日，第8版。

表 3 江苏省特种营业税局所辖范围及主任姓名

等 级	局 名	所辖范围	主任名称
甲等局	靖江局	泰兴等县	翁子颐
	淞沪局	上海、南汇、奉贤、川沙、太仓、宝山等县	郭师文
	镇江局	扬中、句容等县	曾泽生
	大胜关局	江宁、溧水、高淳等县	楼福民
乙等局	武进局	丹阳等县	沈秉德
	下关局	津浦联运	胡德明
	仙女镇局	泰兴、兴仕、东台等县	沈 超
	高邮局	宝应、淮安、淮阴等县	郭懋鸿
	南通局	如皋、启东、海门等县	张柏林
	泗源沟局	仪征、江浦、六合等县	卢逢泰
	震泽局	吴江等县	华振基
	宜兴局	溧阳、金坛等县	詹贵珊
	吴县局	昆山县	钱秉钧
	无锡局		王心如
	江阴局	崇明、常熟等县	吴岐然
	淞江局	金山、青浦等县	吴龙丞
丙等局	宿迁局	泗阳、邳县、睢宁等县	冷筱山
	徐州局	丰县、沛县、萧县、砚山等县	吕 振
	新浦局	赣榆、东海、灌云、沭阳等县	关子毅
	盐城局	阜宁、涟水等县	汪 璧

资料来源：《苏省特税下月开办》，《申报》1932 年 6 月 28 日，第 8 版；马敏、肖芃主编《苏州商会档案丛编》第 4 辑下册，华中师范大学出版社，2009，第 1871 页。

江苏特种营业税的一个重要特点是，于水陆要塞之处设立税卡向过往商人征税，故具有厘金的性质。正因如此，江苏省政府开征特种营业税的计划引起了该省及上海市各业商人的强烈反对。6 月 22 日，上海市豆米业、油饼业、杂粮业等 6 帮同业公会联合召开有 170 余人参加的全体大会，一致反对江苏省开征特种营业税："既背中央裁厘之意旨，复抗院部撤销之明令，并拂民情于不顾，一意孤行，无复忌惮。上置政府威信于扫地，下陷商民生计于绝境。是其政令之所出，根本上已失其依据，则我商民瞻前顾后，仰何承认之可言。"① 江苏各县米业同业公会联合会在致行政院、

① 《各业坚决反对苏省特种营业税》，《申报》1932 年 6 月 23 日，第 10 版。

财政部的代电中指出："苏省政府对于特税，不顾一切，仍拟于七月一日设处开征，令政府威信扫地，商民生计垂绝……且荳类与米麦，同为人生日用之要需，设或课以重税，是直接征诸商人，而间接取之小民，劫后余生，何堪再任该项苛税。"①

在各县商会的请愿声中，江苏省政府并未放弃开征特种营业税的努力，反而试图争取中央政府的支持。根据 6 月 26 日《申报》载："顾祝同对苏省特种营业税希望，仍未打消，二十五日由京赴庐山谒蒋，陈述苏省财政困难情况。"② 不过，江苏省政府筹办具有厘金性质的特种营业税不仅不得民心，而且违背中央法令，有损中央的威信，所以财政部呈请行政院予以严厉处置。最终经过行政院院长汪精卫与财政部部长宋子文、江苏省政府主席顾祝同商定，"停办（特种营业税），除彻底整理普通营业税外，财政部对苏省财政困难另筹补救"③。至此，江苏省政府筹办特种营业税问题才宣告解决。

三 江苏营业税之改革及其成效

由上所述，江苏省政府无论是变更营业税税率标准还是筹办具有厘金性质的特种营业税，其最主要目的是增加地方财政收入以缓解日益严峻的财政危机。但此种增税方式完全背离中央裁厘改税的本旨，使得广大商民未能享受到真正的实惠，所以遭到江苏省商会联合会、各县商会及各业同业公会的强烈抵制。受此影响，江苏营业税收入非常有限，根本无法起到抵补裁厘损失的作用。正因如此，江苏省政府不得不转变增税方式，采取一系列措施改革和完善营业税制度，以期收到更为明显的效果。

第一，废除包征制度。商人团体包征是一种由商会向政府认定或承包税额，再分摊予各业同业公会征收的一种征税模式。江苏省营业税尚未正式开征，苏州、无锡等县商会就已经同营业税征税机关开会讨论包征的具体办法。④ 包征制度可暂时降低直接查征的成本，但对地方税收制度的长远发展没有任何好处。1932 年以后，江苏省政府开始整理营业税，决定废除包征制，由政府收回征税权，设立征税机关直接向商人征收。江苏省政府出台的《江苏省整顿营业税办法》就明确规定："凡由商会、公会认缴

① 《苏省米联会电请撤销营业特税》，《申报》1932 年 6 月 29 日，第 14 版。

② 《顾祝同赴庐山谒蒋》，《申报》1932 年 6 月 26 日，第 6 版。

③ 《苏特种营业税决停办》，《纺织时报》第 903 期，1932 年 7 月 11 日，第 3 页。

④ 《商会拟包征营业税》，《申报》1931 年 5 月 25 日，第 7 版。

者，一律撤销，仍由官厅收回，直接向商店自行征收。”[①] 江苏省政府废除包征制的行动得到了中央政府的大力支持。1934 年 5 月召开的第二次全国财政会议决议整理营业税征收制度：“于各县设立一地方税局，所有营业税、牙税、当税、屠宰税等均由该局统一征收报解”；“所有以前之投标承包、委托代征等办法一律取消”。[②] 在中央和地方政府的共同努力下，江苏营业税包征制度的生存空间越来越小。

第二，整顿征收机关。1931 年 2 月 3 日，江苏省政府委员会第 37 次会议通过了《江苏省各县营业税征收局组织规程》。根据规定，在商业繁盛的县份设立营业税征收局，直隶于财政厅，管理该县区域内营业税征收事宜；营业税征收局设局长 1 人，会计员 1 人，书记员 1 人，调查收税员及办事员各若干人；暂不设立营业税局的县份，由县政府或财政局兼办，于县政府或财政局内设立营业税办事处，并酌派征收主任 1 人。[③] 事实上，这种机构和人员设置仍不能解决问题，“各县精密调查以及挨户收税，决非区区两位调查收税员所能办到”，同时“生活程度之高，二三十元之薪水，不啻暗示去营私舞弊”。[④] 这正是江苏营业税创办初期包征制一度大行其道的主要原因。自江苏省政府决定逐步废除包征制后，整顿营业税机关也就成为当务之急。1932 年 7 月，江苏省政府决定将各县营业税局分别归并，全省共设吴县、无锡、镇江、通海、武进等 38 个营业税局。在此基础上，1933 年 7 月，江苏省政府为督率征收管理营业税便利起见，按照各县商业及交通状况分区设局，全省分 8 区，共 28 局。在人事安排上，每区设区局长 1 人，兼领 1 局；每局设局长 1 人，如 1 局兼辖数县，于兼辖县境设征收处。[⑤] 经此整顿以后，江苏省营业税征收机关之责权更为清晰，征收管理渐趋合理。

第三，加强调查监督。营业税征收重在调查及监督。为加强对各营业税征收机关之监督，江苏省政府实行督征制度。1932 年 7 月 22 日，江苏省政府委员会第 513 次会议通过了《江苏省营业税监征专员规程》。根据

---

① 江苏省中华民国工商税收史编写组、中国第二历史档案馆编《中华民国工商税收史料选编》第 5 辑上册，南京大学出版社，1996，第 978 ~ 979 页。

② 江苏省中华民国工商税收史编写组、中国第二历史档案馆编《中华民国工商税收史料选编》第 1 辑上册，南京大学出版社，1996，第 1221 页。

③ 《江苏省各县营业税征收局组织规程》，《江苏省政府公报》第 659 期，1931 年 2 月 4 日，第 1 ~ 2 页。

④ 刘雨谒：《江苏营业税的征收问题》，《新生活》第 2 期，1931 年 5 月 2 日，第 7 页。

⑤ 江苏省财政志编辑办公室编《江苏财政史料丛书》第 2 辑第 2 分册，方志出版社，1999，第 121 页。

规定，征收营业税应于各县设置监征专员，各专员由各县县长兼任，其监督范围既包括商民欠税、抗税事项，也包括税局人员违法事项。[①] 监征员由各县长兼任，而县长统领一县行政事务，公务繁多，对监征营业税事宜往往难以顾及，由此造成监征制度流于形式，未能够起到应有的作用。为进一步完善调查监督制度，江苏省政府制定《江苏省政府财政厅营业税督征员办事规则》。根据规定，江苏全省划分若干区，由财政厅委派督征员随时考察，其办理事项包括考察地方商业状况，各局处有无与商民勾通舞弊及其他违法情事，各局处税收状况并催缴税款，各局处会计主任或会计员工作情形，各局处服务人员有无违法行为等。[②] 江苏省政府所委督征员为周树滋、潘有璜、张明经、高云程，4 人轮流赴各县督察。如 1934 年督征员高云程赴吴县督察："遇有短报商店，必须严查账目；如有公会出面干涉，阻挠调查者，应即查明姓名，呈候从严究办。"[③] 与监征员不同，督征员属于专职，由财政厅直接委任，其工作重点在于对各县营业税征收机关进行监督，是沟通财政厅与营业税征收机关的桥梁："在厅则共同研究营业税之整顿，出外可以赴各县周巡协助调查接洽事项，在厅局之间颇见效用。"[④]

表 4 1931～1936 年江苏地方财政税收收入结构

单位：万元，%

年 度	财政收入	田赋收入及其比重		营业税收入及其比重	
1931	2053	781	38.06	145	7.07
1932	2330	950	40.79	277	11.90
1933	2777	1051	37.86	374	13.48
1934	2325	553	23.78	234	10.05
1935	4866	716	14.72	414	8.50
1936	4680	1381	29.50	482	10.31

资料来源：江苏省中华民国工商税收史编写组、中国第二历史档案馆编《中华民国工商税收史料选编》第 5 辑上册，南京大学出版社，1999，第 806～817 页。

① 江苏省政府法规编审委员会编《江苏省单行法规汇编》第四类·财政，江苏省政府秘书处庶务股，1935，第 112～113 页。

② 江苏省政府法规编审委员会编《江苏省单行法规汇编》第四类·财政，第 111 页。

③ 马敏、肖芃主编《苏州商会档案丛编》第 4 辑下册，第 1426 页。

④《委督征员轮流视察财政厅积极整顿营业税》，《江苏月报》第 1 卷第 4 期，1934 年 3 月，第 21 页。

经过省政府的大力改革，江苏营业税制度得以改善，征收效果日渐显著。由表4的统计数据可见，1931年度江苏营业税收入约145万元，1932年度增至277万元，1933年度增至374万元，1934年度虽有所回落，但1935～1936年度又大幅增加，均在400万元以上；1931～1936年间，营业税在江苏地方财政收入结构中所占比重分别为7.07%、11.90%、13.48%、10.05%、8.50%、10.31%，与这一时期田赋比重呈现递减的趋势不同，营业税在财政收入中的比重始终维持在10%左右。在江苏省地方税收结构中，营业税与田赋一起构建起地方税收结构的主体，如1936年度田赋占66.80%，营业税占25.79%，两项收入占税收总收入的92%以上。[①] 由此可见，营业税已经在江苏地方财政税收结构中占据比较稳固且重要的地位。事实上，除作为地方政府的重要税收来源外，营业税还可作为借款之抵押。江苏省政府就常常以营业税作为抵押，向银行进行借款，以缓解财政困难。如1935年3月江苏省财政厅就以"各项税收均淡，政费不敷"为由，呈请省政府以1935年度营业税作为抵押，向中央、交通、上海、江苏4银行借款150万元，借款期限为8个月。[②] 在南京国民政府的分税制体制下，地方政府的正常运转及各项现代事业的发展主要依靠地方财源的支持。作为江苏地方财政收入的大宗，营业税的作用不可替代。营业税之所以能够发挥如此之作用，与江苏省政府大力改革营业税制度的努力又是分不开的。

四 结语

民国时期是中国现代税收制度建立和发展的重要阶段。至抗战全面爆发前，中国已初步实现了从传统税制向现代税制的转变，基本建立起一套与现代社会经济发展相适应的财政体制和税收制度。作为一个引自西方国家的现代税种，营业税"取代"厘金，无疑是中国税收制度发展进程中的一大进步。正如台湾学者林美莉所言："营业税采取以业课税的原则，比起物物课税的厘金来得简化，而且在征课手续上也较为单纯，可以说是近代中国运用比较进步税制的一个尝试。"[③] 然而西方现代营业税制度在中国

① 张一凡：《民元来我国之地方财政》，银行学会编《民国经济史》，京华书局，1967，第181页。

② 《苏营业税抵押借款》，《申报》1935年3月14日，第10版。

③ 林美莉：《西洋税制在近代中国的发展》，台北：中研院近代史研究所，2005，第178页。

的建立和发展是一个艰难而曲折的过程。从清末民初关于引进西方营业税制度的议论，到北京政府时期有关特种营业税和普通营业税的立法，再到南京国民政府时期营业税正式付诸实施，经过了20余年的时间，而且，新税制的实施也需要一定的适应期。就江苏营业税而言，从筹办登记费计划落空，到税率标准几经变更和筹办具有厘金性质的特种营业税，其间交织着各种矛盾与冲突，以致征收效果与预期相距甚远。面对重重困难，江苏省政府不得不采取废除包税制度、整顿征收机关、加强调查监督等一系列改革措施，最终才使营业税制度渐趋完善，由此奠定了营业税在地方财政税收中的重要地位。

营业税是一种课税范围相当广泛的工商税种，其直接纳税人主要为从事工商业经营的各行各业的商人。作为商人的利益代表，商人团体（商会及同业公会）在营业税征收过程中发挥了重要作用。这方面在江苏尤为明显。江苏是南京国民政府重要的政治和经济中心，工商业经济发达，商业组织完善，商人团体力量强大。江苏商人团体已经形成了一支独立的社会力量，能够反映工商业纳税人的诉求，维护纳税人的利益，制约地方政府税收权力的过度扩张。面对江苏省政府任意越出中央税法，甚至筹办变相厘金之特种营业税的行为，江苏省商会联合会、各县商会及各业同业公会或以税负过重为由要求降低税率，或以中央税法为依据对地方营业税法律法规提出质疑。正是在这种商人团体与政府的博弈与互动中，江苏省政府不得不从完善税收制度本身，而非通过违法的手段来实现地方税收的增加。如此，江苏营业税制度逐渐趋于完善。所以说，南京国民政府时期江苏营业税的创办与改革是西方现代税收制度在中国早期发展的缩影。

【文化与社会】

民初五台大建安伏水会与水神信仰[*]

赵新平[**]　　王红霞[***]

提　要　五台大建安伏水会是一种特殊的庙会，民初达到了极盛。伏水会的实质是水神信仰，核心是对龙王龙母等神灵的祭拜，是群体性的水神信仰实践。伏水会的传说是水神信仰的集体记忆，伏水会的流程体现了水神信仰的仪规化，伏水会的影响是水神信仰功能的体现。伏水会的水神信仰在一定程度上促进了当地农业、手工业和商业的发展，也改变着百姓的日常生活，影响着百姓的社会交往，但也含有一些“封建迷信”糟粕，对地方社会产生了一定的负面影响。在全球化的今天，既要重视伏水会的经济功能，更要注重挖掘和创新伏水会的文化内涵和社会功能。

关键词　伏水会　水神信仰　集体记忆　仪规化

伏水会是五台地区滹沱河流域9村共同组织举办的传统庙会。庙会是以寺庙为依托，在特定时间举行的集神灵祭祀、商品贸易和休闲娱乐于一体的综合性社会文化活动。民初①山西庙会活动内容丰富，类型多样。仅晋北就包括以宗教祭祀为主的庙会，如五台山文殊菩萨庙会和代县白人岩庙会。以宗族祭祀为主的庙会，如代县鹿蹄涧杨家祠堂庙会和五台槐荫赵氏祠堂庙会。以风俗习惯为题材的庙会，如河曲碓臼墕的灯盏盏会和五花

*　本文系教育部人文社会科学研究规划基金项目（11YJA770070）、国家社会科学基金项目（14BZS094）的阶段成果。

**　忻州师范学院历史系教授。

***　山西大学历史文化学院硕士研究生。

①　民国以后一直到全面抗战爆发前晋北五台大建安伏水会基本未发生变化，故本文在具体论述时，实包括1937年前的内容。

城的西瓜会。以祭祀历史人物为主的庙会，如崞县邵家寨的魏徵庙会和西神头的扶苏庙会等。由于晋北历史上曾是游牧文明和农耕文明的交会带，庙会具有更加鲜明的地域性特征，晋北庙会引起学界的关注，并取得一定的研究成果。[①] 明清时期，伏水会由五级等北社周边的 18 个村（东社、北社、西社、南社、芳兰、宏道、陈家营、青石、大叶、河边、大建安、张家庄、东冶、北大兴、槐荫、五级、新堡、永安）轮流举办。民初，由于各村庄在分水利益上的分歧，改为五级等 9 个村（五级、东冶、北大兴、河边、大建安、张家庄、永安、新堡、槐荫）和北社等 9 个村（东社、北社、西社、南社、芳兰、宏道、陈家营、青石、大叶）各自轮流举办伏水会。9 村轮流举办伏水会，定在暑伏日前后，届时主办村宴请龙王奉供，请戏班唱戏，请其余 8 村的代表祭祀，祈求风调雨顺。伏水会期间，村民置办豆腐、凉粉等，如节日般招待来客。[②] 伏水会是百姓水神信仰的群体性活动，民初伏水会达到极盛。大建安伏水会，是晋北五台地区土生土长的祭水神祈雨的庙会，其实质是水神信仰，核心是对龙王龙母等神灵的祭拜。本文借鉴民俗学、社会学、历史学等相关学科的理论和方法，试图对民初五台大建安伏水会与水神信仰之间的内在联系，以及水神信仰建构下的地方社会进行初步探究。

一 水神信仰的集体记忆：伏水会之传说

所谓集体记忆是指“同一社会中许多成员的个体记忆的结果、总和或某种组合”。[③] 伏水会传说在五台大建安被百姓传承性的行为历史化、真实化，日渐成为大建安百姓的集体记忆。伏水会起源的传说体现了百姓对水神的崇拜，伏水会与佛教的传说则是当地百姓在佛教文化的影响下，对水神信仰的补充和发展。

---

① 谢永栋、何建国在《近代华北庙会与乡村民众的社会交往——以山西平鲁大河堡村为中心的考察》（《兰州学刊》2010 年第 3 期）中以近代山西平鲁大河堡关帝庙会为个案研究，通过对庙会这一公共空间中乡村民众社会交往的考察，透析近代华北庙会与乡村民众社会生活的互动关系。而赵新平在《庙会与乡村经济发展——以晋北大白水村为例》（《晋阳学刊》2009 年第 3 期）中以晋北一个典型村落为例论述了庙会对乡村经济发展的影响，为庙会研究提供了新的思路，突破了原有研究庙会只从庙会活动表象入手的方法。

② 徐世伟：《大建安村志》，中国地方志出版社，2012，第 137 页。

③ 〔法〕莫里斯·哈布瓦：《论集体记忆》，毕然、郭金华译，上海人民出版社，2002，第 70 页。

（一）伏水会起源的传说

相传明清时期，大建安村和周边几个村子发生了连续几年的大旱，给百姓生活带来了严重的灾难。正如光绪《五台新志》载："大南路（大建安、东冶一带）则得雨最艰，恒苦旱干。土厚而坚，雨非三寸不能布种。"[①]虽然朝廷派官员下来赈灾，但是对受灾的百姓来说不过是杯水车薪，根本解决不了实际问题。有一天晚上，大建安村的一个神婆在半夜做了一个奇怪的梦，梦见一个老者对她说，村子大旱是因为百姓在过节时对龙王爷有点怠慢，惹怒了龙王，大旱是龙王爷在惩罚无知的百姓，给予警示，否则会有更大的灾难。说完后，老者就化作一缕青烟不见了。神婆梦醒后，觉得此梦不同寻常，认为是龙王托梦，于是第二天就找到大建安村的村长副叙说了此事，村长副觉得也很重要，又派人叫来了本村的乡绅商讨此事，最后一致决定选一吉日向龙王谢罪，请求龙王法外开恩，原谅百姓的无知，广布甘霖，救百姓于水火。吉日就选在了暑伏日，因为百姓认为暑伏日前后庄稼正是需要雨水的时候，也是最容易干旱的时候。据说那天当人们刚祭拜完龙王爷的时候，天上就乌云密布，给当地下了一场及时雨，解救了大建安村和周围村子的大旱，因此百姓对龙王托梦的事深信不疑，对龙王爷更加尊敬，每到暑伏日这天就要祭拜龙王、祈雨，并且场面特别隆重，后来就逐步形成了以祈雨为主要内容的伏水会。祈雨在当地是一种比较常见的也是有着悠久历史传承的弗雷泽所谓的模拟巫术仪式。[②]

伏水会是五台大建安百姓的一种周期性的生活方式。伏水会起源传说作为百姓口头传承下来的集体记忆，在当地有较为广泛的影响。尽管此传说中有关伏水会起源的确切时间已无法考证，也无相关文献资料佐证，但这并不影响百姓对自己生存状态的思考和生存空间的象征性设置。[③]伏水会起源传说从侧面说明了其产生与大建安村的自然条件和生态环境有关，与当地百姓的生产生活相连。它是百姓应对生活危机的一种心灵图景和行为习惯，既是百姓水神信仰的高度体现，也是百姓对历史的记忆和传承。

（二）伏水会与佛教的传说

五台山是佛教圣地，当地百姓深受佛教文化浸染，佛教信仰氛围浓

---

① （清）徐继畬纂修，孙汝明、王步墀续修：光绪《五台新志》卷一·气候，凤凰出版社，2005，第41页。

② 岳永逸：《行好：乡土的逻辑与庙会》，浙江大学出版社，2014，第207页。

③ 岳永逸：《村落生活中的庙会传说》，《文化研究》2003年第2期，第47页。

厚。虽然伏水会是一个以祈雨为主的水神信仰庙会，但是其在发展中逐步融入了某些佛教传说。

五台山历来被佛家视为文殊菩萨的道场，拥有许多关于文殊菩萨的传说。传说五台山以前的天气是冬天寒风凛冽，夏季酷暑少雨，百姓苦不堪言，于是到文殊菩萨面前祷告，祈求文殊菩萨救民于水火。文殊菩萨听到后决定帮助百姓。他听说东海龙王有一块歇龙石可以解救老百姓，于是文殊菩萨化身一老者，到东海向东海龙王借歇龙石。文殊菩萨来到东海，向龙王道明来意后，龙王拒绝了文殊菩萨的请求，因为歇龙石是龙王爷花了很大力气才从海底打捞上来，用于东海龙王的 5 个儿子施云布雨回来后乘凉歇息的。文殊菩萨想到当地百姓所遭受的苦难，于是再三劝说龙王，希望龙王借出歇龙石，龙王看文殊菩萨是一个老者，气力也不大，心想歇龙石那么大，借给他他也搬不走，就给文殊菩萨提出了只要他能搬走歇龙石，就把歇龙石借给他的难题，希望他知难而退。哪知文殊菩萨听后，请龙王带路到放歇龙石的地方，愿意一试。来到歇龙石面前，文殊菩萨施展法术，将歇龙石变成了一个小石子，然后将小石子持入袖中，向龙王告辞。东海龙王的 5 个儿子回来后听说歇龙石被文殊菩萨借走，大为恼火，于是五兄弟来到五台山向文殊菩萨讨还歇龙石，但是未果，于是五兄弟大闹五台山，他们用法术将五台山的五个最高峰扫成了 5 个平台。文殊菩萨法力无边，运用法术制服了五兄弟，并将他们五兄弟留在五台山，让他们分别住在被他们扫平的 5 个平台，专管五台山的施云布雨，造福当地百姓。①

伏水会是佛教文化与当地水神信仰文化相融合的产物。大建安伏水会最初只祭拜龙王爷，后来在文殊菩萨巧借歇龙石的佛教传说影响下，逐渐将被文殊菩萨降服的五兄弟加入伏水会的祭拜行列，将五兄弟按年龄大小称为大龙王、二龙王、三龙王、四龙王、五龙王。相传五龙王是五兄弟中法力最高的，但脾气是兄弟五人中最暴躁的一个，他们五兄弟被文殊菩萨降服后，虽然跟随文殊菩萨留在了五台山造福百姓，但由于五龙王性格暴躁，一不高兴就给当地下冰雹，给当地百姓带来不少灾难。大建安村为了管住五龙王暴躁的性格，将五龙王的母亲龙母也加入了祭拜的行列。大建安村的人都熟悉这个传说，这个传说虽然没有原始文字记载，仅是当地百姓口口相传，但其早已融入百姓的日常生活。不仅表明民间诸神是拟人化的神灵，而且在一定程度上也维系着村落生活的安稳。

① 山西旅游景区志丛书编委会编《五台山志》，山西人民出版社，2003，第 422～423 页。

伏水会与佛教的传说，体现了民间信仰与佛教之间的联系，这正如台湾学者李亦园所认为的民间信仰本质上就是宗教，他把民间信仰称为“普化宗教”，强调了民间信仰的本质属性。[①] 伏水会的上述传说，既是百姓集体记忆的结果，也是百姓水神信仰的起源及基本特点。

二 水神信仰的仪规化：伏水会之流程

伏水会作为祈雨大会，在不断发展中形成了一套较成熟的水神祭拜仪式。伏水会的流程，主要包括：搭神棚、取水、请神、请戏、祭神、分水、送神等。每一环节都有特定的讲究和规矩，从侧面体现了百姓对水神的崇拜。

（一）搭神棚

搭神棚是指在暑伏前几天请村子里的几个年轻力壮的男性在村子戏台的正对面搭建一个简易的供奉神灵的栖息之所。《大建安村志》记载：村中原有木质结构戏台两座，一座在村中观音庙前正对面，坐东朝西，建于明末清初，前后出檐，长 8.24 米，宽 5.62 米，俗称小戏台。另一座位于关帝庙对面，坐南朝北，建于同治年间，前后出檐，长 13.1 米，宽 8.42 米，俗称大戏台。[②]神棚搭建在大戏台的正对面。在搭神棚之前要由神婆看好时辰、几时开始搭建，并拜谢神灵，且搭建神棚所需用的木材都是大建安本地产的上好木料。在搭建神棚的过程中必须心无旁骛，摒弃一切杂念，恭谨虔诚地干好此事。神棚的搭建，不仅使水神在大建安有了临时性的居所，而且使百姓利用这一信仰实体，进一步实现其对水神的膜拜。

（二）取水

取水又称为请水，是伏水会中特别重要的一项内容，也是百姓水神信仰和佛教文化逐渐融合的体现。伏水会开始举办的前几天就必须由有名望的人动身前往五台山的玉华池取水。百姓认为龙王居住在深潭，只有到龙王真身藏匿的地方取水才有效。取水人必须有一颗虔诚的心，要赶在伏水会举办那天把水请回来。前往玉华池取水的人需要从早晨太阳升起的时候出发，到达玉华池的时候先摆上供品，将带来的香烛纸焚烧

① 林国平：《关于中国民间信仰研究的几个问题》，《民俗研究》2007 年第 1 期，第 6 页。
② 徐世伟：《大建安村志》，中国地方志出版社，2012，第 79 页。

后取水。取水完毕后在取到的水里面放几朵金莲花（佛教认为金莲花出淤泥而不染，常用以比喻佛陀在生死烦恼中重生进而得到解脱），表明这是从五台山玉华池取到的水，受水神龙王爷的保佑，是其赐给村子的圣水，可以帮助人们解脱烦恼，心想事成，蕴含了佛家的哲理。然后原路返回，将水放置在水神旁边。由此可知，取水与佛教有着千丝万缕、密不可分的联系，打上了深深的佛教烙印，是伏水会在地化的一种典型表现。[①] 取水是百姓水神信仰的仪式实践，也是人神互动交往的行为媒介，自然也就连接了人和神。

（三）请神

请神是请龙王爷和龙母的神像。最初大建安举办伏水会只请三龙王和本村的龙王爷，后来变成五位龙王爷（大龙王、二龙王、三龙王、四龙王、五龙王）和本村的龙王爷，再后来又逐渐将龙母也加进伏水会，这中间还有一个关于五龙王爷和龙母的传说。据徐成生老人说："大建安村伏水会请龙母是有原因的，跟河边村有关。"[②] 在他们很小的时候就听长辈们讲请龙母的故事。相传河边村有一年举办伏水会，请来了五位龙王爷祭拜，祈求一年风调雨顺，但是由于五龙王爷喜怒无常，性格暴躁，人们的祈求适得其反，在伏水会当天他就给河边村下起了冰雹，把河边村和周围村子的庄稼打得稀巴烂，后来大建安举办伏水会的时候，害怕重蹈河边村的事件，大建安的百姓就想谁能管住脾气暴躁的五龙王爷。某个聪明百姓就想到龙母是五龙王的母亲，儿子肯定听母亲的话，就认为只有龙母才能管住五龙王，所以就在伏水会中加进了龙母，目的是防止五龙王下冰雹，以造福老百姓，后来这个传统逐渐延续了下来。以前几位龙王爷还不在一起待着，而是分散在各个村子，后来逐步被放在五级村一起供奉，请的时候到五级村即可。水神龙王由分散各村到聚居一村，同时又增加了龙母，可见百姓是以拟家庭来建构神圣世界的，而坚信龙母可以有效管教脾气暴躁的五龙王，是将世俗生活中的传统家长制与神圣生活进行勾连和糅合。

请神那天，村子要派几个俗称"水手"的代表去五级村请五位龙王爷和龙母，他们从早晨太阳升起的时候出发。去的时候由于是快到暑伏的日子，天气特别燥热，"水手"代表为避暑，往往在出发前习惯折几根柳枝

---

① 王海霞：《晋北古村镇佛教信仰与民众生活研究》，山西大学硕士学位论文，2012。

② 2015年1月22日，笔者在大建安村访谈徐成生（男，1932年5月出生，五台县纹石厂退休工人，文盲）。

编成草帽，然后戴在头上，后来渐成一种习惯，一直流传至今。为了能顺利请到神，他们想方设法讨好神、取悦神，一路上敲锣打鼓去供奉几位龙王爷和龙母的五级村。到达后先将带来的供品和香烛摆上，“水手”烧纸供奉后，才能请神灵，寓意是得到了龙王爷和龙母的首肯，同意到大建安村接受百姓的祈雨祭拜。“水手”代表将五位龙王爷和龙母分别放到六位代表背上一路背回，中途不能停歇，因龙王爷和龙母是由上好的木头雕刻而成，不是石刻的，故比较轻，其他代表则负责吹响器（“响器”为方言，即乐器）和放炮，热热闹闹地将神灵请回村，放在已搭建好的神棚中。龙王和龙母的摆放极其讲究，龙母位于供桌的正中间，龙母的上手（也就是龙母的左手方向）依次是大龙王、二龙王和三龙王，下手（龙母的右手方向）依次是四龙王、五龙王和本地所供奉的龙王爷以及请回来的圣水，在神灵面前的香桌上要摆放供品和香烛等。神棚中水神的排序体现了神灵世界的级序，神有大小和地位的高低。香桌上摆放供品和香烛等体化实践，是人神交往的重要过程，而人对神是否虔诚直接影响了神灵的灵验程度。

（四）请戏

请戏也是伏水会的一个主要程序。《五台县志》记载：“境内戏班有职业班和子弟班两类。职业班又分两种：一种全由班主执掌，一种则是艺人组合，称共和班子，因按艺术高下划股分红，故又称股股班。子弟班乃是村中好戏者自行组合的班子，于农闲时演出。”① 大建安伏水会请的戏班一般为本村的子弟班，有时候也请外村的，所唱戏曲的曲目一般是文戏（以唱功、做功为主的戏），很少有武戏（以武功为主的戏），俗称伏水戏，一般为期5天。为何要请戏？百姓认为水神龙王爷喜欢看戏，是个戏迷，就应该满足其这一嗜好和欲望，只有让龙王爷高兴了，才会普降甘霖，惠泽百姓。

（五）祭神

暑伏那天，其他8个村子的代表都会聚集到大建安村，参与伏水会的祭水神仪式。拜祭神灵正式开始的时辰是正午时分，香桌上摆放供品，且把一头活羊牵到龙王和龙母面前，由专人宰杀并被当作供品摆放，俗称礼牲。然后由顶神人（“顶神人”为方言，即“神汉”）组织烧香烧纸，且嘴里念念有词，祭拜完毕，由地方官说一些吉利的话语，宣布祭拜结束，

① 五台县志编纂委员会：《五台县志》，山西人民出版社，1988，第424页。

最后放炮、吹响乐。在一定意义上，供品、香烛、黄表纸、响乐是伏水会“祭神仪式的主要内容和主导符号”。[①] 摆供、杀牲、烧香，与其说是敬龙神，倒不如说是讨好龙神，献媚龙神或买通龙神，即民间俗语所说的“钱能通神”“有钱能使鬼推磨”的本义。[②] 祭神正如费孝通所解析的那样，很有点像请客、疏通、贿赂。[③] 祭神仪式是人神交流的重要方式，这里既包含人与神的交流，也存在官与民的互动。官在伏水会中的角色扮演，则进一步固化了其在乡土社会中的地位，有利于地方社会秩序的构建。

（六）分水

分水是祭拜完水神后举行的。由主办村子大建安的代表将请回的水分别倒向 9 个小瓶子，分给 9 个村子的代表，寓意各个村子都受到龙王的庇佑，一年风调雨顺。9 个村子的代表把分到的水分别朝自己村子所在的方向洒出去，寓意龙王说话一言九鼎。分水仪式结束后，大建安要宴请其他村代表。九村分水足以说明伏水会是一个平等、自觉的共同体，更具体地说是一个水神信仰文化的共同体。

（七）送神

伏水会结束后，大建安再派原来请神的“水手”敲锣打鼓按来时的方式将龙王爷和龙母送回五级村，村落又回复到原来的日常生活状态。[④]

大建安伏水会是一次隆重的祭拜水神的大型活动，它的举办流程是水神信仰仪规化的体现。伏水会仪式的烦琐神秘，反映了百姓对伏水会的重视，也再次印证了当地百姓对水神的虔诚和崇拜。

三　水神信仰的功能体现：伏水会之影响

举办伏水会是大建安村的一件盛事。伏水会是大建安村百姓水神信仰的集体反映，其主要目的是祈雨。伏水会日渐成为当地百姓不可或缺的水

---

① 薛艺兵：《神圣的娱乐：中国民间祭祀仪式及其音乐的人类学研究》，宗教文化出版社，2003，第 367 页。

② 乌丙安：《中国民间信仰》，长春出版社，2014，第 5 页。

③ 费孝通：《美国与美国人》，三联书店，1985，第 110 页。

④ 刘晓春：《仪式与象征的秩序——一个客家村落的历史、权力与记忆》，商务印书馆，2004，第 141 页。

神信仰的群体性活动，对百姓的生产、生活产生了一定的影响。

（一）伏水会对当地生产的影响

1. 促进农业的发展

“在传统的中国社会，农业是经济命脉，是一切集体与个人生存的基础，所以人们对农业及一切有关农业之事皆十分关注。”① 伏水会的举办与大建安十年九旱的地理环境有关，也与百姓对水神的崇拜分不开。水神崇拜和祭神活动，有效地把分散的乡族力量整合起来，形成祭祀共同体，增强了乡村社会的凝聚力，维系了地方秩序的安定，对农业生产起了一定的促进作用。伏水会是百姓对龙神最为功利的信仰，百姓希望通过搭神棚、取水、请神、请戏、祭神、分水等一系列行为为农业带来丰收。而对龙王和龙母的祭拜，使百姓的精神得到一定的慰藉，帮助百姓在心理上减轻痛苦、减少忧虑、增强生产生活的信心。他们利用滹沱河水和山里留出来的山泉水以及潭水挖渠灌溉庄稼，使得建安的大米、莲藕成为当地的特色食品。关于大建安的大米，还流传着这样一句老话“走遍神州地，少见建安米”。还有莲藕，建安虽少却是五台唯一的产地，品种独特，是百姓最喜欢食用的一种珍奇佳菜，具有鲜、嫩、脆的特点。② 同时，伏水会也促进了建安农作物的种植，如建安产的香瓜又甜又脆，特别有名，建安的玉米、高粱、小麦、黄豆等的产量也有所提高，因此建安获得了“五台小江南”的美称。伏水会不仅是大建安周边九村联合祈雨大会，也为农产品提供交易的集贸空间，使百姓能够及时更新和补充农业生产工具，交流生产经验，一定程度上促进了建安农业的发展，使得建安有了“五台第一村”的美誉。

2. 刺激手工业的发展

伏水会作为水神信仰有形与无形的载体，也有利于传统手工业的发展。大建安村有多种传统手工业者和匠艺人员。据《大建安村志》记载，范、王氏木泥两行，专门从事盖房和做门窗；张、徐氏木工，专营箱柜桌椅兼制棺木；齐铁匠，专营农具兼为牲畜挎掌；白氏纸匠，专营纸杂、裱糊刷及美术勾画；还有石匠、钉盘碗匠、铸铁匠、编织匠、板石匠、铜铝匠、钉鞋匠等；无艺为匠者，赶驴驮炭卖炭为业，或是给别

① 赵世瑜：《明清时期中国民间寺庙文化初识》，《北京师范大学学报》1990 年第 4 期，第 49 页。

② 徐世伟：《大建安村志》，第 vii 页。

人帮手干笨活儿。[①] 伏水会期间他们会聚集到会场，或招揽生意，或兜售成品，或展示手艺，从中盈利，这在一定程度上刺激了当地传统手工业的发展。

3. 推动商业的发展

水神信仰通过伏水会进行播布，对当地的商业经济也起了一定的促进作用。“大建安村民自古躬耕，繁衍子孙，‘讼简民淳，不尚浮靡’，忠厚老实，心地善良，与人相交，宁肯吃亏而不贪占便宜。”[②] 因此每到伏水会的那几天，外地的商贩准要到大建安做买卖。商贩大多来自崞县、定襄，也有更远地方的，其所卖东西绝大部分是百姓日常所需要的生产生活用品，而这些商贩也会从百姓手中换取或购买他们所需要的东西，如建安百姓所种的小兰花烟是有名的旱烟，吸起来味道特别好，是建安的特产，待伏水会结束后他们总会买上许多拿回去卖。建安因背靠文山，而文山所产的石砚是十分出名的，商贩往往也会购置一部分去外地销售。伏水会作为一种特殊的集会，不仅吸引了外地商贩，也促进了本地商铺的交易。据《大建安村志》记载，大建安村南山底东西大街是村中商业店铺集中的地段，俗称建安的开化市，主要店铺是连通二州五县的炭店、缸坊和布肆。当时有字号的炭店就有 15 家，分合股和独股两种。缸坊有 20 家，一般为独资创办。有字号的布肆 10 家，没有字号的布摊还有戎福治、王海年、徐存秀等。[③] 伏水会期间，伴随着人流量的增加，店铺生意比平时更为红火，对当地商业发展起了一定的推动作用。

（二）伏水会对百姓生活的影响

1. 改变着百姓的日常生活

传统社会的百姓过着“白日田中作，黄昏家内息”的枯燥和乏味的日常生活。民初大建安伏水会的举办使百姓的生活日趋丰富，祭神活动可以帮助人们减少忧虑，增强信心；伏水戏则成为百姓释放心灵、愉悦性情的盛宴。男性多为伏水会的组织者，女性参与伏水会的程度虽然远不如男性，但仍是伏水会的积极参与者。民初五台大建安的大部分女性仍然生活在严格的封建礼教束缚之下，活动范围仅限于家庭之内，大门不出二门不迈，主要从事“主中馈、赡公婆、育子女”等家务劳动，甚至连家庭内的

① 徐世伟：《大建安村志》，第 132 页。

② 徐世伟：《大建安村志》，第 131 页。

③ 徐世伟：《大建安村志》，第 54、55、56 页。

话语权也丧失了，长期处于一种枯燥压抑的生活状态中。但是在伏水会举办的日子里，女性可以不受封建礼教的束缚，自由地上街买东西，去戏场里看戏，到神棚前祭拜水神，许下自己的心愿。随着生活空间的搬移，女性终于可以暂时挣脱男性的压制和羁绊，找回平日里缺失的自我。神戏和各种杂耍玩艺，为女性提供了集中放松、尽情欢娱的机会。通过烧香拜祭，与神交流，其情感得到一定宣泄，内心获得一定满足。男性群体作为伏水会的组织者和主要的参与者从中享受的生活乐趣更是全方位的。伏水会的水神信仰仪式具有很强的娱乐性，不仅采用了真正戏剧所采用的手法，而且也使百姓忘却现实社会，把百姓送到一个可以自由想象的世界里去，在那里完全放松自己。可以说这一仪式就是一种消遣活动，参加仪式的人尽情欢娱，开怀大笑。① 大建安伏水会对百姓来说一改平时枯燥、单调、乏味的生活，使人们的身心得到愉悦、放松和休整，生活变得丰富多彩。

2. *影响着百姓的社会交往*

“乡土社会的生活是富于地方性的。地方性是指他们活动范围有地域上的限制，在区域间接触少，生活隔离，各自保持着孤立的社会圈子。”② 但有时这种孤立是可以被打破的，大建安伏水会加强了百姓彼此间的接触和交流。百姓携着各种各样的供品涌向神棚，向水神述说着心中的愿望，使同一“祭祀圈”内的百姓在与水神交流的同时也实现着人与人的交流。对共同信仰的水神的虔诚祭拜，拉近了彼此间的信赖和信任，而那些彼此间曾经有过矛盾和纠纷的百姓，在水神面前心态渐趋平和、宽容和理解，缓释着心中多年的不快，重构着乡村的社群关系。伏水会作为百姓的公共生活，在地缘、亲缘和业缘关系中起着重要作用。特别是水神信仰仪式，作为一种融民俗性、宗教性、功利性为一体的“文化表演”，不仅产生了强大的吸引力，而且也拆解着乡土社会的“我—你”藩篱。男女老幼、远近亲疏以及乡绅百姓间平日的利益冲突和个性张力在这种表演中冰释了，人们的社会身份感和文化边界感也淡化了。那些曾因经济、社会利益而彼此冲突的“小共同体”（如家族、亲属群体）也消除了排斥、化解了矛盾，重新融入村社这个“大共同体”中。③ 信仰仪式改变了百姓的文化世界和交往世界。大建安村的百姓特别热情好客，在伏水会期间，家家户户都会

① 〔法〕爱弥尔·涂尔干：《宗教生活的基本形式》，渠东、汲喆译，上海人民出版社，1999，第500页。

② 费孝通：《乡土中国 生育制度》，北京大学出版社，1998，第9页。

③ 高长江：《民间信仰：和谐社会的文化资本》，《世界宗教研究》2010年第3期，第121页。

把自己远方的亲朋好友请来，一起看戏，热闹热闹，顺便联络感情。百姓会准备豆腐、凉粉、粉条、肉食类，除此之外，还会用炸山药、炸豆腐、炸丸子等丰盛的美食招待远方的亲朋。伏水会使平时不走动的远方亲戚走动起来，长久不联系的朋友借此机会也开始谋面交往开来。伏水会是人际交往的平台，重塑着百姓的关系世界。

当然，我们在肯定民初五台大建安伏水会给当地带来一定积极影响的同时，也要注意其消极因素的存在。伏水会的产生源自于当地百姓对水神的崇拜，含有一些“封建迷信”的糟粕。水神作为一种虚幻的神灵，麻醉性和欺骗性的特点十分明显，对当地的社会发展或多或少地产生了阻碍作用。水神信仰作为民间信仰，是宗教信仰生态文化系统的重要组成部分，需要从法律的层面给民间信仰提供生存和发展的空间。当今政府对民间信仰要加以正确引导，继承和发扬其积极、健康的内容和形式，摒弃消极、不健康的，注入时代气息，以便更好地服务地方经济社会和文化的发展。伏水会作为区域性庙会，在全球化力量的作用下，其传统功能正在发生“现代性”裂变，因此我们在重视伏水会经济功能的同时，更要注重挖掘和创新伏水会的文化内涵和社会功能。

法科留学生与上海律师公会*

袁　哲**

提　要　上海开埠后，西方律师制度开始在上海租界内施行，一部分归国法科留学生，也因此开始在上海租界执业。入民国后，归国法科留学生充当了上海律师公会的主要创建者。法科留学生主导着上海律师公会的管理，他们加强行业管理，努力塑造律师良好的职业形象。法科留学生借助上海律师公会的平台，参与民主政治运动，拓展律师公会的社会职能，尝试启蒙上海民众的近代法律意识。在归国法科留学生的多方努力下，近代上海的律师业迅速发展。虽然律师作为一个新兴职业，得到了上海社会民众的认可，但近代法律观念并没有被民众广泛而深刻地接纳。出现这一现象，除传统法观念的抵制外，也与民国政府的政策限制有关。

关键词　法科留学生　上海律师公会　近代法律观念

学界对法科留学生及上海律师公会的研究，在深度和广度上都有丰富积累。以往对法科留学生的专题研究，重在论述法科留学生对法制近代化和法律学科近代化转型的作用。① 对上海律师公会的研究，大体上从两个视角展开。一个是从法律制度近代转型的角度研究，这类成果通常把上海律师公会看作法制近代化转型的产物。② 另一个是从社会变迁和职业化的

* 本文是中央高校自由探索项目课题成果，项目编号 16D111003。

** 东华大学马克思主义学院讲师。

① 较具代表性的成果如郝铁川：《中国近代法学留学生与法制近代化》，《法学研究》1997年第6期；何勤华：《法科留学与中国近代法学》，《法学论坛》2004年总第19卷第6期；裴艳：《留学生与中国法学》，南开大学出版社，2009。

② 较具代表性的成果如王申：《中国近代律师制度与律师》，上海社会科学院出版社，1994；徐小群：《民国时期的国家与社会——自由职业团体在上海的兴起1912～1937》，新星出版社，2007；徐小群一书最早出版的是英文版，名为 *Chinese Professionals and the Republican State: The Rise of Professional Associations in Shanghai, 1912－1937*，2000年由英国剑桥大学出版社出版。

角度研究，这类成果更突出律师群体对社会近代转型的贡献。①

以往对法科留学生、上海律师公会的研究，基本上是在将二者割裂的状态下进行的。实际上在近代上海律师公会中，法科留学生人数多且具有影响力。他们对近代律师制度的构建，律师公会的成立、发展，社会民众法律意识的启蒙，都发挥了关键作用。本文将在充分借鉴前人成果的基础上，论述在沪归国法科留学生如何组建及发展上海律师公会，又如何拓展上海律师公会的职能并扩大其影响，进而探讨法科留学生对近代法律意识的输入及社会的应对。

一　上海律师公会的创建与改组

1. 留日法科生与上海律师公会的创建

上海开埠后，英国人和上海道台签订《上海租地章程》，租得外滩附近830亩土地，这块区域便成为近代外国人在上海相对独立的生存空间。英国人又为确保领事裁判权的行使，再签《洋泾浜设官会审章程》，以此为依据设立会审公廨。西方律师制度随着一系列不平等条约被直接引入近代上海租界，一些外籍律师开始在上海租界开设律师事务所执业，这些外籍律师就成为上海最早的具有近代意义的律师。

1905年前后，在欧美学习法学的法科留学生陆续回国，一些法科留学生开始在上海租界里外籍律师开设的事务所谋生。② 这些在租界内律师事务所工作的法科留学生中，获得律师资格者约有10人，③ 这10位法科留学生便是近代中国最早的华籍律师。此时中国尚未设立律师制度，华籍律师持有的是英国或者美国的律师资格。④ 1906年清政府学部开办留学生考试，截至1911年，得到毕业证的归国法科留学生约

---

① 较具代表性成果的有陈同：《近代社会变迁中的上海律师》，上海辞书出版社，2008；孙慧敏：《制度移植——民初上海的中国律师（1912～1937）》，台北：中研院近代史研究所，2012。

② A. M. Kotenev, *Shanghai: Its Mixed Court and Council*, pp. 202－204，上海市档案馆藏档号W1－OA－773。

③ 资料来源A. M. Kotenev, *Shanghai: Its Mixed Court and Council*, p. 202，上海市档案馆藏档号W1－OA－773。《1946年上海地方法院律师履历表》，上海市档案馆藏民国时期上海地方法院档案，档号Q185－1－208。胡滨：《英国蓝皮书有关辛亥革命资料选译》下册，中华书局，1984，第481页。

④ 不同法系对律师资格的规定不同，只有英国和美国夏威夷允许外国人获得律师执业资格。因而中国最早的华籍律师，全部是留学英国或美国的法科留学生。

2576人，[①] 其中通过留学生考试并获得实际官位的仅有414人。[②] 无法在政府里谋得差事的法科留学生只能另寻出路，律师业是他们的首选。然而律师制度并不符合中国传统法制观念，在传统与现代的冲突中，法科留学生发挥了至关重要的作用。

由于律师制度不同，留学欧美的法科生可以获得外国律师资格，得以在租界内的律师事务所或教会学校谋职。留学日本的法科生因无法获得日本律师资格，在上海租界从事律师业较困难。他们中一部分人开始倡导移植律师制度，而移植律师制度的第一步，便是筹划组建律师团体。留日法科生也自然成了近代上海筹建律师团体的主导力量。

1912年1月，留日法科生蔡寅等在上海筹建律师团体，定名中华民国律师总会。蔡寅等一边致电沪军都督陈其美，希望得到上海政府的支持；一边呈请司法部立案，希望得到民国中央政府的认可。[③] 据台湾学者孙慧敏考证，中华民国律师总会的13位发起人中，至少有3位在沪军都督府任职。[④] 得益于此，该会很快得到沪军都督府的认可。1912年1月11日和14日，蔡寅等在报纸上刊布《律师公会章程》，宣告“中华民国律师总会”成立，宣称中华民国律师总会的成员，可以在全国各级审判厅和会审公廨执业。[⑤] 俨然，

① 受资料限制，笔者目前无法精确统计1911年之前法科留学生总数，此数据只是粗略估计，是依据以下资料整理而得。中国第二历史档案馆编《中华民国史档案资料汇编》第五辑第一编教育（一），江苏人民出版社，第380页；中国第二历史档案馆编《中华民国史档案资料汇编》第五辑第三编教育（一），江苏人民出版社，第635、636、637页；中国第二历史档案馆编《中华民国史档案资料汇编》第三辑（教育），江苏人民出版社，第609页；陈学恂、田正平编《中国近代教育史资料汇编·留学教育》，上海教育出版社，第686、687、688、689页；刘真主编《留学教育——中国留学教育史料》（第一册），台北“国立编译馆”，第481~564页。北平故宫博物院编印《清光绪朝中日交涉史料》卷六十九，第23页。中国史学会编《洋务运动》（五），上海书店出版社，第251、254页。舒新城：《中国近代留学史》（影印本），上海文化出版社，第8、14、15、16、20页；刘晓琴：《中国近代留英教育史》，南开大学出版社，第78、79页。周一川「中国人女性の日本留学史研究」、東京：国書刊行会、44頁；李喜所：《近代中国的留学生》，人民出版社，1986，第126、127页；李喜所：《清末民初的留美学生》，《史学月刊》1982年第4期。

② 程燎原：《清末法政人的世界》，法律出版社，2003，第142~156页。

③ 《辩护士公会发现》，《民立报》1912年1月7日，第6版。

④ 蔡寅时任沪军都督府军务部执法科科长，与陈其美私交甚密；陈祖澄是沪军都督府二等科员；何飞是“沪军都督委员”。详可参阅孙慧敏《制度移植——民初上海的中国律师（1912~1937）》，台北：中研院近代史研究所，2012，第132页。有关何飞的任职情况，又见《沪军都督府各部职员表》，上海社会科学院历史研究所《辛亥革命在上海史料选辑》，上海人民出版社，1981，第209页。

⑤ 《律师公会章程》，《民立报》1912年1月11日、14日，第6版。

留日法科学生欲组建一个全国性的律师团体，并希望掌握律师资格认定权。

当蔡寅领衔的在沪留日法科生试图组建一个全国性的律师团体时，另一批法科留学生，则在酝酿设立民国的律师制度。1912年3月，时任南京临时政府内务部警务长的留日法科生孙润宇，将其编制的《律师法草案》呈送临时大总统孙中山。5月，留美法科生王宠惠出任司法总长。为推进该草案实施，王宠惠在给参议院的报告中提出："且以中国现状而论，国体已变为共和，从事法律之人当日益众。若尽使之为法官，势必有所不能。故亟宜励行此制，庶人权利有所保障，而法政人才有所展布。此关于辩护制度之所以亟宜创设者也。"[①] 9月16日，司法部以行政命令形式，正式颁布《律师暂行章程》，标志着中国律师制度建立。

律师制度的设立，直接关乎上海律师团体的组建进程。1912年12月8日，上海律师公会宣布依《律师暂行章程》设立，采用会长负责制。会长是陈则民，狄梁孙为副会长，评议员有江镇三、秦联奎、丁榕等7人。会长陈则民和评议员江镇三是留日法科生，丁榕是留英法科生。[②] 1912年12月19日，中华民国律师总会宣布重组。[③] 虽然上海律师团体名号有所变更，但主导力量仍然是留日法科生，只是领衔者由蔡寅变为陈则民，此外留英法科生也开始加入其中。

从民国律师制度设立至1913年2月，上海有105人获得律师资格。[④] 民国司法部正式确认律师资格后，上海律师公会的会长再次易人，由陈则民换成了在租界执业多年的留英法科生丁榕。1913年2月26日，丁榕在上海各大报纸特别声明，公会正在呈送司法部备案，并开始强调上海律师公会的唯一性，宣布："自经本会成立，外间所设律师各会当然无效。"[⑤] 不久之后，上海律师公会即成为唯一得到民国司法部认可的上海律师团体。

1913年3月2日，上海律师公会召集第一次会员大会。此后，上海律师公会共召开过8次会员大会。8届领导团体中，留日法科生一直是主要领导成员。1912年12月，陈则民（日本大学）担任会长；1913年2月，

① 《政府公报》1912年5月，"附录"，台北：文海出版社影印，1971，第449页。

② 《上海律师公会通告》，《申报》1912年12月9日，第1版。

③ 《停止不合格律师之职务》，《时报》1912年12月19日，第5版。

④ 《合格律师发给证书》《又得合格律师四十人》，《时报》1913年2月10日、21日，第5版。

⑤ 《上海律师公会布告》，《时报》1913年2月26日，第2版。

丁榕（英国曼彻斯特大学）担任会长，陈则民（日本大学）担任副会长；1914年，黄镇磐（日本早稻田大学）担任副会长。1919～1922年，蔡倪培（日本法政大学）任会长；1922～1925年，张一鹏（日本法政大学）任会长。[①]

在法科留学生的努力下，民国律师制度确立起来，上海律师公会也成了上海唯一合法的律师组织。但是上海律师公会只是在形式上实现了上海执业律师的统一，实际上并未形成足够的凝聚力。鉴于这种松散的管理状况，上海律师公会中的留日法科生，开始议决改组上海律师公会，以加强其权威性。

2. 留日法科生与上海律师公会的改组

1926年的北伐战争改变了之前的革命局面，上海的留日法科生也敏锐地意识到政治力量的转向，于是决定借助国民党力量，强化上海律师公会对上海律师界的控制。1927年3月22日，北伐军第一师进驻龙华、南市等地，8天后上海律师公会就宣布将召集会员大会。4月中旬，蒋介石完全控制上海，4月下旬上海律师公会即在上海市党部、政治分会的支持下着手改组。

1927年4月24日，上海律师公会会员大会决议改组公会。1927年4月29日下午5点，改组委员会正式成立。上海特别市党部决定，由改组委员会接管上海律师公会，并直接圈定改组委员会的15位成员。[②] 改组委员中法科留学生占1/3，其中黄镇磐、李祖虞、谭毅公、李时蕊曾留学日本，陈霆锐留学美国。

1927年9月18日下午，上海律师公会在上海特别市党部办公楼三楼，召开会员大会。会上宣布放弃会长制采用委员制，选出15名执行委员和3名监察委员。[③] 改组后，上海律师公会的领导层有6位法科留学生，以留日法科生为主，占领导层的1/3。改组完成后，上海律师公会自筹资金，购买法租界贝勒路572号房产作为会所。[④]

上海律师公会改组后，仍由法科留学生掌控公会。1927～1933年，5

① 上海律师公会编《上海律师公会报告书》，上海市图书馆藏缩微胶卷；《上海市地方法院律师履历表》，上海市档案馆藏民国时期上海市地方法院档案，档案号：Q185－1－208。

② 《呈江苏司法厅文》，上海律师公会编《上海律师公会改组报告书》，第85页，上海市图书馆藏缩微胶卷。

③ 上海律师公会改组后第一届执行委员是：秦联奎、李祖虞、汤应嵩、文超、黄焕升、杨春绿、俞钟骆、李时蕊、费廷璜、吴国泰、汪承宽、赵祖慰、姚文寿、谢健、陈瑞麟。第一届监察委员是：黄镇磐、魏道明、谭毅公。

④ 今复兴中路301号，现为上海市工商银行复兴中路支行。

届上海律师公会的执行委员、监察委员共计90人，其中法科留学生38人，占管理层的42%。抗战爆发后上海律师公会宣布停会，抗战胜利后复会。复会后法科留学生在上海律师公会的影响力较战前有所减弱。1946年和1947年，上海律师公会的两届理事、监事共计53人，其中法科留学生有8人，仅占15%。① 随着民国法学教育的发展和律师业的发展，法科留学生对上海律师公会的影响，已无法与战前相比。

上海律师公会在留日法科生主导下组建，从1912年到1926年，上海律师公会由留日法科生主持运作。1912～1926年，有留日法科生8人，进入公会管理层14次，留学欧美法科生3人，进入公会管理层8次。上海律师公会有5届会长是留日本法科生担任。其中，1913年和1914年，虽然留日法科生没有得到会长职务，但副会长仍是留日法科生。②

1927年，留日法科生借助上海市党部的力量改组上海律师公会。改组后上海律师公会对上海执业律师的监管有所加强，但留日法科生渐渐失去了对上海律师公会的掌控权。因执业空间扩展，留学欧美法科生纷纷加入上海律师公会，又因本土法科教育的发展，越来越多的本土律师也加入上海律师公会。1927～1937年，上海律师公会的领导层中留日法科生有23人，留学欧美法科生有34人。③ 若将候补执行委员、候补监察委员也包括在内，则领导层中的留学欧美法科生达52人，留学日本法科生仅36人。④ 上海律师公会改组后，留学欧美法科生逐渐取代留日法科生，主导上海律师公会的管理工作。

留学欧美法科生取代留日法科生控制上海律师公会，除因入会留欧美法科生人数增加外，还与本土法科生大举入会有关。民国上海律师界，按毕业学校分成不同派系，实力最大的是东吴派。东吴派包括东吴法学院、持志法学院、震旦法学院的毕业生，其中东吴法学院和震旦法学院都是教会大学，大多数留学欧美法科生都毕业于这两所法学院。这些留学欧美法科生回沪后，多数已成为名律师，办案时若发现对方代理律师是同一派系

① 数据资料来源：《上海市地方法院律师履历表》，上海市档案馆藏民国时期上海市地方法院档案，档案号：Q185-1-208、Q185-1-198、Q185-1-249、Q185-1-237。

② 改组前进入上海律师公会管理层的日本法科留学生是：陈则民、江镇三、黄镇磐、蔡倪培、巢坤、张一鹏、李祖虞、王开疆；欧洲的法科留学生是，英国法学留学生丁榕；比利时法学留学生沙训义和姚文寿。

③ 其中美国法学留学生23人，英国法学留学生2人，法国法学留学生6人，比利时法学留学生3人。

④ 此数据的资料来源是《上海市地方法院律师履历表》，上海市档案馆藏民国时期上海市地方法院档案，档案号Q185-1-208、Q185-1-198、Q185-1-249、Q185-1-237。

的年轻律师，“宁可损害被告的利益也不相争。因为他们已经是上海的名律师了，败诉也无损他们的声誉。相反，一个刚从学校出来的新律师，能对名律师胜诉，无形中抬高了自己的地位”。[①] 受到东吴系名律师照顾的年轻律师，回报给名律师的就是律师公会的选票。这样一来，上海律师公会管理层中，留学欧美法科生的力量必然加强。

虽然上海律师公会领导层中留日法科生总体在减少，但其社会活动能力及对公会决策的影响力并未减弱。留日法科生把更多的精力，投向扩大上海律师公会的社会影响力，注重突出律师公会社会团体的社会职能。而留学欧美法科生，更关注公会对律师的行业约束力，更注重发挥律师公会作为职业团体的职能。

二　上海律师公会的社会职能的强化

近代中国的东洋留学生相比西洋留学生而言，更加热衷于民主政治运动。上海律师公会改组后，会内的留日学生致力于把公会引上民主爱国运动的轨道，这种理念集中体现于留日法科生对收回租界法权的努力。

早在1918年12月，留日法科生陈则民就建议：“公会专门设立一个委员会，为政府在巴黎和会上收回法权的谈判提供方案。”[②] 1924年，北洋政府再次就收回会审公廨一事与各国谈判，公使团以“扩展公共租界”作为归还会审公廨的条件，谈判陷入僵局。[③] 为支持北洋政府谈判，留日法科生李祖虞、王开疆进京请愿。

收回法权谈判重新开始后，中外意见分歧仍然较大。留日法科生巢坤，就收回会审公廨提出一个极巧妙的方案，建议将法权问题放在地方层面解决，“由江苏省政府与上海的领事团谈判”。[④] 1926年4月24日，留日法科生李祖虞、董康，留美法科生陈霆锐等，再次赴京请愿，提议由江苏省政府出面谈判。留日法科生江庸被任命为上海律师公会驻京代表，公会授权“凡关于收回会审公堂本会应行主张事宜，均由江代表主持一切”。[⑤]

---

① 徐廷扬：《解放前上海的律师》，《20世纪上海文史资料文库》(10)，上海书店出版社，1999，第117页。

② 《律师公会开会纪略》，《时报》1918年12月16日，第5版。

③ 国民政府在1913年11月就照会英国领袖公使朱尔典，提出收回会审公廨，但最后基本维持原状。

④ 《律师公会大会未成——谈话会中论及沪廨问题》，《时报》1926年4月26日，第3版。

⑤ 上海律师公会编《上海律师公会报告书》(14)，第1页，上海市图书馆藏缩微胶卷。

中央政府最终接受了将收回法权当作地方事务处理的建议。1926 年 5 月 21 日，淞沪商埠总办、上海交涉员与英、美、日、挪威、荷兰 5 国总领事，在上海开始谈判。8 月 31 日，签订《收回上海公共租界会审公廨暂行章程》。章程生效当日，上海律师公会律师董康、陈霆锐、李祖虞、赵晋卿，特别在豫园宴请丁文江、许沅、付疆，并有李平书、黄炎培等人作陪以示庆祝。①

《收回上海公共租界会审公廨暂行章程》的有效期是 3 年，1929 年 12 月 31 日丧失效力。1929 年 11 月 9 日，中外双方先后开会 28 次，再次讨论收回法权一事，但是“意见不一，几濒破裂”。② 12 月 16 日，留日法科生董康代表上海律师公会前往南京，提出解决办法：“取消观审制度及会审制度；上海临时法院改为上海地方法院分院；上海临时法院及其上诉法院一并宣告撤废，在上海华界内适当地点另行增设高等法院；所属法警应由分院自行选任；监狱、看守所由该分院直接管理。”③ 上海律师公会的建议令中方代表豁然开朗，不久签订了《上海公共租界中国法院协定》，规定公共租界临时法院改组为第一特区法院，上诉法院是设在租界内的江苏高等法院第二分院。第一特区法院适用中国法律，取消观审制度，撤销外国书记官。监狱、拘留所移送中国管理，法警由工部局推荐，高等分院院长任命。这标志着公共租界的法权正式收回。

公共租界法权收回后，留日法科生密切关注法租界法权收回问题。1927 年，留日法科生黄镇磐就联合汤应嵩，提议江苏司法厅尽快接收法租界会审公廨，在最短时间成立正式临时法院。而公共租界法权收回后，法租界也早有预案，宣布允许中国法官在法租界会审公廨审判中国人的刑事案件，允许华籍律师出庭。针对法租界的做法，上海律师公会致电外交部、司法部，指出“法租界的做法表面虽好，实质上是准备长期保持特殊权利。建议立即撤废法租界会审公廨”。④ 留美法科生王宠惠以私人名义，写信给时任法国外交部顾问的朋友佛罗马诺（Henri Feomageot），请他建议

① 赵晋卿：《收回会审公廨交涉的经过》，《20 世纪上海文史资料文库》（10），上海书店出版社，1999，第 72 页。

② 俞履德：《旧上海第一特区地方法院》，《20 世纪上海文史资料文库》（10），上海书店出版社，1999，第 87 页。

③ 《呈司法行政部、外交部文——为建议改组临时法院收回租界会审公廨办法由》，上海律师公会编《上海律师公会报告书》（26），第 87 页，上海市档案馆藏民国时期上海律师公会档案，档案号：Y4－1－317。

④ 上海律师公会编《上海律师公会报告书》，（27），第 51～53 页，上海市档案馆藏民国时期上海律师公会档案，档案号：Y4－1－318。

法国政府交还上海法租界会审公廨。[①]

1931 年 7 月 28 日，《关于上海法租界内设置中国法院之协定》签署。8 月 1 日，法租界会审公廨改为第二特区法院，上诉法院为江苏高等法院第三分院，法租界的法权也成功收回。

三 上海律师公会的行业管理的强化

改变中国社会民众固有的“律师即讼师”的印象，是留学欧美法科生最大的期望。为此，他们掌握上海律师公会的管理工作后，从规范入会程序和整饬执业风纪入手，努力塑造律师良好的职业形象。

1. *严格审查外国学历*

近代上海律师界，有海外留学的背景往往会成为一种职业广告。在利益刺激下，常有本土律师冒充归国留学生。有些所谓留洋律师，实际上只是外国人的雇员，甚至是佣人、学徒。他们未出国门一步，只是购买国外法律学校的文凭，通过律师甄拔得到律师资格。

1928 年，南京政府司法部宣布：“凡在十六年七月二十三日，律师章程公布施行以前领有律师证书，而拟在国民政府统治各省执行律师职务，无论已未登录者，均应将原领证书及其他关系文件，两个月内呈报复验，换给律师证书。”[②] 留学欧美法科生借此契机，主持清查上海律师公会内律师的学历，尤其是持外国大学毕业证书者。清查中发现有 13 位律师，持美国汉密尔顿法律专门学校的毕业证书，通过甄拔获得律师资格，其中 7 人加入了上海律师公会。留学欧美法科生随即展开调查，发现“美国芝加哥汉密尔顿（也译汉密尔登）法律专门学校”只是在上海设立机关，专门发售该校的函授文凭，只要出钱就可以购得文凭。上海律师公会立刻函请司法部，注销这 13 人的律师资格，并取消已入会的 7 位律师的会员资格。[③]

此后有人举报，上海律师公会有 19 位会员伪造日本毕业文凭。上海律师公会高度重视，组织“审查会员资格委员会”调查此事。审查会员资格

① 萧金芳：《收回上海公共租界和法租界会审公廨的经过》，《上海文史资料存稿汇编》（社会法制）第 11 辑，上海古籍出版社，2001，第 385 页。

② 上海律师公会常委会：《上海律师公会关于唐行建等会员被告发伪造文凭、领律师证书等交验证件以凭核办》，上海市档案馆藏民国时期上海律师公会档案，档案号：Q190－1－13574。

③ 上海律师公会常委会：《有关于汉密尔顿毕业律师如何办法的请示函》，上海市档案馆藏民国时期上海律师公会档案，档案号：Q190－1－13550。

委员会要求被检举的会员，一周内提交毕业证书原件，并通过司法部向日本各法校调取历届毕业生名录。经调查，被控伪造文凭的19位留日法科生，有6人文件完备，是正规的毕业证并交于法院检验；2人已自行退会；6人未提交毕业文凭；5人退出律师行业。[①]

为维护留洋律师声誉，上海律师公会请求司法部、教育部："另订文凭鉴别方法。"[②] 不久，司法部就鉴别法科留学生的文凭做出规定："国外留学生在私立学校领有毕业文凭，均应由留学生监督处或驻在国公使馆加给证明书。此后凡有前项毕业文凭，请求取得律师资格者，须有前项证明书方准注册。"[③]

上海律师公会也进一步完善入会审查制度。规定凡申请入会，须提交学校文凭、律师证书原件，两名本会会员的书面介绍。持外国私立学校毕业文凭者，须同时提交驻该国公使馆或留学生监督处证明书。为保证入会会员留学文凭的真实性，特别强调追究连带责任。规定："各会员介绍入会须保证资格确实。入会后查有实情不符，应共同负责。"[④]

2. 规范执业风纪

留日法科生主导上海律师公会时，在《会则》中规定了律师的执业规范。[⑤] 之后又特别制定，律师执业必须遵守的9条执业纪律。[⑥] 留学欧美法科生主导上海律师公会的管理后，除加强原有纪律外，因受英美法观念的影响，严格禁止律师非法招揽业务的行为，[⑦] 会内律师也积极支持此理念。1928年5月，留美法科生陈霆锐等揭发，魏文翰的律师事务所设立保商部，专门负责招揽业务。上海律师公会随即将魏文翰提付惩戒。[⑧] 又有会

① 上海律师公会常委会：《上海律师公会关于唐行建等会员被告发伪造文凭、领律师证书等交验证件以凭核办》，上海市档案馆藏民国时期上海律师公会档案，档案号：Q190－1－13574。

② 上海律师公会编《上海律师公会报告书》（24），第103页，上海市档案馆藏民国时期上海律师公会档案，档案号：Y4－1－315。

③ 上海律师公会编《上海律师公会报告书》（24），第105页，上海市档案馆藏民国时期上海律师公会档案，档案号：Y4－1－315。

④ 上海律师公会常委会：《上海律师公会关于各诉讼问题致会员函》，上海市档案馆藏民国时期上海律师公会档案，档案号：Q190－1－13587。

⑤ 上海律师公会常委会：《上海律师公会暂行会则》（1928年），上海市档案馆藏民国时期上海律师公会档案，档案号：Q181－1－287。

⑥ 郭卫：《律师办事手续程式汇述》，上海法学编译社，1937，第95页，上海图书馆藏。

⑦ 英国律师执业章程规定，禁止律师从事或允许他人从事任何可被认为是招揽生意的行为。

⑧ 上海律师公会编《上海律师公会报告书》（24），第131页，上海市档案馆藏民国时期上海律师公会档案，档案号：Y4－1－315。

员检举，律师沈孝祥广寄拜诘，在拜诘反面标明其执业区域、代理案件的类别，并写有：“如蒙不弃，既请函电通知，约期接见或协商一切。”上海律师公会认为这样的做法，也有招揽业务之嫌，责令停止。[①]

欧美法科留学生对律师事务所招揽业务的行为也坚决杜绝。1930 年，上海律师公会要求，会内律师须取消同一区域内的分所、通讯处，但执行效果并不明显。1934 年上海律师公会再次声明：“除事务所及住宅外，不得设立分事务所及通讯处。有合组法律事务所者，即以此合组事务所为其事务所，不得另设事务所。”[②] 为确保规定得以落实，上海律师公会直接取缔了违反规定的 4 处律师事务所分所。[③]

留学欧美法科生为维护律师良好的社会形象频繁惩戒律师。留法法科生吴凯声认为，对律师惩戒过多恐有损律师形象，提议：“律师与律师间，律师与当事人间，如不幸发生交涉情事，应由双方先试行和解或报告公会调处，不得径向法院起诉。”[④] 吴凯声的建议得到上海律师公会内留学欧美法科生的认同。上海律师公会决议，对于律师的不当行为，应先在会内调解，调解不成再提付惩戒。由此公会特别规定，执行委员会收到律师纠纷案件后，要先函告纠纷双方到公会会所调解。若双方或其中一方拒绝调解，则派专员负责劝解。调解不成则建议诉至法院，尽量避免由律师公会出面提付惩戒。

四　输入西方法律观念

近代上海的法科留学生们有一个共同的理想，就是把近代法律观念注入上海社会。上海律师公会恰好提供了一个平台，法科留学生借助这个平台，启蒙上海城市社会民众的权利意识和人权观念。

1. 启蒙维权意识

法科留学生通过法律援助，启蒙民众的维权意识。法律援助制度源于

---

① 上海律师公会常委会：《上海律师公会关于控诉律师欺诈勒索等违法问题的函》，上海市档案馆藏民国时期上海律师公会档案，档案号：Q190 - 1 - 13668。

② 上海律师公会常委会：《上海律师公会关于取缔法律事务所问题的函》，上海市档案馆藏民国时期上海律师公会档案，档案号：Q190 - 1 - 13670。

③ 上海律师公会常委会：《上海律师公会关于取缔法律事务所问题的函》，上海市档案馆藏民国时期上海律师公会档案，档案号：Q190 - 1 - 13670。

④ 上海律师公会常委会：《上海律师公会关于调解会员纠纷问题的函》，上海市档案馆藏民国时期上海律师公会档案，档案号：Q190 - 1 - 13685。

西方国家，北洋政府将这一制度移植进中国，建立指定辩护制度。[①] 基于这项制度，法科留学生主导在上海律师公会内设立法律救助机关，指定专门律师提供法律援助。上海律师公会对外宣告："凡无钱聘请律师的劳动团体及其所属成员，如遇到民、刑诉讼或订定契约等各种法律事务，都可以申请上海律师公会的法律援助机关派律师代理之。"[②] 1931 年，纱厂工人宋绍吉等被日本人殴打伤残，因不服特区法院判决，提起上诉。宋绍吉通过抗日救国会，向上海律师公会请求援助。留美法科生伍守恭，免费为该案提供辩护。[③]

对启蒙近代社会民众的维权意识，西洋、东洋法科留学生的做法各不相同。留学欧美法科生注重通过具体法律援助个案，让社会民众实实在在体会到权益得到维护的好处。留日法科生则注重社会宣传和推动立法，主张建立国家赔偿制度。希望通过有效的国家赔偿，让社会民众认识到法律的真谛是保护合法权利，而不仅是惩罚。为此，留日法科生发动了上海的"冤狱赔偿运动"。

冤狱赔偿是指国家对被误判、违法判决、无辜羁押的人给予赔偿，是欧美国家普遍采用的国家赔偿制度。中国传统法律观念中，没有直接涉及冤狱赔偿的观念。1934 年 11 月 12 日，中华民国律师协会组成冤狱赔偿运动委员会，留日法科生唐宝鄂、江庸、沈钧儒、张耀曾等 41 人担任委员。12 月，在上海召开会议，制订了具体的行动方案。次年 1 月议定筹款办法，并决定每年 6 月举行冤狱赔偿运动，旨在引起当局重视。[④]

1935 年 6 月 5 日，上海的冤狱赔偿运动大会在天后宫上海市商会召开。留日法科生沈钧儒担任会议主席。会议邀请了上海市党政军各机关代表、农工商学界代表、妇女、宗教及自由职业团体参加。会上向各代表赠送《冤狱赔偿运动宣言》《冤狱赔偿法草案》《冤狱赔偿调查表》等文件。会后，留美法科生陈霆锐、陆鼎揆等，赴电台普及冤狱赔偿知识。另派人

① 1914 年 2 月 26 日，北京政府司法部发布《核准指定辩护人办法令》。规定"可能被判处死刑和无期徒刑的重罪犯及无完全行为能力的人，未选任辩护人时，法院指定律师为其辩护"。

② 上海律师公会编《上海律师公会报告书》（24），第 77 页，上海市档案馆藏民国时期上海律师公会档案，档案号：Y4 - 1 - 315。

③ 上海律师公会常委会：《上海律师公会关于会员执行执务应行各点致会员函》，上海市档案馆藏民国时期上海律师公会档案，档案号：Q190 - 1 - 13604。

④ 上海律师公会编《上海律师公会报告书》（33），第 259 ~ 261 页，上海市档案馆藏民国时期上海律师公会档案，档案号：Y4 - 1 - 322。

到各电影院，分送宣传冤狱赔偿的小册子。[1]

1936 年 5 月 25 日，上海律师公会成立冤狱赔偿运动委员会。6 月 7 日下午，仍然在上海市商会举行第二届冤狱赔偿运动大会。淞沪警备司令部、江苏高等法院第二分院、上海地方法院、上海第一、第二特区法院、上海市财政局、上海市农会、会计师公会、法租界纳税人华人会议、中华法学会、国货工厂联合会、上海医师公会等都派人参加。留日法科生沈钧儒发言，表示希望政府完成冤狱赔偿立法。[2] 会后仍向与会人员赠送宣传冤狱赔偿知识的资料，派员到电台宣传。除此之外，第二届上海冤狱赔偿运动新增了宣传项目，在开会当天，上海所有电影院在放映电影前，先要播放冤狱赔偿运动的宣传片。[3] 此外，留日法科生陆鼎揆、马寿华和孙祖基负责撰写文章，不间断地在报纸杂志宣传冤狱赔偿知识。

在冤狱赔偿运动中留日法科生是核心力量。虽然最终没有达成立法目的，但声势浩大的宣传，让社会民众接触到国家赔偿的概念，认识到法律不仅是维护利益的武器，甚至可以是对抗政府不合理行为的武器。这不仅是对封建法律传统的巨大冲击，也推动了近代法律观念的传播。

2. *启蒙人权观念*

人权观念是法科留学生们努力向上海城市社会输入的又一近代法律观念，也是法科留学生们挑战封建传统思想的又一义举。法科留学生主要提倡保护的是监狱在押人员的基本人权。

1927 年，法科留学生在给司法部的提案中，首次提出构建人权保护制度。具体内容有五项："一、警察官署或其他行政官署发见［现］刑事犯罪应于二十小时内实行解送法庭审问，倘拘押过二十四小时以上者，该管长官应负违背法令及滥用职权之责任。二、各级法院须依政府所定方式，制就出庭状置于收发处。凡人被拘押过二十四小时未解法庭审问者，被拘押人或其家属得亲身或托代理人辩护人前赴法庭填具出庭状，请求该管法院即时提审。三、警察官署或其他行政官署接受法庭提审文件时，须将被拘押人立即交付。倘拒绝交付时，法院长官得及时报告于该官署之本管长官加以惩处。四、刑事被告在警署拘押中，得由其本人或家属所委托之律师随时接见，并得查阅案卷。五、受拘押之刑事被告如最后确定判决宣告无罪时，所受之损失应由告诉人告发人或国库负责赔偿责任，并该管法院

---

① 《冤狱赔偿运动大会》，《申报》1935 年 6 月 6 日，第 10 版。

② 《上海律师公会今日举行冤狱赔偿运动周大会》，《申报》1936 年 6 月 7 日，第 11 版。

③ 《律师公会昨日举行二届冤狱赔偿运动周》，《申报》1936 年 6 月 8 日，第 9 版。

登报恢复其名誉。”[①] 该提案的 5 项建议，都旨在杜绝超期羁押和保障会见权。法科留学生希望社会民众意识到，犯罪之人在接受法律制裁期间也有基本的人权，借此输入近代人权观念。

除提倡立法外，法科留学生也通过实际行动，保障服刑人员的基本人权。1930 年，江苏高等法院看守所在押人员致函给上海律师公会，反映看守所经常对在押人员滥用私刑。上海律师公会获悉后，请求江苏高等法院和司法部调查此事。[②] 1933 年，上海漕河泾监狱关押的政治犯，因监狱虐待囚犯请求上海律师公会援助。收到求援信后，上海律师公会的部分法科留学生集体前往漕河泾监狱调查。结果发现“只可容纳犯八百余人，现已容至男女犯共计一千三百二十六人”。[③] 法科留学生以上海律师公会名义，请求江苏高等法院、国民政府司法部，改善漕河泾监狱的管理。[④]

抗战时期，上海律师公会虽已停会，但法科留学生向在押犯人提供援助并未中断。抗战期间秦联奎、袁汉云及同仁律师事务所，先后向江苏高等法院看守所、江苏第二监狱、江苏上海第二特区监狱和淞沪警备司令部，捐助棉衣 450 套。[⑤]

五　余论

法科留学生对近代上海律师制度的构建，发挥了基础与建设的作用。上海最早的华籍律师是法科留学生，最早的律师团体由法科留学生筹建。律师制度确立后，法科留学生通过改组，巧妙借助国家及政党的力量，强化了律师公会对律师的职业管理，扩展了上海律师公会的社会职能，塑造了律师良好的职业形象。

法科留学生通过严格规范律师的执业行为，积极参与民主爱国运动等，在一定程度上，改变了社会民众固有的“律师”即“讼棍”的偏见。杂志《语丝》曾把律师解释为与医生同类的职业，称“律师和医生一样很赚钱。人病了非找医生吃药不可，打起官司来也非找律师不可。找个律

① 上海律师公会编《上海律师公会改组报告书》，第 102 页。

② 上海律师公会常委会：《致江苏高等法院、司法行政部、吴县地方法院为呈转吴县分监监犯宣言》，上海市档案馆藏民国时期上海律师公会档案，档案号：Q190－1－13583。

③ 《上海律师公会会员参观漕河泾监狱》，《法科月报》1934 年 11 月，第 99 页。

④ 上海律师公会编《上海律师公会报告书》（32），第 79～82 页，上海市档案馆藏民国时期上海律师公会档案，档案号：Y4－1－321。

⑤ 上海律师公会常委会：《上海律师公会关于劝输一日所得捐及劝募囚衣问题函》，上海市档案馆藏民国时期上海律师公会档案，档案号：Q190－1－13734。

师，常年顾问，依法维护，则平安矣”。[1] 当时上海较显赫的家族、工厂企业，都聘请律师担任法律顾问。

法科留学生对近代上海城市社会法律意识的转变，发挥了引进与传播作用。他们借助上海律师公会的平台，为贫民提供法律援助，向社会宣传近代法律观念，力求廓清蒙昧，启蒙法律知识。

然而，社会民众对律师的认知，以及对现代法律观念的感知仅限于城市，广大县城、乡村仍不知律师为何物。南京国民政府时期，律师被禁止参与各类县一级的司法活动，[2] 甚至不可以在县一级的地方担任法律顾问。[3] 1936 年，南京国民政府名义上制订了建立县司法处的法令，但同时规定只有县长以检察官身份出庭，案件由审判员审理时，律师才可以出庭。[4] 这样一来，实际上律师根本无法在县级审判庭出庭，其他法律事务更无从谈起。

法科留学生试图启蒙近代中国社会民众的法律意识，但遗憾的是，制度可以通过移植而实现迅速转型，社会观念的转变却无法一蹴而就。新观念的形成，需要一个抵制、冲突、认识、接受，再到融合的缓慢渐进的过程。近代中国社会，传统法律观念根深蒂固，现代法律观念的影响极其有限。虽然民国政府一经建立，就照搬西方司法制度，但在制度逐渐本土化的过程中，却出现了西方模式与国民党意识形态的勉强组合。在这种奇怪的结合下，律师制度的运作，近代法律观念的启蒙仅限于城市社会。而在观念意识没有发生根本转变的情况下，新的制度必然也无法有效运作。

---

① 《律师生意》，《语丝》第 4 卷第 37 期，1928 年 8 月，第 43 页。上海市档案馆藏档案号：D2 - 0 - 1815 - 491。

② 刘震：《律师道德论》，商务印书馆，1935，第 34 页。

③ 《上海律师公会会员应行事项》，《法令周刊》3 月 23 日，1932 年第 87 期。

④ 《律师公会会员应行事项》，《法令周刊》7 月 8 日，1936 年第 314 期。

1940 年代迁澳学校与澳门教育的发展

——以广大中学为例

郑振伟*

提　要　本文运用1940年代澳门中文报章的资料，再配合广大中学保存的原始文献，探讨抗战时期外地学校迁往澳门对澳门教育事业的影响。笔者选取当时的一所学校为例，借此了解当时教育部或教育厅的一些政令如学校的课程和训育要求等，如何在一所学校具体落实，以及该校的办学情况亦可体现外来学校如何延续和促进澳门的教育事业。

关键词　抗战时期　学校迁移　广大中学　澳门教育

一　前言

根据《港澳学校概览》，澳门于1939年8月有107所学校，义学17所。① 1939年5月出版的《澳门游览指南》记载，澳门共有112所学校，包括15所中级学校，47所初级中学，15所女子中学，18所义学，由内地迁澳的中学有14所，迁澳的小学3所。② 又《1939～1940澳门教育年鉴》所见的侨校名单，1939～1940年度澳门有106所学校，其中因战事而迁澳的学校占18所，本地学校占88所。本地学校有9所中学，74所小学（其中平民小学和平民夜学各有6所），5所专科学校；迁澳的学校计中学14所，小学4所，分别为岭南中学、故乡中学、故乡小学、广中中学、协和中学、执信中学、培正中学、培正小学、中德中学、培英中学、德基中学、越山中学、洁芳中学、知用中学、教忠中学、思思中学、

---

*　澳门大学教育学院副教授。

①　吕家伟、赵世铭编《港澳学校概览》，香港：中华时报社，1939，已篇，第29～32页。

②　何翼云、黎子云编《澳门游览指南》，1939，第62～66页。哈佛燕京大学图书馆藏本。

思思小学、广大中学，男生 14564 名，女生 7548 名。[①] 上述原始文献中的资料，分类虽略有出入，但所记的学校数量大体是一致的。赵世铭在《港澳学校概览》的编后话中表示，“这个时期，不但空前，简直是绝后了。由于内地学校之外移，与教育专才之易地努力，侨教之向上，在教育史上可说开一新纪元”，[②] 他说的是港澳两地的情况，而刘羡冰曾喻之为对澳门教育的“一次输血活动”，[③] 故下文将以广大中学为例，整理该校早期在澳门的发展，探索迁澳学校与澳门当时教育事业发展的关系。

二　抗战时期迁澳学办学的情况

澳门这个弹丸之地在当时容纳了 100 家以上的中小学校，数量可观，但这些学校规模不一，办学的条件和课程的设置究竟如何？1940 年代，华人教育的责任主要由私人和教会团体承担，政府办理或津贴的学校只占少数。《华侨报》曾报道“华视学会”于 1945 年 3 月进行调查的一些结果，报告共有 3 项。第一项为学校的课程、设备、卫生以及管理。中学以培正为最佳，其次为协和、鲍斯高、中德、纪中、教忠、粤华、圣罗撒、孔教、望德、广中等 10 校；至于小学则以汉文、蔡高、雨芬、励群、培英、智用、平民义学、同善堂义学、镜湖义学、青年会平民义学等 10 校为最佳。[④] 中学方面，如计入粤华，共有 7 所学校来自广州。至于小学方面，虽然当中只有培英来自广州，但 1939 ~ 1940 年度迁澳的 18 所学校，其实至多只有 4 所属于小学，而培英原来也在 14 所中学之列。从这个角度来看，外来的学校、教师和学生提高了澳门教育的整体水平，尤其以初中和高中的教育最为显著。华视学会对于私立中文学校的监督和规管都是有法可依的，包括 1914 年 12 月 15 日的第 300 号札谕中提及的视察私立学校以及 1939 年 9 月第 9：277 号札对规管私立学校

---

① Abílio Maria da Silva Basto, “Inspecção das Escolas Chinesas”（中文学校视察），*Documentos para a História da Educação em Macau*（Macau：DSEJ, 1996 - 1998）, Vol. 1, pp. 451 - 454.

② 《编校之后》，《港澳学校概览》，辛篇，第 23 页。

③ 刘羡冰：《澳门教育史》，人民教育出版社，1999，第 16 页。

④ 《本澳教育事业后退》，《华侨报》1945 年 3 月 3 日，第 4 版；《本澳华视学会调查华侨学校》，《华侨报》1945 年 3 月 28 日，第 4 版；《华视学会教育调查结果》，《西南日报》1945 年 3 月 29 日，第 4 版。据《本澳教育事业后退》所报道的数字，1944 年的专科补习学校只有 10 所。

所定下的一些细则。[①] 但必须指出的是，当年澳门的华视学会要求各私立中小学校于各学期开始或结束时呈报的资料，当中包括各级课程表、成绩统计表、教员学历报告表，以及学生成绩表，然后再做巡查，但对于私立中文学校所设立的课程或教学设备并未见有任何具体的指标，而这些学校又都在广东省教育厅又或侨务委员会立案。换句话说，这些学校是依照国民政府教育法令办学，从鲍斯高纪念中学 1938 年的招生简章所见，该校注明其学制完全遵照中华民国学制，初级中学分三年，并有完全小学，课程亦以中华民国颁布的中小学课程标准办理；[②] 望德学校的郭辉堂在校庆的一篇报告文章中亦明确地说："课程……本校依照贰拾九年，教育部侨校课程办理。"[③]

笔者在 1939～1940 年间澳门的报章上，看到一些来自广东教育厅对于澳门侨校的训令的报道，如推行学校训育、早起运动、导师制度，以及国民生活改进竞赛等。假设澳门立案的侨校均执行相关的训令，这些活动将有助提升澳门教育的质量。1939 年 9 月教育部曾谕令广东省教育厅颁行"训育纲要"，厅长许崇清转令广东省各中学学校施行，教育部并发下《训育纲要》一册，内容包括"训育之意义"，"道德之概念"，"训育之目标：（甲）自信自道；（乙）自治治事；（丙）自育育人；（丁）自卫卫国"和"各级学校训育之实施"，并附小学公民训练标准和中等学校训育要目系统表多幅。[④] 至于早起运动，旨在提升国民精神，训令共有 8 大要点，其中第一点"推行早起运动之对象"共 4 项，当中有"各级学校教职员及学

① 黎义明指出 1976 年以前在《政府宪报》颁布的教育法例，除了 9：277 号札以外，几乎都是为葡文学校和中葡学校而设的，参见《对澳门地区教育立法的历史分析》，单文经编《澳门人文社会科技研究文选·教育卷》，社会科学文献出版社，2009，第 128～129 页。属务部第 9：277 号札，葡萄牙共和政府通过澳门总督发布并执行 1934 年 1 月 5 日的第 23：447 号法令，其中第二章赋予澳门公共教育视察员监督私立学校的职责，因职务所需，可以施行巡视、考试、监督或其他监督措施，见《澳门宪报》1939 年第 39 号，1939 月 9 月 20 日，第 531～538 页。

② 《圣母无原罪工艺学校招生简章》及《私立鲍斯高纪念初级中学暨附属小学招生简章》，《港澳学校概览》，戊篇，第 23～26 页。

③ 郭辉堂：《校庆当中谈谈我们的教导》，《大众报》1949 年 5 月 29 日，该版为澳门私立望德中学附小十六周年校庆纪念特刊。

④ 《粤教厅令实施训育纲要》，《华侨报》1940 年 1 月 20 日。当时迁澳的培正中学，曾依照教育部令颁"中等以上学校导师制纲要"，以及广东省教育厅令颁"广东省中等学校导师制施行细则"，再参照该校的实际情况，订定相关的方案，合共 11 条，并于 1940 年 3 月 8 日公布施行。《培正校刊》第 11 卷第 7 期，1940 年 3 月 15 日，第 1 页。又据廖奉灵忆述，私立协和女子中学也执行相关的导师制，廖奉灵《广州协和女校的回忆》，林亚杰主编《广东文史资料存稿选编》第 4 卷，广东人民出版社，2005，第 851 页。

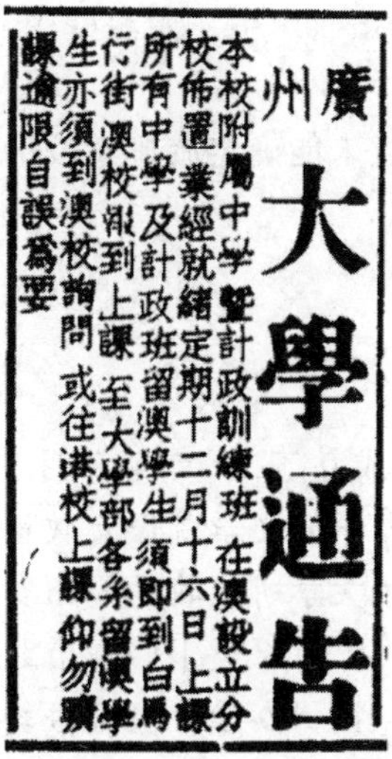

廣州大學通告

本校附屬中學暨計政訓練班在澳設立分校佈置業經就緒定期十二月十六日上課所有中學及計政班留澳學生須即到白馬行街澳校報到上課至大學部各系留澳學生亦須到澳校詢問或往港校上課仰勿曠課逾限自誤爲要

生”；第二点为“推行早起运动之步骤”，共两项，乙项为“由各机关团体学校推行及于民众”。[①] 导师制度旨在改进各级学校及社会教育机关训导事宜，教育部规定举行训导会议的办法，以及切实推行导师制的办法，各校须规定训导时间，由中等学校专任教员负责，遇有偶发事项，亦应随时施行训导。[②] 又 1939 年底广东省教育厅奉政府令谕“国民生活改进竞赛科目”，并抄发分令各中等学校施行，内分关于改进日常生活、健康竞赛、体育技能竞赛，以及节约献金比赛等 4 项。当中的“改进日常生活”竞赛，方法是以各同级机关及团体学校自成立一单位进行；“健康竞赛”，分婴儿、儿童、学生、壮丁、妇女等各种单位，并按照年级学级分组比赛；“体育技能竞赛”，是以人民团体、机关和学校为单位，并得依职业学校分团体。[③]

教育部及廣東省政府補助

廣州大學附屬中學附設計政班澳校招男女生

優待戰區學生

(一)中學部招收高初中一年級生及各級借讀生轉學生

(二)計政班授以經濟財政會計歲計統計審計等科一年畢業由教廳發給畢業證書中學畢業程度或有商業經驗者可投考

(三)閱章處(一)本校(二)本澳各大書局(三)中光眼鏡店(四)新馬路中西藥局

(四)報名處　本澳白馬行街本校

董事長金曾澄　中學部主任譚維漢博士

校長陳炳權　計政班主任黃文袞碩士

关于“体育技能竞赛”这一项，报章上可以看到个别学校之间的一些球类比赛。[④] 此外，澳门于 1940 年 11 月曾举办“旅澳学校篮球联赛”。该活动由旅澳学校体育教练主办，并设有“教练团顾问”共 16 名，包括金湘帆、梁彦明、刘玉麟、杨元勋、何鸿平、区茂泮、戴恩赛、沈芷芳、廖奉灵、陈律平、李兆福、刘廷扬、司徒优、姚学修、刘年佑和杨普稀，当中至少有 14 名校长。就报道所见，共有 26 组大军：

女子组：执信 B、知用、培英、协和、中联、执信甲、广大、纪中、越山。

男子组：岭分、培英、知用、纪中、广大、培正、越山、广中、联中。

---

① 《粤教厅训令各校推行早起运动侨澳各校多接到训令》，《华侨报》1939 年 10 月 26 日。

② 《教部改进学校教育切实推行导师制》，《华侨报》1939 年 12 月 5 日。导师制度在侨港学校中似难以施行，一是香港学生多为走读生，寄宿者甚少；二为各校教员多为兼任，导师不足分配；三为学生流动性甚大。《粤教厅再促令侨校厉行导师制》，《国民日报》（香港）1940 年 5 月 17 日，第 5 版。

③ 《教厅令谕各中等学校施行生活改进竞赛科目》，《华侨报》1940 年 2 月 13 日。

④ 《篮球比赛广大附胜广中》，《新声报》1939 年 12 月 6 日。

男子高中组：知用青社、纪中、广大、越山、培正、广中、南海联中、中山联中。

由于学校名称有“联中”或“中联”等简写，暂未能确定旅澳学校的数量。[①]

三 广大中学的沿革

广大中学原是广州大学的附属中学。广州大学成立于 1927 年 3 月 3 日，1932 年 7 月奉国民政府教育部核准立案。广州大学的文学院设有教育系，1928 年秋开设附中。[②] 该附中原为 1928 年秋广州大学所接收的广州女子中学，后易名为广州大学附属中学校。附属学校的校舍原设于广州市北的天香街，1929 年 9 月迁往文德路，开办初中三班，招男女生，但分班教学。1930 年 9 月，附校增设高中普通科，1931 年 9 月再办高中师范科。1930 年 7 月 7 日，该校奉广东省政府教育厅令核准立案。1937 年 2 月广州大学奉教育部令饬推行职业补习教育，即筹设计政训练班，同年 8 月招生，取录 800 多人，内分会计组 6 个班，统计组 1 个班。

广大附中迁校或始于 1937 年秋天。该校先于九龙粉岭的安乐村设立分校，1938 年 2 月迁往荃湾，其后再迁油麻地新填地街，由谭维汉主持校务，并于深水埗元州街增辟校舍一所。1938 年 10 月，广州学校疏散，广大附中于 11 月随大学部迁至开平县沙塱乡复课，其后四邑告急，因逃难至澳门和香港的学生较多，广州大学校长陈炳权决定委派教务长陈梦周和校主任谭维汉在澳门筹建分校，并以港校为正校，澳门为分校。澳门分校原租用白马行街三号为校舍，办理计政班和中学，并于同年 12 月 16 日复课，谭维汉任中学部主任，黄文衮任计政班主任。当时高初中一、二、三年级 6 个班共 150 名学生，计政班在澳门除第 14 班外，另招第 16 班新生一班，共 70 多名，由关其昌代任分校班主任职务。1939 年 1 月聘陈律平负责附中澳校部主任职务。该校其后租用二龙喉陈园作教职员宿舍，并于 3 月加租白马行街七号一部分为第二校舍，加招高初中春季一年级新生各一班。4 月 12 日该校再迁白马巷五号，将两校迁入，当时高初中生有 150 余人，分 6 个班教授。1939 年夏，该校高初中毕业各一班，共 78 人。1939 年秋，

① 《旅澳学校篮球联赛各路英雄点将录》，《大众报》1940 年 11 月 12 日。除了篮球赛以外，还有学联排球赛，《学联甲组排球赛广大击退知用》，《大众报》1941 年 5 月 17 日。

② 《抗战以来的广州大学》，《教育杂志》31 卷 1 号，1941 年 1 月 10 日，第 42 页；全文，第 42 ~ 44 页。

该校高初中各 4 个班，共 280 多人；又于 1939 年 2 月初设英文专修班，分高中初 3 级，共 60 多人。①

1941 年度上学期，广大附中增设附属小学两班，又租用板樟堂街 31～33 号为第二校舍，中学部九班合 367 人，小学两班合 51 人。至下学期，因太平洋战争爆发，学生人数由 580 人减至 348 人，只好并班裁员，撤去第二校舍，但仍续办小学，并扩充为一完全小学。当时的师资主要来自该校的计政班和曾在师范科毕业的同学。1942 年 2 月，该校遵照广州大学议决将中学部易名为“私立广州大学附属第二中学”，并向侨委会立案。1941～1942 年度高中毕业同学中，共有 12 人回国升学，仅 1 人落选。1942 年秋，学生人数再减至 220 多人。1943 年第 1 学期，学生人数才续有增加。1945 年度下学期，该校确立专任教员制度，并于 1946 年 9 月 9 日易名为“澳门私立广大中学”。澳门的计政班于 1946 年 2 月停办。1946 年 8 月 9 日，该校获侨委会核准，并增赁水坑尾九号为第二校舍，将小学全部迁入。1947 年 5 月，奉侨委会颁发立案证书编列中字第 98 号。1948 年 3 月附属小学核准立案。1948 年，该校高中 3 个班，初中 5 个班，小学 6 个班，学生凡 522 人。至于该校童子军团，则沿用广州大学附属中学第 3738 团团次，奉准中国童子军总会核定编列为中国童子军第 6295 团。②

四　广大附中澳校于四十年代初期的教育

因抗战而从广州疏散的学校，部分内迁，部分或迁香港，或迁澳门，但部分是同时迁到香港和澳门两地，广大附属中学是其中一例，但该校有别于其他迁澳的学校。首先，广大附中隶属于广州大学，当时在澳门同为

① 《广州大学附属中学概况》，《港澳学校概览》，丁篇，第 57～59 页；《本校之回顾与前瞻》，《华侨报》1939 年 12 月 16 日，该版为“广州大学附属中学附设计政班澳校成立周年纪念特刊”；陈律平：《澳校七年来之回顾》，《广州大学校刊》（十九周年纪念特刊）1946 年第 4 期，第 9 页及第 11 页；广告，《华侨报》1938 年 12 月 11 日，第 2 版；《广州大学通告》，《华侨报》1938 年 12 月 11 日，第 2 版。

② 《澳门私立广州大学附属第二中学呈请补助的文书》，《第二历史档案馆澳门地区档案史料选编》，序号：275/时间：1942.12/全宗号：五/案卷号：13343/盘号：35J－181/影像号：614－622；陈律平：《澳校七年来之回顾》，《广州大学校刊》1946 年第 4 期，第 9 页，第 11 页；《澳校概况》，《广州大学校刊》1948 年第 5 期，第 11 页；《校史纪略》，《广大十年》（澳门广大中学建校十周年纪念刊），澳门广大中学，1948 年 12 月 16 日，第 1～2 页；《校事摘记》，《广大十年》，第 21～26 页。

大学附属学校的或只有岭分中学。[①] 由于这个背景，该校的办学条件应较其他澳门中小学校优胜。“广州大学附属中学澳校”的招生广告便特意标示“教育部及广东省政府补助”。[②] 该校的另一特点是与广州大学的计政班共用同一校舍，一套班子两个衙门。1941 年白马行街的校舍，笔者看到现存的一张老照片，大门左边是直立的“广州大学附设计政班”校匾，右边则隐约看到“广州大学附属中学”。

1. 校舍、设备和财政

1939 年 12 月，该校成立一周年。在校舍及设备方面，广大附中澳校成立之初三度搬迁校舍，最终选定了白马行五号作校舍。白马行五号的校舍，有礼堂、教室、宿舍、图书馆、银行实习室和消费合作社，该校并在南湾开辟大运场一所，供学生运动之用。[③] 澳校主任陈律平（职务等于分校校长）曾忆述其中过程：“校舍湫隘暗晦……律平之意，以为校舍问题一日不解决，则一切发展将无可期……至四月始获赁今校址，其地方之宽敞，局面之伟大，空气之流通，光线之充，都较上述两校址为优，而归并之后，于管理及设施上，尤形便利，且有余室可资展布，于是藏书室、仪器室、阅览室，均续续增设焉。”[④]

广州大学原迁至开平县的沙萌乡，当时从沦陷区运出的部分图书仪器和标本等，及后分别移至澳门和九龙。[⑤] 据陈律平所述，从 1938 ~ 1939 年度第二学期开始至 1941 ~ 1942 年度第一学期止，陆续增加教材，书籍图表已增至 3209 册，物理仪器 154 件，化学仪器 913 件，药物 146 种，可供分组试验，博地仪器及挂图 145 件幅；体育方面，则有篮球场，排球场，“各种球类、木马、单杠、双杠、布垫均备”。[⑥] 物理仪器指的是力学、热学、光学、声学、磁电学等实验用仪器，此外还有显微镜、解剖器、各类标本模型等。[⑦] 至于该校在抗战胜利以前所藏书籍的类别和数量，数据如表 1：

---

① 岭南大学附中初高中部于 1937 年 9 月迁往九龙青山道梁园，西关荔湾的附中分校则于 12 月 21 日迁澳，定名“岭分中学”，又名岭南大学附设第二中学。庄泽宣：《抗战期间岭南大学大事记》，《抗战期间的岭南》，广州岭南大学，1946，第 1 页。

② 另见《港澳学校概览》，戊篇，第 10 ~ 12 页。

③ 《本校之回顾与前瞻》，《华侨报》1939 年 12 月 16 日。

④ 陈律平：《澳校七年来之回顾》，《广州大学校刊》1946 年第 4 期，第 9 页。

⑤ 《抗战以来的广州大学》，《教育杂志》31 卷 1 号，1941 年 1 月 10 日，第 43 页。

⑥ 陈律平：《澳校七年来之回顾》，《广州大学校刊》1946 年第 4 期，第 9 页。

⑦ 各种仪器、标本及挂图数据见《校务概况》，《广大十年》，第 18 页。

表 1　广大附中图书馆藏书数

单位：册

年度	学期	合计	总类/哲理	社会科学	语文学/自然科学	应用技术	文学	史地	中国学术线装书
1939	1	674							
	2	1121	50	144	162	135	106	74	450
1940	1	1456	80	233	220	160	192	121	450
	2	2813	241	431	380	278	581	330	572
1941	1	3209	255	529	435	338	675	405	572
	2	3725	267	588	564	410	811	513	572
1942	1	3949	286	660	625	427	836	543	572
	2	4017	291	686	637	428	847	556	572
1943	1	4048	291	694	644	430	860	557	572
	2	4055	291	698	647	430	860	557	572
1944	1	4121	322	712	648	436	874	557	572
	2	4141	322	713	653	441	877	563	572
1945	1	4190	327	717	671	447	885	571	572
	2	4237	331	722	678	450	891	573	592

资料来源：《校务概况》，《广大十年》，第 17 页。

广大附中的财政，除了创立初期用度较大以外，基本是稳健的。由于广大附中隶属于广州大学，开办时由大学拨支港币 3500 元作为经费，日常的经费主要依靠学杂费的收入。表 2 是该校 1938 ~ 1945 年度岁入和岁出的经费，就数据所见，该校办至第四年始见收支平衡，而 1941 年度下学期因为香港沦陷，澳门亦陷于困境，但该校尚能继续维持。

表 2　广大附中 1938 ~ 1945 年度学杂费收入及岁出经费

年　度	学　期	学杂费收入	支　出	差　额	累积差额
1938	1	1813. 50	4190. 33	- 2376. 83	- 2376. 83
	2	12327. 35	16042. 48	- 3715. 13	- 6091. 96
1939	1	13204. 34	12351. 70	852. 64	- 5239. 32
	2	13464. 55	11802. 99	1661. 56	- 3577. 76
1940	1	18016. 59	15502. 87	2513. 72	- 1064. 04
	2	16099. 28	16364. 23	- 264. 95	- 1328. 99

续表

年 度	学 期	学杂费收入	支 出	差 额	累积差额
1941	1	21486.97	19672.36	1814.61	485.62
	2	12010.70	12691.60	-680.00	-195.00
1942	1	14369.27	13353.32	1015.95	820.67
	2	15400.70	15277.68	123.02	943.69
1943	1	17276.20	16773.43	502.77	1446.46
	2	17384.43	17043.36	341.07	1787.53
1944	1	23378.20	22272.28	1105.92	2893.45
	2	22592.70	23094.26	-501.56	2391.89
1945	1	24794.70	24138.05	656.65	3048.54
	2	23381.10	22838.00	543.10	3591.64

注：1943 年度以前以银毫为单位，之后改用葡币为单位。

资料来源：《校务概况》，《广大十年》，第 19 页。

2. 教员资历和教学活动

广大附中属广州大学的系统，所以在同一校舍内分设计政训练班和中学两部，早期学校的行政合一办理，计政班的导师除专任外，均由中学教员兼任。虽然广大附中专任教员制度迟至 1945～1946 年度的第二学期才确立，但该校的教学团队是相当稳定。表 3 为该校 1938～1949 年度教职员人数及教员学历。

表 3 广大附中 1938～1949 年度教职员人数及教员学历

单位：人

年 度	总 数		大学或专门学校毕业		高等师范毕业		师范高中或职校毕业		其 他		职 员*	
	上	下	上	下	上	下	上	下	上	下	上	下
1938	25	25	10	11	10	8	0	0	1	2	4	4
1939	30	33	9	10	10	8	0	0	3	5	8	10
1940	31	33	12	12	7	7	0	0	3	5	9	9
1941	36	34	14	13	6	7	2	2	4	3	10	9
1942	32	31	10	10	7	6	8	8	4	4	3	3
1943	30	31	12	11	6	6	7	7	2	4	3	3
1944	34	33	10	11	7	7	8	8	2	2	7	5
1945	35	27	11	7	7	5	10	10	3	2	4	3

续表

年　度	总　数		大学或专门学校毕业		高等师范毕业		师范高中或职校毕业		其　他		职　员	
	上	下	上	下	上	下	上	下	上	下	上	下
1946	29	34	8	7	3	3	15	17	1	3	2	4
1947	34	32	7	7	2	2	19	18	1	2	5	3
1948	33		9		2		17		2		3	

注：* 教员兼任职员者只列于职员栏。

资料来源：《校务概况》，《广大十年》，第 3 页。

据《校务概况》所述，当中工作满 10 年者 2 人，9 年者 2 人，7 年者 3 人，6 年者 3 人，5 年者 2 人，即 33 名教员中合计有 12 人是长期任职该校。该校中学部教员以专门学校毕业者居多，小学教员多属高中师范科或普通科毕业。上述数据亦显示只 1945～1946 年度下学期教员数量和学历有较大的变动，那是因为胜利以后复员，部分教员离澳。

广大附中澳校开办之初，除了遵照部颁课程标准和教学纲要以外，亦因处于国难时期而增加了相应教材。据陈律平在创校一周年的报告，该校利用实习、课外阅读、各科笔记、野外标本采集和修学旅行等方式培养学生自动研究的兴趣，养成学生自动学习的能力。该校又有“团体训练”，上学期全校学生自动组织文学、理科、图画、音乐、戏剧和国技等研究组，下学期再加设应用工艺农艺研究组，并将图画研究组扩大为图画书法组，添聘导师指导。学生参与各组活动，学校又可借此举行各种比赛，计一年共举办了中英文书法比赛、国文比赛、算学比赛、图画比赛、国语演讲比赛、独幕剧比赛、象棋比赛等。体育和童军训练方面，该校每日举行晨操或跑步，每学期举行班际排球和篮球比赛，童军则除普通训练外，更设有干训班，以训练干部人才，领导全体童军作种种活动，如爬山、旗语、操法、追踪等，在校内实行风纪守卫，养成服务精神，并于一定期间内举行露营会操作种种练习。①

广大附中于每学期举办各类学艺比赛，于学期结束时进行颁奖。1940 年 1 月 29 日学期结束，该学期所办理的课外活动及学艺比赛，包括国文比赛、书法比赛、粤语演讲比赛、国语演讲比赛、乒乓球比赛、篮球比赛、

① 《本校之回顾与前瞻》，《华侨报》1939 年 12 月 16 日。

爬山比赛、算学比赛、旗语比赛和操法比赛等。① 下学期的学艺比赛亦于 7 月 4 日学期结束时颁奖。② 这些学艺比赛都是预先规划，详记于该年度的学校生活历。表 4 是从报章整理的 1939～1940 年度下学期广大附中澳校生活历：

表 4 广大附中澳校生活历

第一周	1. 各班开始上课；2. 值日生开始填写教室日记；3. 缴寒假习作
第二周	1. 各班学生开始填记修省录；2. 开始检查服装及童军风纪守卫；3. 改选班长及班会职员；4. 种痘
第三周	1. 开始缴修省录；2. 学生会选职员；3. 检查体格；4. 女子垒球比赛开始
第四周	1. 本校成立纪念日；2. 乒乓球比赛开始
第五周	书法比赛 *
第六周	图画比赛
第七周	1. 第一段考试；2. 各班举行修学旅行
第八周至第九周	1. 各班际排球比赛开始；2. 童军追踪比赛；3. 缴春假习作
第十周	论文比赛
第十一周	童军旗语比赛
第十二周	英语演讲比赛
第十三周	第二段考试
第十四周	童军露营
第十五周	座谈会
第十六周	英语写作比赛
第十七周	童军检阅及操法比赛
第十八周	各种比赛结束
第十九周	昨日起高初三班毕业考试
第二十周	学期考试
第二十一周	举行休业式及联欢大会并颁发奖品

注：*《广大附中举行书法比赛》，《华侨报》1940 年 3 月 27 日。报道录有计政班、高中部和初中部的比赛成绩，可推知这份生活历适用于计政班的同学。

资料来源：《广大附中澳校生活历本学期经编定》，《华侨报》1940 年 3 月 8 日。

---

① 《广大附中学艺赛今日颁奖》，《华侨报》1940 年 1 月 29 日。

② 《广大附中及附设计政班举行学艺比赛颁奖礼》，《新声报》1940 年 7 月 4 日。

1941 年 7 月 3 日学期结束，颁奖的项目有论文比赛（高初中组），植物标本制作比赛（高初中组），动物标本制作比赛（高初中组），国语演讲比赛（高初中组），算学比赛（高初中组），英语比赛（高初中组），学术论比赛（高初中组），常识测验比赛（高初中组），体育竞赛（双杠、伸肘、掌上压、举重、女子跳绳、环山赛跑、男子排球比赛、女子排球比赛、童军规律比赛、童军救护比赛），国语演讲比赛团体赛（高初中）等。[①] 这些活动，应为切实执行前述广东省教育厅奉政府令谕“国民生活改进竞赛科目”的表现。

关于广大附中在澳创立初期的课程设置，已见资料有限。查广东省教育厅曾转饬教育部修正的中学课程，报道指侨港立案中学校已接令，并拟施行。[②] 广东省部分学校迁澳，故笔者估计澳门立案侨校也收到同样的训令。修订之课程见表 5：

表 5　教育厅转饬教育部修正的中学课程（1940）

单位：节

	高中一	高中二	高中三	
国文	5	4 或 2	4 或 2	说明： （1）二三年分甲乙两组，国文、算学、外国语、理化等科，任各组选习 （2）各校视地方情形，自第三年级起酌设简易职业科目 （3）女生劳作应该注意家事科目 （4）体格训练，除体育军事训练早操等外，须有课外运动 2 小时 （5）军事、家事、看护等科目，应注意救护工作 （6）各年级每周须有 2 小时战时后方服务 （7）各科教学时间之排列，须力求合理化，即国、英、数、理化、史、地等科，尽可能排列在上午教授
外国语	5	5 或 4	6 或 1	
化学		4 或 1		
算学	4	3 或 2	2 或 3	
物理			1 或 4	
生物	3			
公民	1	1	1	
体育	2	1	2	
军事或救护训练	3	3	3	
历史	2	2	2	
地理	2	2	2	
劳作	2	2	2	
图画	1	1	1	
音乐	1	1	1	
矿物		1（下学期）	1	

① 《广大附中举行颁奖典礼》，《大众报》1941 年 7 月 3 日。

② 《侨港立案中学下学期实施新课程》，《国民日报》（香港）1940 年 5 月 16 日，第 5 版。

续表

	初中一	初中二	初中三	
公民	1	1	1	说明： （1）选习时数，每学年分甲乙两种，第一年甲组国文 2 小时，历史 1 小时，乙组英文 3 小时，第二三年甲组公民 1 小时，职业科 2 小时，乙组英文 3 小时 （2）自然科学得采用混合数学，如采用科教学时，博物科内容除植动物外，须略及地质矿物学大要 （3）史地二科教学时数，约以本国史地占 2/3，外国史地占 1/3 （4）体格训练除体育童军及早操外，须有课外运动，及童军实习 3 小时
体育	2	2	2	
童军	2	2	2	
国文	6	5	5	
算学	3	4	4	
生理卫生	/	1	1	
物理	/	/	3	
化学	/	3	/	
博物	4	/	/	
历史	2	2	2	
地理	2	2	2	
劳作	2	2	2	
图画	2	2	2	
音乐	2	2	2	
选习科目	3	5	3	

资料来源：《侨港立案中学下学期实施新课程》，《国民日报》（香港）1940 年 5 月 16 日，第 5 版。

关于广大附中对学生的德育培养，上文提及的学校生活历就显示所有学生于学期的第二周开始填写《修省录》。该校中小各生自小学三年级以上，每周规定填记修省录或周记一篇，以窥察学生的思想行为，以便做适当的指导。从 1947 年度开始，除思想、行为和作业各项评核学生操行的指标外，更增加诚实、思想、性情、勤勉、纪律、公德、乐群、服务、态度和整洁等 10 项。① 陈律平忆述："其于培养德性方面，则本三民主义最高原则之下，而加以适宜之训练，时而集合座谈，时而个别指训，初不以惩责处罚，为施教之方，而期于潜移默化中，收陶融劝诱之效。每周规定记修省录一次，由导师就其所记，分别以训诱或指导，其思想如欠纯正者，则务必纳之正轨不容趋向歧途。对于国家社会之服务，亦必鼓励其踊跃参加，同时为加强效率起见，特设训导委员会，以收辅导之效。"② 这大概符

① 《校务概况》，《广大十年》，第 12 页。

② 陈律平：《澳校七年来之回顾》，《广州大学校刊》，第 9 页。该期为"广州大学十九周年纪念特刊"。

合前文提及的教育部关于学校训导学生的要求。

广大附中于 1941 年增设小学部，之后再发展为完全小学，对于学生的质素和生员的稳定性有极大的好处。据《广大十年》所述的校务概况，该校历届中小学毕业生人数，截至 1947 年度，办理初中凡 10 届，累计毕业人数 325 名，升高级中学或高级职业学校继续学业有 231 名，平均升学率约为 71%，而 1945 年度以前于该校直升的，约占毕业人数 80%。小学办理凡 7 届，累计毕业学生人数为 242 名，升初级中学者 212 名，平均升学率约为 88%，直接升读该校的占 90% 以上，这是一个相当高的比例，亦可看到办学者的眼光。

抗战期间，1943 年也许是澳门教育的最艰难的时期。截至 1943 年 7 月，除了葡人学校外，华人学校中有 52 所停办，继续招生开课的只有 55 所。① 当时有 300 名学生以上的立案学校只有 7 所，200 ~ 300 名学生的学校也只有 6 所。资料详见表 6：

表 6　1943 年澳门立案学校（学生数 200 名以上）

单位：人

学校名称	小学生	初中生	高中生	教员人数	职员人数
镜湖	396	/	/	10	0
协和	418	/	/	25	14
	/	168	163	15	4
培正	850	/	/	30	25
	/	351	234	25	10
广大附中	138	122	78	20	4
教忠	199	212	80	23	4
纪念中学	238	/	/	9	5
	/	139	67	8	0
培英	186	154	86	19	5
蔡高	205	/	/	不详	不详
濠江	176	70	/	8	1
广中	141	38	24	15	0

① 《生活高涨影响下华人学校多停办》，《西南日报》1943 年 7 月 25 日，第 4 版。

续表

学校名称	小学生	初中生	高中生	教员人数	职员人数
培道	88	87	46	11	2
雨芬	259	37	/	20	5
圣罗撒	146	82	24	10	2

注：统计表是根据档案资料中的（1）“澳门各立案中小学教职员及其家属人数统计表”和（2）“澳门各立案学校学生人数一览表”整理的，笔者将表格的资料合并，略去家属人数资料，学生在 200 名学以下的全部删去。另须做说明的是：两份资料所示立案学校数量并不一致，表（1）为 29 校，当中注明广大附中和崇新小学正在立案，表（2）共计 44 校；蔡高小学只见于表（1）；在表（2）中，协和、培正、纪中 3 校都（设高初中和小学）中小学的教职员人数是分列的，雨芬、孔教、崇实（设初中和小学）的人数则并为一列，另其他同时设有中小学的学校，只见中学的教职员人数，也许是当中的小学并未立案。

资料来源：《教育部关于核发澳门地区中小学校补助经费的函电》，《第二历史档案馆澳门地区档案史料选编》，281/1940～1943/五/13345/35J－182/304。

上述学校除了镜湖、蔡高、濠江和圣罗撒以外，全都来自广州，而镜湖和蔡高两校其实只设小学。当时尚未立案的汉文学校亦应有相当规模，但笔者仍未掌握具体的情况。也许可以这样说，迁澳的学校对于澳门当时的华人教育的延续相当重要。

3. 童军活动

抗战期间，澳门的童子军主要从事劝募、慰劳、宣传和施赈等战时服务工作。[①] 从报章所见，澳门当时凡举办庆祝活动、运动比赛，又或贫民赈济等活动，都有童子军维持秩序，而童子军亦有参与售旗之类的募捐活动。澳门于 1939 年 3 月 15 日庆祝童军节，有二十多所学校千多名童子军在新马路平安戏院举行庆祝。该活动由崇实中学校长梁彦明主持，致辞的有广东侨务处处长徐天琛，海外部处长李朴生，童军理事处理事梁一锷，以及培正学校校长代表莫京等。[②] 抗战胜利后，中央政府特成立澳门童军分会筹备处，隶属于广东，由陈海光兼任驻澳门联络员，以拓展澳门分会会务，并曾举办全澳童子军大露营及总检阅。1948 年，澳门奉准登记的中国童子军有 531、3728、3617、4123、2456、5272、5962、3919、5975、5976、5727、3918、4246、2774、7885 共 15 团。[③]

① 陈海光：《侨澳童子军概况：辅导澳门童子军事业经过》，《广义童子军团年刊》第 3 期，1948 年 12 月，第 124 页。

② 《澳门童军昨庆祝童军节》，《大公报》（香港）1939 年 3 月 16 日，第 5 版。

③ 陈海光：《侨澳童子军概况：辅导澳门童子军事业经过》，《广义童子军团年刊》第 3 期，1948 年 12 月，第 124 页。

表 7 澳门广大附属中学 1938 ~ 1945 年度学生人数

年度	学期	总计				高中				初中				小学			
		班级数（个）	学生数（人）			班级数（个）	学生数（人）			班级数（个）	学生数（人）			班级数（个）	学生数（人）		
			合计	男	女		合计	男	女		合计	男	女		合计	男	女
1938	1	6	247	201	46	3	120	97	23	3	127	104	23				
	2	8	298	246	52	4	123	99	24	4	175	147	28				
1939	1	9	302	234	68	5	133	103	30	4	169	131	38				
	2	9	278	213	65	4	111	87	24	5	167	126	41				
1940	1	10	352	252	100	4	141	102	39	6	211	150	61				
	2	10	322	238	84	4	129	97	32	6	193	141	52				
1941	1	12	418	312	106	4	157	120	37	6	210	157	53	2	51	35	16
	2	9	271	204	67	3	110	89	21	4	116	79	37	2	45	36	9
1942	1	12	335	228	107	3	70	54	16	3	124	83	41	6	141	91	50
	2	12	397	363	134	3	66	50	16	3	106	71	35	6	225	142	83
1943	1	12	412	264	148	3	52	40	12	3	123	85	38	6	237	139	98
	2	12	425	264	161	3	49	35	14	3	116	76	40	6	260	153	107
1944	1	12	476	275	201	3	59	36	23	3	146	89	57	6	271	150	121
	2	12	470	286	184	3	61	38	23	3	144	93	51	6	265	155	110
1945	1	12	467	288	179	3	93	57	36	3	149	89	60	6	225	142	83
	2	12	447	289	188	3	75	44	31	3	151	85	66	6	251	160	91

资料来源：《校务概况》，《广大十年》，第 6 页。

广大附中对于童子军训练非常重视，各项活动均预先编入各学期的学生生活历。1938~1939年度，该校共有童子军6中队。上学期首三队的宿营于1939年10月12~13日举行，余下的3队则安排于第十周内举行，地点同为澳门的路环，活动侧重课程比赛、技能比赛和纪律比赛，① 第11周又有班际旗语比赛。② 此外，该校为健全童军小队的组织，特举办童军干部训练班，于课余时间加强训练，以造就小队干部人才。从1939年11月初至1940年1月止，三十多人于晚上接受训练，结果22人合格毕业。③

1945年11月13~17日，广大附中一连5天在前山花村乡举行联营，训练野外生活。④ 查当日培英和广大两校童军均应邀前往，参加欢迎国军大会，并由澳门鲍斯高中学乐队奏乐助兴。⑤ 1947年秋季露营，于10月30日开始，一连四天，地点为黑沙环，参加者共230多人，连营20多座，并于11月1日下午举行各级童军毕业宣誓典礼，颁发证章。⑥ 1948年3月5日，该校庆祝童军节，是日于黑沙环庆祝纪念，时该团新奉核定改编为6295团，故一并补行成立团务委员会团长各职员就职暨新团员入伍宣誓典礼。⑦

1946年12月广大中学8周年纪念，全校男女学生600余人在南湾广场举行童军检阅，《大众报》的报道如下：

> 场地预先妥为布置，建有城门□座，高悬国旗校旗，四周围以绳架，场内盖营幕四座，瞭望台一座以为升旗之用，并设有来宾座，布告台一面。正午十二时全校学生在校内齐集，下午一时由校列队出发，以童军领先，沿板樟堂街新马路上段转入南湾，抵场时，全体环绕场内一周，继而集合场之中央，鸣炮后，全体肃立高唱国歌，继而奏乐行升旗礼，礼毕，唱校庆纪念歌，开始检阅童军，由高朝宗任总指挥，校长陈律平任总检阅官，高朝宗站在司令台上发号司令，各队报告出席人数，计是日参加童军共三中队，每队六十五人，合共一百九十五人，报告完毕，举行检阅，继而行巡阅式，全体童军向司令台

① 《广大附中修学旅行及童军宿营》，《新声报》1939年10月13日。

② 《广大附中童军活动》，《华侨报》1939年11月20日。

③ 《广大附中童干班开始受训》，《新声报》1939年11月8日；《广州大学附中童军干训毕业》，《新声报》1940年1月20日。

④ 《广大童军野外实习》，《大众报》1945年11月19日，第4版。

⑤ 《前山欢迎国军大会，邀培英广大参加》，《大众报》1945年11月15日，第4版。

⑥ 《教育消息》，《市民日报》1947年11月1日，第4版。

⑦ 《广大中学庆祝童军节》，《大众报》1948年3月7日，第4版。

前操过至复回原位为止。[①]

由于未见照片，现在只能借由文字来想象当时的盛况。引文中提及的高朝宗是该校童军主任，澳门童子军分会筹备处于 1946 年 1 月 21 日正式成立，他是“组织股”股长，负责童子军登记、调查、指导、考核、组织等事宜，[②] 之后成为澳门童军分会的总干事。

1947 年 6 月 5 ~9 日在黄花岗举行的“中国童子军广东省第一次全省总检阅大会”，广东省共 41 个县市单位参加，澳门分会也有代表，比赛分检阅、课程、技能和展览 5 大项目。[③] 由于澳门的童子军是首度参加全省的比赛，故有舆论认为该活动将是澳门侨教的程度、侨胞爱国的情绪、童军教练的学问，以及各界首长、各校校长的正义感和团结性等方面的表现。澳门中国童子军参加全省总检阅筹备会第二次常务会议于 1947 年 5 月 13 日晚上召开，主席报告聘定高朝宗、黎潮舒、霍□俊、朱耀德、黎剑心、余勇文、陈玉文等为代表队教练，每日到场训练童军；童军代表队每日下午四时半至六时半（星期日上午七至十一时）到南湾广场分别教练和受训。至于各部职员，会上决议叶剑峰为总领队，随团的还有高朝宗、黎剑心、陈玉文、郑宇生、朱耀德、余勇文，及女童教练梁碧霞等。[④] 澳门参赛的代表队经过多轮淘汰以后，选定的名单如下：

（1）男童军（广大 8 名，粤华 6 名，岭分 5 名，孔教、励群、致用各 3 名，蔡高、淑贤、佩文、宏汉、崇新、望德、行易各 1 名）共 35 名。

（2）女童军（广大 16 名，致用 3 名，佩文 2 名）共 21 名。[⑤]

澳门全队共 61 人，当中有 30 名（男 12，女 18）是广大中学的学生，从入选人数即可知广大童军的水平，而澳门童军代表队其后更获全场冠军，[⑥] 成绩让不少澳门的社团感到振奋，纷纷举行庆功宴。

1948 年双十国庆巡行，当时澳门有 6000 多名学生参加，全澳私立的中小学校数为 68 所，[⑦] 其中有 8 所学校能派出 300 人以上队伍，即鲍斯高乐队及学生（300）、粤华中学（含童军及乐队）　（500）、岭南中学

---

① 《广大澳校八周年昨举行纪念会》，《大众报》1946 年 12 月 17 日，第 3 版。

② 《童军分会筹备处成立》，《华侨报》1946 年 1 月 26 日，第 2 版。

③ 《中国童子军广东省第一次全省总检阅特刊》，1947 年。陈海光：《革命策源地童子军事业概况》，《广义童子军团年刊》第 3 期，1948 年 12 月，第 117 页。

④ 《澳童军参检筹备会推定赴省各部职员》，《华侨报》1947 年 5 月 16 日，第 3 版。

⑤ 《澳童军参检筹备最近情形》，《华侨报》1947 年 5 月 17 日，第 3 版。

⑥ 《广大中学欢宴庆功》，《市民日报》1947 年 6 月 22 日，第 3 版。

⑦ 《中华教育会召集全澳中小学编定巡行时次序》，《市民日报》1948 年 10 月 9 日，第 2 版。

（380）、圣若瑟中学（560）、孔教中学（310）、广大中学广大附小（450）、汉文小学（300）和励群小学（386），或可借此想见广大中学童军队伍的规模。①

4. 学生的文艺刊物

1940 年前后，澳门约有 7 种中文报章，但报章开辟学生文艺副刊肇始于何时，仍有待考查。《华侨报》的《青年园地》始于 1942 年 11 月 4 日，这个园地的投稿者不限于学生；《西南日报·学生周刊》则始于 1945 年 3 月 8 日，又《华侨报·学生园地》估计是始于 1947 年 5 月前后。但原来澳门的《新声报》《朝阳日报》和《华侨报》的副刊曾经拨出篇幅，让广大附中的学生发表作品。

1940 年 1 月 30 日《新声报》首刊《广大校园》，由广州大学附中高一乙班虹社主编。《广大校园》的篇幅较小，第 1 期只有一则《发刊词》和署名“务本”的《科学和文学青年》。第 2 和第 3 期于 2 月 12 日和 13 日连续刊出，第 2 期发表署名“民怀”的《冬》，第 2 和第 3 期连载署名“梁冽”的《海滨巡礼》（诗），第 3 期有（诗）署名“梁冽”的《自由神》。

1940 年 2 月 2 日《朝阳日报》首刊《广大学生》，由广州大学附中澳校高一甲班乐群主编。从版面上显示的资料判断，该版面是《朝阳日报》副刊“朝霞”，属该报文化版第 32 期。第 1 期除了《发刊词》外，有署名“佩仙”的《我们 - 乐群狂热的同乐会》，署名“尚声”的《冬》（文艺小品），署名“树棠”的《记鲤鱼仔之座谈》（生活纪实），署名“余轮”的《人类的矛盾》，署名“棠”的《求学与恋爱》，署名“惠珍”的《希望》，署名“万”的《忆》（诗），署名“子明”的《睡狮》（诗）。

1940 年 3 月 9 日《华侨报》首刊《广大园地》，由广州大学附属中学高中民三十年班主编。第 1 期有一则署名“孙涛”的《发刊词》，以及 3 篇作品，一篇为署名“高中二年级刘凤初”的《充实的生活》，一篇为署名“高二麦耀庭”的《自然与人生》，一篇为署名“梁龙文”的《梦》（诗）。第 2 期于 3 月 20 日刊出，共 6 部作品，署名“人已”的《立社之歌》，署名“梁龙文”的《归家》，署名“陈兆森”的《寒假工作检讨》，署名“何惜萍”的《寒假的回忆》，署名“吕合安”的《寒夜》，以及署名“邓励己”的《梦》。

上述 3 个文艺园地，由广大附中高中生负责主编，都能见出该校学生

---

① 《六千余学生参加国庆大巡行》，《大众报》1948 年 10 月 12 日，第 4 版。

的水平。广大附中各班设有学习成绩优良免费学额一或二名，1939～1940 年度下学期获嘉许的名单中，上述作者群中即有 3 人的操行属甲等，获免费学额，他们分别是高中二孙涛，高中一高尚声和高中一林子明。[①] 广大附中学生主编的文艺副刊是否仍有后续，有待日后再探索。

五　小结

抗战时期，有相当数量的学校迁到澳门办学，如果能够从学校发展和活动的角度切入，当有助了解 1940 年代这些外来学校对澳门教育发展的贡献，只是澳门学校早期的文献资料有限。澳门的广大中学是一所来自广州的学校，抗战胜利后扎根澳门，继续发展，于今 70 多年。笔者一直使用 1940 年代中文报章的资料，研究这个时期澳门的教育发展，故本文亦以报章的资料做基础，再配合《广大十年》中所保存的剪报，从迁澳办学的角度探索该校与澳门 1940 年代教育发展的关系。该校陈律平校长曾出任广东省政府秘书处统计室调查股股长。[②] 他本人有统计学的专业背景，[③] 也许是这个缘故，这一本于该校在澳创办十周年所出版的《广大十年》罗列了大量的数据；可是 1958 年出版的《广大廿年》在这方面就显得逊色了。广大附中在 1940 年代，就学生的数量而言，是一所颇具规模的学校，而该校的童军活动尤其发达。外来学校不但整体提升了澳门教育的水平，对澳门当时教育的延续也相当重要。1943 年在澳门仍能有规模地办学的立案学校不多，仍设高中课程的，除了圣罗撒以外，全都来自广州，广大附中是其中一所。该校办学之初，即不惮其烦选择合适的校舍，该校所具备的师资、课程设置、教学管理、教学设备和教材等，对澳门当时整体教育水平的提升作用是肯定的。其实，光是在南湾设有运动场已是极大的亮点。

---

① 《广大附中及计政班学行成绩免费生公布》，《华侨报》1940 年 8 月 15 日。

② 1937 年 8 月 5 日获委任，《广东省政府公报》1937 年第 376 期，第 30 页。

③ 《职教员一览表》，《广州大学计政班第七届（二十八/二十九）班毕业同学录》，1941 年 6 月，第 49 页。

【孙中山研究】

民国时期留美生的孙中山研究*

——以崔书琴博士论文为中心的考察

张连义**

提　要　民国时期以崔书琴为代表的留美生积极开展孙中山研究，并以之为题撰写博士论文。崔书琴的论文以现实需求为价值取向，侧重孙中山学说的传播，积极引介和使用中国材料，综合运用政治学、历史学和哲学等研究方法，尝试将孙中山研究学术化。这些研究不仅迎合了美国学术界了解孙中山思想的需求，获得了美国学者的高度评价，而且促进了中美两国学术界孙中山研究的发展，在中外学术交流史和孙中山研究学术史上都居于重要地位。

关键词　民国留学生　孙中山　崔书琴　博士论文

民国时期，对孙中山的思想学说及革命实践的研究不仅风行国内，也引起了美国等西方学术界的关注。对于民国时期的孙中山研究状况，当代学界已有所关注，但探讨十分有限，对这一阶段的孙中山海外研究论及较少。①

*　本文系国家社科基金项目“民国时期留美生的中国问题研究”（13BZS063）的阶段性成果。

**　南开大学历史学院博士研究生。

①　尚明轩的《民国时期的孙中山研究》（《学术月刊》2003 年第 4 期）、鲁法芹的《民国时期学人对孙中山民生主义思想的解读——以〈东方杂志〉为中心的考察》（林家有编《孙中山研究》第 4 辑，广东人民出版社，2012）均对民国时期孙中山研究予以研究。关于美国学术界对孙中山的关注，史扶邻（Harold I. Schiffrin）在《近五十年美国孙中山研究叙录》（孙中山研究会编《回顾与展望：国内外孙中山研究述评》，中华书局，1986）中对二战后五十年间美国学术界对孙中山的研究做了概览。崔华杰的《辛亥革命海外英文研究一百年》（《东岳论丛》2011 年第 9 期）和张注洪的《美国关于孙中山和辛亥革命史的研究》（《书屋》2001 年第 12 期）中均提到民国时期美国学术界的孙中山研究著作。

这一时期，兼处中美两国学术界的留美学生曾积极地向西方推介孙中山，撰写研究论文，为西方社会了解孙中山思想、推动孙中山研究学术化发挥了积极作用。据笔者统计，仅就博士论文一项，民国期间的中国留美生中即有4人以孙中山作为研究对象，其中尤以毕业于哈佛大学的政治学博士崔书琴最具代表性，① 其博士论文《广州莫斯科协定对孙中山政治哲学和革命方略的影响》② 曾被美国学者誉为“中国社会主义运动研究的开拓之作”。③ 笔者以崔书琴的博士论文为中心，钩稽爬梳，抽丝剥茧，厘清其研究内容，分析其研究方法，以期对民国时期留美生的孙中山研究状况与特点做出更为细致的描述与判断。

一　博士论文的选题缘起

崔书琴（1906～1957），河北故城人，1930年毕业于南开大学，后赴美留学并就读于哈佛大学研究院，1931年获得政治学硕士学位，1934年获得政治学博士学位，曾历任东北外交委员会研究主任、北京大学和西南联大教授等职，主要著作有《三民主义新论》《国际法》《孙中山与共产主义》等，是民国时期著名的政治学家和国际法专家。④

崔书琴的博士论文主要围绕第一次国共合作时期的孙中山思想进行研究。关于论文的选题缘起，崔书琴在博士论文中并未有大幅渲染，但是考察民国时期美国学术界的孙中山研究状况可知，当时的留美学生选择以孙中山问题作为研究方向，大多是出于弥补美国学界孙中山研究的不足和增强孙中山思想对外传播的考虑。

辛亥革命后，美国学术界开始关注孙中山，但相关研究多重史实轻理论，且存在诸多问题与不足，亟待新的研究予以补充。民国时期随着美国学术界对中国政治的日益关注，孙中山也逐渐成为焦点人物，相关研究日益丰富。其中具有代表性的有林百克父子所撰《孙逸仙与中华民国》。因

---

① 另外3人为《孙中山的政治哲学》的作者李之泰（1928年毕业于纽约大学）、《孙中山的政治经济理论》的作者李迪俊（1929年毕业于威斯康辛大学）和《孙中山民生思想在中国经济问题上的应用》的作者黄邦桢（1935年毕业于纽约大学）。

② 崔书琴的博士论文现藏于哈佛大学图书馆，另外分4部分刊登在《中国社会与政治科学评论》（*The Chinese Social and Political Science Review*）1934年第1－3期和1936年第1期上。

③ 张其昀等：《崔书琴纪念集》，台北：传记文学出版社，1967，第24页。

④ 唐荣智主编《世界法学名人词典》，立信会计出版社，2002，第786页。黄季陆主编《革命人物志》第4集，台北：中央文物供应社，1970，第468页。

得到孙中山及其家属、同事所提供的大量一手资料（林百克曾于 1912 ~ 1925 年担任孙中山顾问），该著是孙中山传记中“写得比较认真，内容较为充实，具有参考价值者”；[①] 林白乐对三民主义学说的系统研究也引起较大反响，曾获赞“现存英语著述中最为详细和最为系统的研究”。[②] 民国时期美国学术界孙中山研究的主要力量是与孙中山有密切接触的人，如康德黎、林百克等，而且对孙中山的关注主要源于对中国问题的重视，侧重于孙中山的革命实践和人生经历，将其作为中国政治事务中的参与者和主导者进行分析，有关思想的解析较少。美国出版的相关著作大多为孙中山的文章言说节选集，论述轮廓化、粗线条，而且受资料不足等因素的影响，美国学界对孙中山也存在很多误解，也有诸多不规范之处，比如三民主义，有人译成“Tripopularism”，有人译成“Sunyatsenism”。林百克甚至在《孙中山与中华民国》中说：“几乎把孙中山描绘成一个十足的美国人，笃信上帝的基督徒，美国和西方国家的挚友，而对孙中山的任何反帝思想观点却只字不提。”[③] 而林白乐的孙中山研究则掺杂了许多对孙中山和中国政治现实的想象成分。沙曼的《孙中山评传》也体现出一种西方文明的优越感，认为“中国人民没有组织才能，具有盲动性，总想破坏而不愿意创造，认不清自身的民族利益”。[④]

这些误解使崔书琴等留学生深刻地认识到宣传孙中山思想准确内涵的重要性。崔书琴选择博士论文题目的初衷，即在于同时期的美国学者毛端司威廉（Mauric William）发表的《孙逸仙与共产主义》，夸大了他对孙中山所产生的影响。他说中山先生在演讲民族和民权主义时，完全持着马克思主义者的论调，迨至读过他的社会史观后，一变而反对马克思主义，对于这一论断，崔书琴“深疑其说”，为了“纠正威廉氏的谬误，并借研究的机会对三民主义做进一步的认识……因而就联俄容共政策对孙中山先生的政治哲学与革命策略所发生的影响，做一彻底的研究”。[⑤] 在博士论文中，崔书琴也明确提到了西方学者对于孙中山的误解之深，“事实上，他最后三年对帝国主义的憎恨给人一种印象，好像他的民族思想与苏联的反帝政策是一致的。他的训政理论使人们认为是无产阶级专政的修订版本。

① 尚明轩：《民国时期的孙中山研究》，《学术月刊》2003 年第 4 期，第 85 页。

② Knight Biggerstaff, Book Reviews, *Pacific Historical Review*, 1937, 2, pp. 188 - 189.

③ 张注洪：《美国关于孙中山和辛亥革命史的研究》，《书屋》2001 年第 12 期，第 80 页。

④ 《历史学者对辛亥革命的研究与诠释》，罗福惠、朱英主编《辛亥革命的百年记忆与诠释》第三卷，华中师范大学出版社，2011，第 430 页。

⑤ 崔书琴：《论研究三民主义》，《中央周刊》1942 年第 5 期，第 45 页。

他一再强调的民生主义是社会主义的”，正是这些错误的印象，使得“在他的读者中引起了更大的混淆”。[①] 由此可知，向西方社会展示孙中山思想的本真，真实地展现孙中山对中国民主化的完整设想，是崔书琴等留美生撰写博士论文的主要动力。

二 论文的内容及文本特征

崔书琴的博士论文，共分两大部分。其中，第一部分重点论述共产主义对孙中山政治哲学的影响。论文分析了《孙文－越飞宣言》签订时中苏双方的政策考虑，提出“苏联认为支持国民党将有助于实现其世界革命的目标，孙中山相信与苏联结盟对中国革命十分有利，《孙文越飞协定》构成了广东莫斯科协定的基础”。[②] 在这一部分中，作者分别围绕民族、民权、民生三大政策展开分析，深入考察共产主义对孙中山政治哲学所产生的影响。首先，在民族主义方面，崔书琴对布尔什维克的民族、国家和殖民观念进行了分析，认为虽然布尔什维克主义对孙中山的民族主义和反帝主义有巨大的影响，两者都以国际主义为最终目标，但是区别也相当显著，布尔什维克主义以全球帝国主义作为斗争目标，而孙中山仅将在华的帝国主义视为其民族思想的目标，所以“孙中山虽然强调中国革命中的反帝成分，并接纳共产党，但是他从未真正接受布尔什维克对帝国主义的分析”。[③] 其次，在民权主义方面，崔书琴认为孙中山的训政与无产阶级专政不同，其根本区别在于“孙中山是为了实现民主，而无产阶级专政是为了实现共产主义社会”。[④] 此外，在民生主义方面，崔书琴从实践和学理两个层面对孙中山关于民生主义与共产主义关系说法的内在矛盾进行合理化解释，对马克思主义关于共产主义模式、唯物史观、阶级斗争学说、剩余价值理论和帝国主义崩溃说等论断和孙中山对其的批评进行了详细分析，讨论了民生主义的含义、三个阶段发展演变、大同世界和民生史观的哲学基础及平均地权、节制资本等实践措施，最终得出结论：“孙

---

① Shu－Chin Tsui, The influence of the Canton－Moscow Entente up on Sun Yat－sen's Political Philosophy, *The Chinese Social and Political Science Review*, 1934, 1, p. 96.

② Shu－Chin Tsui, The influence of the Canton－Moscow Entente upon Sun Yat－sen's Political Philosophy, *The Chinese Social and Political Science Review*, 1934, 1, p. 96.

③ Shu－Chin Tsui, The influence of the Canton－Moscow Entente upon Sun Yat－sen's Political Philosophy, *The Chinese Social and Political Science Review*, 1934, 1, p. 98.

④ Shu－Chin Tsui, The influence of the Canton－Moscow Entente upon Sun Yat－sen's Political Philosophy, *The Chinese Social and Political Science Review*, 1934, 2, pp. 192－193.

中山并不是一个马克思主义者，认为民生主义就是马克思共产主义完全是毫无根据的。”[①]

论文的第二部分主要论述了苏联对孙中山革命策略的影响，主要从孙中山改组国民党、容共政策和广东政府的政治、军事与教育改革3个方面展开论述，分析了国民党改组运动在党员管理、各级党组织和基层党组织建设、党的纪律、民主集中制、宣传工具的运用等方面向苏联学习的表现。崔书琴以黄埔军校对苏联红军党代表制与铁纪的借鉴、建立中央政治学校和广东大学为例，认为“广州莫斯科协定”最直接的影响在于对广东政府的政治、军事和教育整顿。[②] 通过论述，崔书琴得出结论，认为共产主义对孙中山革命策略的影响巨大，而对其政治哲学的影响则微乎其微，“有关改组国民党、接纳共产党和建立黄埔军校的诸多举措则均源于孙中山的内心想法，是在与苏联合作之前已经谋划的”。

通过对崔书琴论文的文本论述，可以看出，其基于对中西方相关研究的广泛考察，运用丰富的中外资料，高水准的政治学素养，对第一次国共合作时期的孙中山在政治哲学和革命方略方面与苏联布尔什维克主义之间的互动进行了深入研究。论文的最大特点在于史料翔实，且十分注重史论结合，作者的评论处处可见。通过对多种材料的深入剖析与解读，再加上独到的个人见解，论文具备一定的理论高度。比如，论文的第二部分中，作者评价布尔什维克对孙中山政治哲学的影响时，即明确点评称“总体而言，这一影响极其有限”，但是通过对二十年代初期孙中山改组国民党、“对共产党的宽容”和对广东政府的政治、军事和教育改革等多方面史实的分析，作者得出结论：“布尔什维克对孙中山革命策略的影响是十分巨大的。”[③] 而在论证改组前的国民党时，崔素琴更是毫不避讳地指出“老国民党”的五大问题，分别为“第一，它没有群众基础，其主要成员为孙中山的追随者、政治家、部门军阀和一些海外华人，在学生、农民、工人、商人和士兵中缺乏影响力。一个政党没有这些大众的支持是不可能取得革命突破的；第二，老国民党的组织十分松散，孙中山一直是总理，但是在貌似完整的中央机构与其地方分支之间缺乏联系；第三，纪

① Shu - Chin Tsui, The influence of the Canton - Moscow Entente upon Sun Yat - sen's Political Philosophy, *The Chinese Social and PoliticalScienceReview*, 1934, 3, pp. 345 - 355.

② Shu - Chin Tsui, The influence of the Canton - Moscow Entente upon Sun Yat - sen's Political Philosophy, *The Chinese Social and Political Science Review*, 1936, 1, p. 132.

③ Shu - Chin Tsui, The influence of the Canton - Moscow Entente upon Sun Yat - sen's Political Philosophy, *The Chinese Social and Political Science Review*, 1934. 3, p. 102.

律不严格，它允许信仰无政府主义，对党员无法施加严格的要求；第四，老国民党没有好的宣传手段，它掌握几份报纸，但对布尔什维克在苏联的宣传手段知之甚少。国民党员与民众联系甚少；第五，老国民党过于妥协"，正是由于这些问题的存在，致使"国民党在广东、广西两省之外毫无进展"。[①] 史论结合，有理有据，使得崔书琴的论文摆脱了对于孙中山思想平铺直叙的泛泛推介，在理论高度上有所体现，从而为推动美国学术界深度研究孙中山思想提供了参考，其所体现出的学术理念亦值得后人研究与学习。

三 崔书琴博士论文的学术理念

以崔书琴为代表的中国留美生对孙中山的研究具有非常明确的价值取向，他们满怀爱国热情，追求学术报国之理想，希望通过自己的研究，使西方更为明晰孙中山及其思想的本真，这一诉求在其博士论文中有很好的体现。崔书琴在孙中山研究中注重研究方法的科学性与多样性，积极挖掘中外资料，力求研究过程严谨，研究结论可信，为孙中山研究的学术化做出了积极努力。

首先，侧重孙中山学说的传播，凸显现实性的价值取向。

崔书琴对孙中山学说的宣传与研究，与其学术目的和强烈的学术报国情怀是密切相关的。在留学期间，他心系祖国，密切关注太平洋局势，希望通过学术研究纠正西方对中国的误解，正视中国的发展与进步。如崔书琴在谈到孙中山的"三民主义"研究时，即明确提到"三民主义是国民党建设新中国所依据的最高纲领，所有国民都应有清楚地了解"。[②] 他认为孙中山的"三民主义"不仅要让中国人熟知，也须令西方人了解，因此特别提出研究的"三条路线"，"一以发扬中国民族文化，二为吸收现代世界思潮，三为融贯古今中外，从事新的著作，并译成外国文字，以贡献于世界"。他以博士论文为始，一直致力于向西方推介孙中山思想，被美国学者誉为民国时期"中美学术界交流的重要桥梁"。[③] 而民国李寿雍曾评价崔书琴，认为他"是一个忠诚固执的爱国者"，"毕业后赴美哈佛大学深造，

① Shu－Chin Tsui, The influence of the Canton－Moscow Entente upon Sun Yat－sen's Political Philosophy, *The Chinese Social and Political Science Review*, 1934, 3, p. 105.

② 张其昀等：《崔书琴纪念集》，传记文学出版社，1967，第6页。崔书琴：《论研究三民主义》，《中央周刊》1942年第5期，第45页。

③ 张其昀等：《崔书琴纪念集》，第24页。

仍念念不忘国事，其在美研习国际公法，博士论文为《广州与莫斯科协约对孙中山先生政治哲学及革命策略之影响》，此一学术论文对友邦人士了解我国革命与本党历史，裨益甚大”,[①] 其以学术为媒、学为己用的价值取向可见一斑。

基于学术报国之目的，与近代国内学术界“注重宣传三民主义为主”[②]的孙中山研究一样，以崔书琴为代表的留美生的研究也以传播孙中山理论为主要内容。因此，其论文中，不仅大量征引孙中山的著述，而且有意避开孙中山学说发展演进过程中的论述及其中不成熟甚至不准确的观点，选择以孙中山最终成熟的观点和言论为依据。他指出：“一个人的思想发展通常在晚年成熟，我们研究时当然应以成熟后的思想为对象，在思想发展的过程中，放弃修正或变更缘由主张的事情，在所不免，但我们不能因此说他是矛盾的。”[③] 崔书琴的这种做法，与同时期的其他留美生大致相似。如李之泰在论述孙中山对列强在华特权的态度时，即将1924年1月孙中山的讲话视为其正式说法，而在论证孙中山“共和政体适合中国”的理论时，则分别从不可抑制的民主潮流、中国人的民主观念、现在的民主实践和避免国内冲突等4个方面展开论述,[④] 更多的是从论证孙中山学说合理性的角度展开论述，论证其最终观点的准确性，并就其观点展开分析。

总之，留美生们对孙中山思想的系统阐释主要是为了增进西方的理解和认知，使之更为正面地认识并解读孙中山思想，力求推动西方对中国事务的好感及关注，其强烈的现实关怀与事功精神在其博士论文的研究选题中都有直接的表现。

其次，多种研究方法综合运用，尝试孙中山研究学术化。

留美生在孙中山研究中采用了多种研究方法，力求研究过程严谨，研究结论可信。崔书琴的博士论文既强调对孙中山学说内容的阐述，又强调在学术层面上对孙中山及其思想进行解读和分析，体现出留美博士群体对孙中山研究学术化的不懈努力。值得注意的是，研究孙中山的留美生所学基本为政治学。较好的政治学素养使其研究更富内涵，而政治学研究方法和西方研究范式的使用，也为其学说获得欧美学界的认可提供了理论保障。

崔书琴的博士论文就十分注重多种研究方法的使用。他认为“要用学

---

① 张其昀等：《崔书琴纪念集》，第23页。

② 谭宇权：《孙文思想评论》，文津出版社，2002，第49页。

③ 崔书琴：《论研究三民主义》，《中央周刊》1942年第5期，第45页。

④ Alfred Chih Tai Li, Political Philosophy of Sun Yat - Sen, New York University, 1931, p. 111.

术的方法，去研究三民主义”，“唯有如此，方能建立三民主义在学术上的地位”。由此可见，孙中山研究的学术化是崔书琴致力于这一研究的最终目的。为此，他在研究过程中尝试运用多种不同的研究方法，如“说明其每一主义的发展时，使用历史法；研究其思想的内涵时，使用分析法；发现其主义与他种理论的区别时，使用比较法”。[①] 在研究孙中山民权思想与共产主义的关系时，他对两者的“三段革命论”进行了比较研究，“在任何精心组织的革命中，领导者面临三个问题：首先是夺取政权，然后是稳定政权并开辟建设新社会的道路，最后就是实现革命开始时的理想。苏联和孙中山的这一过程是完全平行的，通过比较两者的革命理论，就可以发现前者对后者到底有多少影响了”。[②] 通过比较研究，崔书琴认为“三段革命论”是孙中山民权思想与共产主义之间最重要、最明显的区别。在比较了国民党的训政和苏联的无产阶级专政两个过渡时期后，崔书琴还考订了孙中山革命理论的形成过程，查看其中是否存在布尔什维克主义的影响，并最终得出结论：“两者的根本区别在于，孙中山理论是为了实现民主，而布尔什维克的目的则在于实现共产主义社会。孙中山的革命理论在1905年确立，比他与苏联交往要早很多。而且孙中山十分强调过渡时期的重要性，在训政阶段，国民党能够完全控制中国，并训练中国民众的民主意识和能力，为实现民生原则做出准备，而这一重视也远早于其与苏联结盟。”[③]

最后，挖掘新史料，注重中国材料的引介与使用。

民国时期，美国学者研究中国问题的最大障碍就是语言问题，他们普遍不能充分利用中文资料，而孙中山的著作和讲稿只有很小一部分被译成英文。因此，他们在研究孙中山时，大多仅利用孙中山的英文著述，再加上康德黎、林百克等人为数不多的传记作品，在资料上受到很大的限制。崔书琴曾指责威廉等西方学者在孙中山研究方面的资料的极端匮乏，称其所依据的材料只是毕范宇[④]英译的三民主义、孙中山用英文发表的《国际共同发展中国实业计划书》和一本由俄文翻译到英文的《一个中国革命家

① 张其昀等：《崔书琴纪念集》，第156～157页。

② Shu - Chin Tsui, The influence of the Canton - Moscow Entente upon Sun Yat - sen's Political Philosophy, *The Chinese Social and Political Science Review*, 1934, 2, p. 177.

③ Shu - Chin Tsui, The influence of the Canton - Moscow Entente upon Sun Yat - sen's Political Philosophy, *The Chinese Social and Political Science Review*, 1934, 2, pp. 193, 208.

④ 毕范宇（Francis Wilson Price, 1895 - 1974），美国汉学家，孙中山《三民主义》英文版译者。

的自述》。[①] 研究材料的不足，大大影响了美国学者的研究质量。相比较而言，留美生们在撰写论文时所采用的资料却是十分丰富的，充分的材料来源和熟练合理的使用保证了留美生的研究质量。在博士论文中，崔书琴十分注重原始材料的运用，参考文献十分丰富，使用多种中西方资料，中、美、英、俄、德等多国资料都有涉及，其中主要以中美资料为主。

表 1 崔书琴博士论文的参考文献

作 者	书 名	出版社	出版时间	备 注
共产国际	共产国际第二次代表大会文件（*Der zweite kongress der Kommunistischen Internationale*）	Verlag der Arbeiter - Buchhandlung	1920	维也纳
马克思、恩格斯	《共产党宣言》摩尔（Samuel Moore）的译本	International Publishiers		英文版的权威译本
Walter Russell Batsell	*Soviet Rule in Russia*	MacMillan	1929	内含苏联宪法英译本
列宁	《列宁主义》（*Leninism*）	International Publishers	1928	Eder 和 Cedar Paul 的英译本
Alexander Trachtenberg	《列宁选集》（*The Collected Works of V. I. Lenin*）	International Publishers	1927	
孙中山	实业计划（*the International Development of China*）	G. P. Putnam's Sons		英文版
伍德海 Woodhead	中华年鉴（*The China Year Book*）	商务印书馆	1924	
汤良礼	中国革命内部原史（*The Inner History of the Chinese Revolution*）	George Routledge & Sons	1930	
陈立廷 L. T. Chen 毕范宇 Frank Wilson Price	三民主义（英译本）	商务印书馆	1929	
Harley FarmworthMacNair	*China in Revolution*	University of Chicago Press	1931	

① 崔书琴：《民生主义与共产主义》，《国立武汉大学社会科学季刊》1936 年第 1 期，第 123～126 页。

续表

作　者	书　名	出版社	出版时间	备　注
威廉氏 Maurice William	历史的社会诠释（*The Social Interpretation of History*）	Sotary Publishing	1921	
	SunYat – Sen versus Communism	The Williams and Wilkins	1932	
Arthur N. Holcombe	*The Chinese Revolution*	The Harvard University Press	1928	
Paul Monroe	*China: A Nation in Evolution*	MacMillan	1928	
Louis Fischer	*The Soviets in World Affairs*	Jonathan Cap	1930	
Stalin	*Marxism and the National Problem*	The Communist	1932. 5	
James T. Shotwell	*Sun Yat – Sen and Maurice William*	Political Science Quarterly	1932. 3	
Hiram Bingham	*New China's Political Bible*	Foreign Affairs	1928. 1	
古应芬	孙大元帅东征日记	民智书局	1925	
黄昌穀	孙中山先生北上与逝世后详情	民智书局	1925	
叶绍钧选注	礼记	商务印书馆	1926	
汪精卫	汪精卫文存	民智书局	1926	
汪精卫	汪精卫先生讲演集	上海文华书局	1926	
胡汉民	胡汉民先生在俄演讲录	民智书局	1927	
孙中山	中山全书	上海中山书局	1927	
蒋介石	蒋介石先生演说集	广州平社	1927	
蒋介石	孙大总统广州蒙难记	民智书局	1927	
国民党宣传部	中国国民党宣言汇刊	上海卿云图书公司	1927	
孙中山	中山先生演说全集	上海卿云图书公司	1928	
邹鲁	中国国民党史稿	民智书局	1929	
国民党宣传部	孙中山先生年谱	国民党南京党部宣传部	1929	
胡汉民编	总理全集	民智书局	1930	
邹鲁	邹鲁文存	北华书局	1930	

通过表 1 可知，崔书琴在论文中使用了大量的中外资料，为其论文研究的开展打下了坚实的基础。在中文资料方面，作者主要利用《中山先生演说全集》等中文书籍、演讲集及孙中山的主要助手和继承者汪精卫、邹

鲁、蒋介石等人的演说集。以原始资料的解读作为论文的基石，而非二手资料的重复利用，这在很大程度上为其论文的研究质量提供了保障。正如崔书琴在后来的《三民主义新论》中提到的，其“所用的资料，几乎完全是原始的，即中山先生的遗著与演讲或谈话记录，转手的材料用得比较少。引用他人的著作时，差不多都是为了与他人的主张作一比较”。[①] 这一做法，在其博士论文中即有所体现，其重视解读原始材料的学术理念可见一斑。在英文资料方面，作者除了引用马克思、恩格斯和斯大林等人对民族主义的论述，还充分利用了西方学者有关孙中山研究的重要著作，且利用第二国际会议记录等德文材料。当然受语言所限，崔书琴对于德文、俄文资料的使用大多是利用这些文件及著作的权威英译本。此外，作者还注意使用《北华捷报》《纽约先驱论坛报》等英文报刊资料和《向导》周刊、《新生命》等中文报刊资料。

四 小结

崔书琴等留美生对孙中山的研究迎合了美国学术界了解孙中山思想的诉求，获得了美国学者的高度评价。其中，哥伦比亚大学中国史教授韦尔伯（C. Martin Wilbur）认为：“还没有学者如此深入地研究中国的社会主义运动，他（即崔书琴）是该项研究的开拓者，并在随后十年间，成为其最重要的学者，我从他身上学到了很多。”[②] 当然，以崔书琴为代表，民国时期留美生的孙中山研究也存在一定的问题。首先，他们虽然积极地从政治学、历史学和哲学等角度解读三民主义，对其中的矛盾之处，做出学理辨析，但并未摆脱政治的影响，侧重政治需求，从官定意识形态角度解读孙中山学说，“几乎把孙中山个人作为中心，充满英雄史观和国民党正统史观的气息”。[③] 其次，因处于初创时期，其研究必然存在不够严谨深入等问题，在论述孙中山思想的同时，“没有将孙中山的实际行动纳入考虑，似乎缺乏恰当的真实感”。[④] 最后，跟当时的大多数留美生一样，他们对中国的儒家传统思想附加了大量的现代概念和理解，过多地将孙中山的思想归因于中国传统，牵强附会之处较多。

① 张其昀等：《崔书琴纪念集》，第 157 页。

② 张其昀等：《崔书琴纪念集》，第 24 页。

③ 尚明轩：《民国时期的孙中山研究》，《学术月刊》2003 年第 4 期，第 86 页。

④ Payson J. Treat, Books Reviews, *Annals of the American Academy of Political and Social Science*, 1937, 191, p. 261.

崔书琴等留美生不仅在留学期间积极参与孙中山研究，还为促进美国“孙中山问题研究”的深入发展做出努力。[①] 回国后，他们继续开展研究，为国内孙中山研究的拓展也起了积极的推动作用，贡献卓著。其中，崔书琴成为民国时期孙中山研究的著名专家，其《孙中山与共产主义》和《三民主义新论》等著作成为民国乃至后来台湾地区有关孙中山研究的佼佼者。[②] 可以说，留美生的著述促进了中美两国学术界关于孙中山研究的发展，在中外学术交流史和孙中山研究学术史上都居于重要地位，其筚路蓝缕之功，值得称道。

专家荐语：

作为民国时期孙中山研究的重要组成部分，留美博士的研究成果因其美国的学术背景和话语体系、现代政治学的研究方法等呈现出与国内学界不同的研究特色。本文选取崔书琴的博士论文为切入点，通过对其选题缘起、基本内容、文本特征和学术理念的分析研究，凸显出留美博士的孙中山研究特色及学界影响，将有助于揭示这批论文在孙中山研究、中外学术交流史研究中的地位和影响。

推荐专家：南开大学历史学院教授　元青

① 据统计，二战后到1980年代初，美国出版了研究孙中山的著作31本，另有相关论文10余篇。周兴樑《世界各地孙中山研究现状》，《团结报》2009年11月12日。

② 张军民：《从学术三民主义化到三民主义学术化：孙中山研究在台湾50年》，《学术研究》1998年第12期，第84页。

【研究评述】

国民革命与北伐研究述论*

申晓云**

今年（2016）为国民革命与北伐九十周年纪念。“革命”对现在年轻人来说已经有点生疏了，不过，在20世纪整整一百年中，“革命”两字可说是政治话语中出现频率最高且最时髦的。我们说，近代以来随着国门的打开，中国社会便进入了急剧的转型期，伴随着社会转型的是一场比一场更激烈的革命，其中具有里程碑意义的大革命就有三场：结束数千年君主制的辛亥革命、国民党创立党国政体的国民革命、共产党建立政权的共产革命，这三场革命都极大地改变了中国。倘就三场革命于中国社会转型走向之影响而言，国民革命虽不是革命的起点，也不是革命的终点，但它是一个承前启后的关键节点。它不仅给辛亥革命以来挂名“共和”、有宪法无宪政的民国北京政府画上了句号，也为其后“党国”体制的存续开了新端。此外，这场在“打倒列强除军阀”旗帜下爆发的革命，是由国共两党共同推进的，国共两党同为革命党，是共同的目标让两党走到一起。而这场由两党携手推进的革命，首先让国民党由一个封闭型的精英式政党，转变为一个以大众为基础的现代动员型政党，这是孙中山改组国民党后，给国民党带来的最大改变。对共产党来讲，也是那场革命让它从最初只有几十个人的政党，很快发展成拥有几万人的政党，虽然中途出局，但凭借那个底子，中国共产党最终实现了现代中国的构建。对20世纪中国政治舞台上革命的主角国共两党来说，这场革命具有的重大意义，是其他任何重大事件都无法与之相比的。而那场革命本

* 本文是教育部人文社科研究基地重大项目“国民革命与北伐研究”（13JJD770015）之阶段成果。

** 南京大学中华民国史研究中心教授。

身，在短短几年时间里，就由星星之火，发展成燎原之势，席卷长江以南，波及全国，最终摧毁了北洋官僚集团的统治，使国民党完成了统一中国的大业。国民党在大陆中国的统治不过短短的二十二年，但其成为执政党得力于北伐。换言之，北伐革命最主要的成果，是通过北伐建立的党治国家形式，其至今还对中国社会与政治的性质发挥着巨大影响。1949 年的国共隔海分立虽标志着两党争夺中国控制权的攻守易势，但当下的中国仍有北伐时政治建制的历史痕迹。此外，尽管北伐与国民革命的高潮只有短短两年，且中途还发生了国共两家的流血分手，但它的影子却一直徘徊于中国的政治生活当中。正如著名历史学家罗志田所言，其后中国八十多年历史演进之格局，皆因北伐前后那几年的“短时段”而产生。形成于那“短时段”中的一系列思想理论，包括具体的政治动员方式、思想行为逻辑等，不仅在国民党执政后出台的一系列措施中时有显露，在中共政权建制的过程中，更是不断重演和发展。1949 年，共产党也靠武力推翻了国民党。回顾近一个世纪以来的中共历史，从井冈山到北京城，从土地革命到解放战争，我们都不难找到 20 世纪 20 年代那场大革命的遗传基因。也就是说，那场革命不仅影响了那个时代，也影响到了当代中国。正因为此，对这场革命的研究将是一个研究近代政治转型和社会转型的重大课题。

然而，无可讳言的是，对于如此重要的一个历史课题，目前两岸史学界的研究却显得相对滞后。首先，在现今有关国民革命和北伐的历史书写中，无论大陆还是台湾，都存在着失实和片面性的问题。由于受国共两党数十年政治竞逐和对立的浸染，厕身于不同环境之下的海峡两岸学者对两党历史的叙述和论断是存有甚深歧见的。如发生在北伐中途的“四一二清党”，在两岸历史书写中，大陆叫“反革命政变”，或叫“四一二大屠杀”，台湾则视之为“弭祸”或“护党”。诸如此类截然相反的说法，站在两党自身的立场上来讲，都有一定道理，也都说出了部分史实，但无疑都存在着极大的偏见。其次，在对这场革命的评价上，同样因国共两党多年的恩怨、纷争与对立，至今也一直难形成确论与共识。按照大陆长期以来的流行说法：北伐是国共合作大革命的产物，是以“打倒列强除军阀”为口号，推翻北洋统治的大革命，结果因蒋介石的中途叛变失败了。这个说法站在大陆主流意识形态立场上来讲，固然不错，但站在相反立场的国民党显然就会有完全不同的见解，然而到底应该如何看待这段历史，还需我们做进一步的探究。此外，由于国民革命与北伐受“俄国革命”影响极大，甚至可说是“以俄为师”的结果，所以在这场革命中，无论是宣传口号，动员形式还是组织建构、军队建设，都直接搬用了俄国的“经验”，以致在嗣后述及这场革命时，大量运用的仍是“革命意识形态”的话语。加之，两岸史界以往都曾有过为“革命史观”主导的经历，对一些历史问题的认识形成了某种先入为主的定见，如“革命是好，改良是坏”，再如对国民革命“合理性”与“正当性”的竭力讴歌和维护等，现在尽管这种观念有了很大转变，但长期形成的“思维定式”仍然有形无形地束缚了史界对历史很多问题的重新审视，这也是对北伐与国民革命的研究尚未取得突破的重要原因。不过，由于不少学者的努力，近些年中，史学界对以往单一“革命史观”主导下的史学研究的某些不足有所反思，一些与近代中国历史变迁有关的重大人物与事件研究首先进入史学工作者重新加以审视的领域，而与国民革命和北伐有关的课题研究同样也受到两岸前沿学者的关注，尽管以往两岸史界在对此问题的研究上不尽如人意，但也出现了一些引人注目的成果。借此北伐九十周年纪念之际，让我们对比此问题相关之研究，包括代表性研究著述和论文，尤其是一些提出新见的成果，做一评述：

（一）以往在对国民革命与北伐研究时，研究者的目光大多投向历史进程中取得胜利的一方，或言被认为是“比较进步”的一方，对失败的一方或被指为“反动”的一方则常漠视和轻忽。比如，在对国民革命与北伐做出论述时，早已确定南方是代表历史进步的一面，而北方则为“反动落后势力”的代表。研究与立论也基本上以南方为主体，对北伐的客体——北洋军人一方，在应对这场历史变局中的内外方针与政策均很少关注，更少客观评述，潜意识层面实际仍未脱“成王败寇”和“优胜劣败”观念的影响。然而，倘要对历史进程的全貌进行复原和解析，必须兼顾其主体与客体，无论其胜败如何，进步还是反动，均应作为史学研究关注的对象。近年来，已有学者开始关注这个问题，出现了几篇极有价值的论文：一篇是罗志田的《南北新旧与北伐成功的再诠释》；[①] 另两篇为台湾研究者所写，一篇是高郁雅《北方报纸舆论对北伐之反应：以天津大公报、北京晨报为代表的探讨》，[②] 一篇是张昭然《北伐前夕国民革命军与直系军队之战力比较》。[③] 这些论著均突破了原先研究中多从胜利一方立论而忽视战败方的偏向，将考察视角对准了南北主、客双方，从互动和比较中获得了对当时历史背景与语境更真切的了解和更客观的叙述。

---

① 罗志田：《南北新旧与北伐成功的再诠释》，《新史学》1994 年第 1 期。

② 高郁雅：《北方报纸舆论对北伐之反应：以天津大公报、北京晨报为代表的探讨》，《史学丛刊》，台湾：学生书局，1999。

③ 张昭然：《北伐前夕国民革命军与直系军队之战力比较》，北伐统一六十周年学术讨论集编辑委员会《北伐统一六十周年学术讨论集》，台湾：商晤书局，1988。

（二）以往对北伐与国民革命所做研究的关注重点主要集中于国民革命与北伐时期的军事和政治，其他方面甚少涉及，但北伐不只是一场军事战争。它同时也是一场涵盖政治、外交、经济、文化等诸多方面的具有划时代意义的社会大变动。近年来，国内外学术界对“北伐”的研究，已由过去侧重于“北伐战争”的研究，逐渐扩大为对整个“北伐时期”的研究。除关注国民革命与北伐的政治军事斗争外，还把视角延伸到经济、文化、思想、社会等方方面面。其中有相当影响的是叶曙明的《中国 1927·谁主沉浮》，该书虽然用文学笔调写成，但表现的却是一个巨大的历史题材。作者有着鲜明的问题意识，那就是辛亥革命之后，中国究竟要走哪条路？是什么因素导致了 1926～1927 年间那场革命风暴的发生？这场风暴给中国带来什么变化？是祸还是福？作者笔触细腻，善用历史细节说明问题，全书内容丰富，通过真实历史场景的描述，为读者提供了一种不同以往革命风格的历史叙事。① 而四川大学杨天宏教授《政党建置与民国政制走向》的出版，则从国民革命与北伐发生前北京政府时期新旧转型中旧势力没落、新势力成长的变迁深入考察中，对国民革命与北伐这一历史大变局的成因做了与以往研究角度不同的思考和探讨。② 王奇生的《革命与反革命：社会文化视野下的民国政治》，更是从社会文化心理剖析入手，对国民革命和北伐时期“革命”威权的话语建构过程做了视角独到的透视，提出了一些令人耳目一新的新见。③

（三）有关国民革命与北伐时期国、共关系的研究，以往的研究往往预设立场，导致各说各话，真相扭曲，结论简单化。近些年，很多研究者从不同角度入手，对这一时期国共双方的主要人物、事件做了相当深入的重新考察和评说。在这一研究领域具有代表性的是杨奎松教授的研究，尤其是他的《国民党的“联共”与“反共”》，堪称近年中研究国共关系，以及共产国际与中国革命的一部力作。该书依据翔实的史料，特别是近些年陆续解密的共产国际的档案文献，不仅对大革命时期国、共两党关系的总体变化，在重建史实的基础上做了脉络清晰的梳理，而且还对大革命时期国、共由合而分的深层次原因做了论据充分令人信服的揭示和解读。④ 除此而外，近年中，无论是大陆还是台湾，也都出现了对大革命期间国共分合进行深入探讨的论著，如台湾“国史馆”的研究者张世瑛的《罪与

---

① 叶曙明：《中国 1927·谁主沉浮》，花城出版社，2010。

② 杨天宏：《政党建置与民国政制走向》，社会科学文献出版社，2008。

③ 王奇生：《革命与反革命：社会文化视野下的民国政治》，社会科学文献出版社，2010。

④ 杨奎松：《国民党的“联共”与“反共”》，社会科学文献出版社，2008。

罚——北伐时期湖南地区惩治土豪劣绅中的暴力仪式》、[①] 黄金麟的《革命与反革命——“清党”再思考》,[②] 大陆学者中则有王奇生的《从容共到容国：1924～1927 年国共党际关系再考察》、[③] 杨天宏的《加入国民党之后共产党人的身份认同问题》等文，尤其是杨文视角独到地考察了中共以“个人身份”加入国民党后，因党籍交叉造成身份认同混乱的问题，认为这一出自共产国际的决策，在政治逻辑上是有矛盾的，这种“党内合作”形式实为合作过程中两党关系持续紧绷，终至不得不走向破裂的主因。[④]

（四）以往对北伐与国民革命所做评述，往往满足于一些现成的结论，考察方面也多集中在两大势力，结论则是非此即彼，很少关注整个革命过程中社会层面的问题，更少注意整个新旧交替过程中尚处“多元时代”的社会各方对这场革命的真实反映。王奇生教授独辟蹊径，将北伐时期的漫画作为重要“史料”，以北伐与国民革命时期实际存在倾向性不同的 3 大类漫画作品为分析对象，发表了《北伐中的漫画与漫画中的北伐》。通过漫画解读，对北伐时期立场迥异的三方力量（国共合作下的北伐主体方、北洋军阀为首的北伐客体方、置身于南北交锋之外的社会方）在这场革命中的不同价值取向与做法做了一个很好的透视和分析。[⑤] 此外，罗志田的《士变——二十世纪上半叶中国读书人的革命情怀》视角独特，把关注重心投向国民革命时期历史舞台上的主角，即国共两党的精英人物，并揭示了清季民初中国知识分子群体的分层化现象，指出身心徘徊于城市乡村之间，同时亦脚踏于知识分子和不能读写的大众两大社团之间的边缘知识分子，不仅在民初城乡及士人与大众的疏离进程中起着举足轻重的中介作用，而且又因边缘知识分子在社会变动中上升的困难，他们更迫切需要寄托于一种较高远的理想，因此，对社会政治的参与亦更为强烈，渐渐成为中国政治生活中最重要的社会团体。[⑥] 此外，注意到国民革命与边缘知识分子以及新文化运动关系的还有台湾学者田柚的两篇文章《新文化运动与

---

① 张世瑛：《罪与罚——北伐时期湖南地区惩治土豪劣绅中的暴力仪式》，台北“国史馆”编《学术集刊》，2006。

② 黄金麟：《革命与反革命——“清党”再思考》，《新史学》（台湾）第 11 卷第 1 期，2000 年 3 月。

③ 王奇生：《从容共到容国：1924～1927 年国共党际关系再考察》，《近代史研究》2001 年第 4 期。

④ 杨天宏：《加入国民党之后共产党人的身份认同问题》，《近代史研究》2010 年第 6 期。

⑤ 王奇生：《北伐中的漫画与漫画中的北伐》，《南京大学学报》2004 年第 3 期。

⑥ 罗志田：《士变——二十世纪上半叶中国读书人的革命情怀》，《新史学》第 18 卷第 4 期，2007 年 12 月。

国民党北伐》[1]《边缘知识分子与近代中国政治》。[2] 这些论著都为后人更真切地了解国民革命的背景和动因，乃至考察和理解中国革命中的种种问题，提供了一个新视域。

（五）对北伐与国民革命结局与历史功过的重新认识与评价。对于国民革命与北伐，虽然海峡两岸在很多问题上意见对立，但史学界对其正当性和历史进步性，都予以相当正面的肯定，且评价较高。然近年来有部分学者提出了不同观点，如南京大学申晓云教授的《“收功”还是“背离”——辛亥与北伐比较之我见》，对如何评价国民革命与北伐提出了一系列新见，文章将辛亥与北伐的不同，主要体现在“全民革命”与“一党革命”的区别、“和平统一”与“武力统一”的区别、“共和”与“党治”的区别 3 个重要方面，认为这 3 个方面的区别虽然不皆因北伐而致，但确实与国民革命选择了北伐，也即用武力“再造民国”这一制度变革和权力转移途径有关。辛亥与北伐，同为推翻旧体制、建立新秩序的革命，两场革命的发生，有着某些相同的背景，也无疑都有其合理性，然而就因所采手段不同，结果大相径庭，并在此基础上提出：革命固然有其正当性和进步性，但也是一把“双面刃”，从长期的历史效应看，虽然革命可以在很多领域取得成功，但同样会带来非常负面的影响，由“革命”推动的中国社会转型，必定也会因战争和流血而给社会带来长期破坏性的影响和困扰，北伐也当如是看。[3] 对此，台湾一些学者也有相应的审视与研究。如吕方上教授的《政治转型的挑战：近代中国“党国”体制的发展与省思》，就对国家制度重建用社会革命的强力手段达成做了反思，[4] 蒋永敬教授对北伐则有“督抚式革命”的比拟，认为北伐后期的蒋、桂、阎、冯各率一集团军并驾齐驱，实为历史上“督抚式革命”的重演，这样的“革命”可以“用力少，为时短”，但“天下告一”后，削平山头乃不可避免，这样建立的政权是不可能达到长治久安的。[5] 王奇生教授则在其名著《党员、党权与党争：1924～1949 年中国国民党的组织形态》中谈到，1924 年

① 田柚：《新文化运动与国民党北伐》，《中时晚报·时代副刊》（台湾），1992 年 6 月 10～11 日。

② 田柚：《边缘知识分子与近代中国政治》，《中时晚报·时代副刊》（台湾），1992 年 9 月 7 日。

③ 申晓云：《“收功”还是“背离”——辛亥与北伐比较之我见》，《民国研究》2012 年秋季号总第 22 辑。

④ 吕方上：《政治转型的挑战：近代中国“党国”体制的发展与省思》，日本中国现代史研究会 2005 年专题报告论文。

⑤ 蒋永敬、庄淑红：《“督抚革命”与“督抚式的革命”》，《近代中国》第十八辑，2007。

“清党”以后的国民党，除人数急剧扩张外，其组织内聚功能并未增强，虽在组织形式上师法苏俄，而意识形态上却排斥共产主义，结果只学到了半套功夫。国民党重中央，轻地方，重上层，轻下层，表面上强调国民革命、全民政党，而实际上并未也不可能代表全民利益。在城市，缺乏民族资产阶级的真正支持，在农村，更把广大贫苦农民群众推向革命潮流之外。[①] 这一从国民党组织形态角度对国民革命与北伐结局的审视，无疑为如何评价国民革命和北伐的历史功过提供了一个可供检视的新维度。

以上是近些年两岸史学界在国民革命与北伐研究上动态和状况的一个概略性评述。事实上，国际一些中国研究的顶级学者也或多或少地在他们的重要著述中涉及这些问题，并做了独到的解读。如美国的易劳逸教授（L. E. Eastman）很早就出版了《流产的革命》《毁灭的种子》等作品，柯伟林（William C. Kirby）教授也写了《中华民国与党国体制》，英国剑桥大学东亚研究中心方德万教授（Hans Van de Ven）也著有《从朋友到同志——中国共产党的初创》，而澳大利亚费约翰的《唤醒中国》更是一部对中国革命高涨时期社会政治、经济、文化、民情做出全方位透视的力作。

由此可见，尽管海内外学者对这一问题都做了一些开拓性研究，也取得了一定的成果，但存在的不足也是很明显的。首先，至今为止，无论是大陆还是台湾，都还没有一部对国民革命和北伐做出客观、公允、有学理深度的历史书写著作面世。此外，相关成果虽有一些，但客观考之，还都比较零碎，所述及的方面，大多也只是若干史实的澄清而已，有些成果虽然也可谓之“新”，但总的来看，视野仍受限制，考察缺少历史的维度和理论的深度，一些研究成果更是未脱“革命史观”窠臼，其中一些成果实际上仍在重复前人劳动，甚至未能达到前人研究业已进至的前沿。因此，从史实重建入手，对国民革命与北伐做出全新的书写和评说，是中华民国史研究者的一项重要使命。

---

① 王奇生：《党员、党权与党争：1924～1949 年中国国民党的组织形态》，上海书店出版社，2009。

长城抗战研究的回顾与前瞻

丁 健*

1933 年发生的长城抗战，是九一八事变后七七事变之前，中国政府和军队抵御日本侵略进行的规模最大的一次战争，是局部抗战的高潮和典型代表之一，在中国抗日战争史上具有重要地位，影响深远。它对鼓舞人们抗日斗争的决心，对后来抗日民族统一战线的全面形成等都发挥了十分重要的作用。在纪念抗日战争胜利 70 周年之际，为了铭记这段抗日的光辉历史，勿忘国耻，除了加强研究，多出成果，出好成果之外，认真总结学界前辈在这一问题上的研究，明确研究方向，避免重复劳动，亦具有十分重要的意义。有鉴于此，笔者拟就学界有关长城抗战的研究做一简要学术回顾，并提出一些意见和建议，希望能有助于进一步推动长城抗战史研究。但由于才疏学浅，难免挂一漏万，不足之处，敬请方家批评指正。

一 长城抗战的史料整理

史料是史学研究的第一步，也是史学研究的基础，傅斯年就曾提出："有一分材料出一分货，十分材料出十分货，没有材料便不出货。"① 目前，有关长城抗战的史料档案主要散见于一些民国档案资料汇编中，台湾出版的如秦孝仪编《中华民国重要史料初编》（台湾中国国民党中央委员会党史委员会编印，1981），罗家伦主编《革命文献》（第 16 辑、第 38 辑，台

---

* 华中师范大学中国近代史研究所博士后流动站研究人员，安阳师范学院历史与文博学院讲师。

① 傅斯年：《历史语言研究所工作之旨趣》，《中央研究院历史语言研究所集刊》1928 年第 1 期，第 8 页。

湾中国国民党中央委员会党史料编纂委员会，1984），高明芳、王正华等编注《蒋中正总统档案·事略稿本》（台北"国史馆"，2005），何应钦将军九五纪事长编编辑委员会编《何应钦将军九五纪事长编》（上册，台湾黎明文化事业公司，1984）。大陆出版的资料主要有：中国社会科学院近代史研究所编《中华民国史资料丛稿·大事记》（第19辑，中华书局，1981），中国社会科学院近代史研究所、中华民国史研究室编《中华民国史资料丛稿·专题资料选辑长城抗战资料选辑》（中华书局，1989）等。由以上资料的出版年限可知，长城抗战的档案资料整理大多仍是二十世纪八九十年代的，2005年之后几乎没有像样的新的系统档案资料得以整理刊布。

亲历者回忆录主要有：文史资料研究委员会编《从九一八到七七事变（原国民党将领抗日战争亲历）》（中国文史出版社，1987），晋察冀人民抗日斗争史编委会、冀热辽分会编辑室编《晋察冀人民抗日斗争史参考资料长城抗战》（第5辑，晋察冀人民抗日斗争史编辑部，1982），唐山市委员会文史资料委员会编《唐山文史资料长城抗战1933.1～1933.5》（第17辑，唐山市委员会文史资料委员会，1993），北京市密云县委员会编《文史资料选编第3辑》（北京市密云县委员会编，1990）等。这些内容主要涉及黄绍竑、何柱国、黄杰、何基沣、董其武、陶尚铭等参与长城抗战的历史当事人的回忆资料。尽管以回忆录作为史料来源研究长城抗战有这样或那样的不足，但亲历者的这些回忆是身临其境的现身说法，往往比较真实。其对长城抗战的研究具有重要的参考价值，弥补了档案资料过于宏观的不足，使人们能够从微观角度感受长城抗战的真实场景。可以说上述各书主要是新中国成立后国内整理出版的，地域亦侧重于大陆，内容数量都十分有限。而对台湾地区相关长城抗战的历史当事人回忆录，特别是台湾有关长城抗战的口述史料仍需要进一步整理，大陆目前尚未见到相关内容的引进和刊布。

有关长城抗战的日方资料，中国学者亦用功不少，编译和刊行一批具有重要价值的史料，其主要有：天津市政协编译委员会译、日本防卫厅防卫研究所战史研究室编《日本军国主义侵华资料长编》（上册，四川人民出版社，1987），冈村宁次著、稻叶正夫编《冈村宁次回忆录》（中华书局，1981），复旦大学历史系日本史组编译《日本帝国主义对外侵略史料选编》（上海人民出版社，1985），田琪之译《中华民国史料丛稿译稿：满洲事变作战经过概要》（第2卷，中华书局，1982），关宽治、岛田俊彦著，王振锁、王家骅译《满洲事变》（上海译文出版社，1983）等。这些日本档案史料主要是有关长城抗战的电文、信函、报刊等，其多是关于长城抗战中相关日本方面决策、推进侵略进程的内容，对我们如实还原长城抗战中日本的侵略进程相当有益。但从编译的日方资料来看一是数量有限，二是出版时间有点老旧，显然难以适应相关研究的需要。

实际上，这些年有关长城抗战研究之所以没有取得突破性进展，显然与史料的整理收集密切相关。尽管长城抗战的史实基本清楚，但史实重建仍有很长的路要走，如何才能不断推进长城抗战史研究，在不断引进新的研究视角方法之外，史料的整理与挖掘仍是第一要义。

二　长城抗战研究的回顾

九一八事变后七七事变之前，面对日本的蚕食鲸吞政策，中国军民为了捍卫领土和主权，进行了多次顽强抵抗，我们称之为局部抗战。在局部抗战中，比较具有代表性的是：马占山江桥抗战、东北各地抗日义勇军的抗战、东北抗日游击队的抗战、一·二八淞沪抗战、长城抗战以及察哈尔民众抗日同盟军的抗战、绥远抗战等。其中，长城抗战是中国军队反抗日军侵略规模最大的一次反击，它一定程度上打击了敌人的嚣张气焰，延缓了日军进一步向华北腹地的进攻。鉴于长城抗战的地位与作用，加强对长城抗战的研究就显得十分必要，学界对此也较为重视。在学界前辈的不断努力下，长城抗战相关学术成果不断问世，为了更好地展示研究成果，纪念长城抗战的历史功绩，2005 年 8 月 12 日，学界还在河北省迁西县召开了由民革中央、中国抗战史学会主办，中共迁西县委、县政府承办的“长城抗战学术研讨会”，使长城抗战研究达到了一个小高潮。尽管如此，长城抗战研究还存有不少问题，与之相涉的有关学术成果数量可观，但直接相关的就屈指可数了：论著十余部，论文也就 160 多篇，硕士论文 2 篇。这与九一八事变、七七事变之研究相比，逊色不少。由此可见，长城抗战研究仍存有很大空间。为了推进这一问题进行深入系统的研究，现拟就学界有关长城抗战研究做一简要总结。

（一）关于长城抗战的整体性研究

二十世纪八十年代，随着思想的解放，学界开始关注长城抗战，陆续发表了一系列研究文章，值得一提的是徐友春的《略论长城抗战》，它是较早对长城抗战进行详细全面探讨的论文，肯定了长城抗战的历史地位与作用，认为：“1933 年，日本帝国主义侵占我国热河以后，进一步发动了对长城要隘的进攻。我二十九军等广大爱国官兵在全国人民的热烈支援下守土克敌，沉重地打击日寇的侵略凶焰，在抗日战争史上写下了光辉的一页。”[①] 文章发表后，在学界产生了重要影响，得到了学界的肯定。一年之后，林治波在《对〈略论长城抗战〉一文的补正》中指出：“徐友春同志《略论长城抗战》一文。据笔者所知，此系近年来史界第一篇较全面地介绍长城抗战的文章，实可喜可贺。”[②] 不仅如此，还就《略论长城抗战》的疏漏、不确或失实之处，提出了自己的看法，活跃了学术气氛。随后一系列分量更重的论文不断问世，比较有代表性主要有：黄文焕、肖前的《长城抗战始末》,[③] 金以林的《论长城抗战》,[④] 李秉刚的《长城抗战两丰碑》,[⑤] 老铁的《泣说长城抗战》,[⑥] 杨立的《追忆长城抗战》,[⑦] 曾景忠的《长城抗战研讨二题》,[⑧] 朱芮瑶《1933 年长城抗战新论》,[⑨] 江绍贞的《长城抗战》,[⑩] 《热和失陷与长城抗战》,[⑪] 刘广志的《血战长城》[⑫] 等。这些文章进一步全面论述长城抗战的来龙去脉，深化了对长城抗战的研究，并且提出了不少新的观点，研究方上也有所突破，不仅仅限于就事论事，视野更为开阔，可以说长城抗战研究逐渐步入一个新的阶段。

（二）历史人物与长城抗战研究

长城抗战作为全面抗战爆发前反抗日本侵略的一次较大规模战役，显然与其领导者、组织者、参与者的谋划组织实施分不开，所以历史人物与长城抗战的研究自然就成为学界关注的要点之一。学界有关这一问题的研究主要集中在以下几个方面：

第一，蒋介石与长城抗战。蒋介石作为当时南京国民政府的统帅，是长城抗战的重要领导者、组织者和策划者，对长城抗战产生了重要影响。此理应成为学界关注的要点，但遗憾的是学界对这一问题的研究并不充

---

① 徐友春：《略论长城抗战》，《历史档案》1984 年第 4 期。
② 林治波：《对〈略论长城抗战〉一文的补正》，《民国档案》1986 年第 1 期。
③ 黄文焕、肖前：《长城抗战始末》，《天津师范大学学报（社会科学版）》1990 年第 4 期。
④ 金以林：《论长城抗战》，《抗日战争研究》1992 年第 1 期。
⑤ 李秉刚：《长城抗战两丰碑》，《抗日战争研究》1997 年第 1 期。
⑥ 老铁：《泣说长城抗战》，《文史月刊》2005 年第 2 期。
⑦ 杨立：《追忆长城抗战》，《湖北省社会主义学院学报》2005 年第 5 期。
⑧ 曾景忠：《长城抗战研讨二题》，《历史教学》2006 年第 7 期。
⑨ 朱芮瑶：《1933 年长城抗战新论》，辽宁大学 2014 年中国近现代史硕士论文。
⑩ 江绍贞：《长城抗战》，河南人民出版社，1995。
⑪ 江绍贞：《热和失陷与长城抗战》，《河北学刊》1983 年第 3 期。
⑫ 刘广志：《血战长城》，河南大学出版社，1995。

分。二十世纪八十年代以前，由于受到阶级斗争及历史条件的限制，对蒋介石在长城抗战中的地位与作用多持否定态度，之后随着思想解放，学术界进一步拓宽了研究领域，逐渐放弃过去完全否定蒋介石是一个十恶不赦的反面人物的学术理念，开始重新审视蒋介石在抗战中的地位与作用，并对以往研究中存在的不实之处进行修正。如王青在其硕士论文中就曾指出："国内史学界对蒋介石的研究长期呈现'一边倒'的现象，大多信奉蒋介石是反面人物的学术理念，对抗战的蒋介石是用'片面抗战'、'消极抗战'、'妥协投降'来否定他。……但是，随着国内'以阶级斗争为纲'年代的逝去，学术界对于蒋介石的评价已经相对客观，逐渐承认蒋介石是抗日战争期间中国战区的'最高统帅'，在抗战初期'蒋介石比较努力的作战'。"[①] 不仅如此，他还就蒋介石在长城抗战中的地位与作用，进行全面而深入的探讨，提出很多有价值的创见，如分析蒋介石在长城抗战中思想转变过程时，"从中我们可以看出蒋介石'攘外必先安内'策这条主线依然贯穿了整个战争进程。虽然中国军队后期所进行的抗战给日军一定打击，但是一系列的内政和外交危机致使他的作战态度一再改变，依然诉求于外部力量的支持而未能从中国自身抵抗的角度来做长远的考虑。总之，蒋介石在长城抗战中的所作所为，真实地反映了他既要抗日又想'剿匪'的矛盾心理"。[②] 总之，王青的这篇论文是目前研究这一问题的杰出之作。尽管学界对此已做了相当努力，但关于蒋介石在长城抗战中到底发挥了什么作用，至今仍然存有争议。毫无疑问，这必将成为进一步推动长城抗战史研究的助力。

第二，张学良与长城抗战。张学良是长城抗战的实际实施者，对长城抗战发挥直接影响作用。学界对这一问题的研究主要集中在战争失败的责任追究上，特别是长城抗战失败后张学良的辞职一事。许晓敏鉴于"长城抗战虽声振华夏，但讲述长城抗战史的书籍、报刊却没有或很少提及长城抗战的领导者、组织者、指挥者张学良，长城抗战的主力是东北军这一重要历史事实"，[③] 认为当时学界关于这些问题的研究并不深入，其在《张学良与长城抗战》中就以上问题，提出自己的看法，因篇幅有限，很多问题并未说清楚。相较而言，葛培林的《张学良与长城抗战》进一步丰富了张学良在长城抗战中的形象，有理有据地分析了张学良的地位与作用。[④] 但

① 王青：《蒋介石与长城抗战》，浙江大学 2008 年中国近现代史硕士论文。

② 王青：《蒋介石与长城抗战》，浙江大学 2008 年中国近现代史硕士论文。

③ 许晓敏：《张学良与长城抗战》，《日本研究》1991 年第 3 期。

④ 葛培林：《张学良与长城抗战》，长城抗战学术研讨会论文集，2005，第 61 ~ 66 页。

许、葛都指出张学良辞职是代人受过，是被蒋介石转嫁责任的结果。而曾景忠却不同意这种观点，他通过大量事实分析指出："1933 年热河沦陷后张学良的辞职，积累了自'九·一八'事变以来多重矛盾的因素。张学良的辞职，反映了当时全国的呼声。张学良的辞职是势所必然的。这或许是对其'九·一八'事变以来的不抵抗主义的总清算。断言蒋介石为转嫁热河沦陷的责任，落井下石，逼张学良辞职，此说未必能够成立。"① 由此争议可以看出，张学良与长城抗战研究在一些具体问题上并未能达成一致意见，这些问题仍需进一步考证与澄清。其实，张学良与长城抗战问题还应该着眼张学良在长城抗战中的具体作为，特别是其接到蒋介石抗击日军命令时及其后的战略计划、心态变化等问题。

第三，萧振瀛、宋哲元、冯治安、黄炎培与长城抗战。汪澎澜的《萧振瀛与二十九军长城抗战》对萧振瀛在长城抗战中的地位与作用进行了全面而详细的梳理，认为："在组织二十九军固守长城、阻击日寇的过程中，萧振瀛四处奔走呼号，积极筹措饷款，购置军火，为二十九军浴血奋战提供了一定的物质保障。此外，他还亲临前线，参与制定了正确的作战方针和计划，并对全军进行思想动员，进一步激发了广大官兵的爱国热情。长城抗战虽然最终以失败而结束，但二十九军在这次抗战中却取得了局部胜利，其中，萧振瀛将军亦功不可没，值得肯定。"② 李明远的硕士论文《1931～1937 年间的萧振瀛》亦对萧振瀛领导的二十九军与长城抗战进行了一定程度的关照。③ 齐福霖的《宋哲元与长城抗战》从宋哲元誓言抗日、血战喜峰口、鏖战罗文峪等内容详细梳理了宋哲元在长城抗战中的英勇表现。④ 冯炳如的《冯治安将军与喜峰口大捷》通过喜峰口战役，突出地把时任三十七师师长冯治安的英勇形象展示出来。⑤ 季安的《黄炎培力促淞沪与长城抗战》展现了黄炎培及其领导的职教社对力促长城抗战的贡献。⑥

总体而言，对历史人物与长城抗战的研究还不够充分，仍有待学界做进一步努力。

---

① 曾景忠：《长城抗战研讨二题》，《历史教学》2006 年第 7 期。

② 汪澎澜：《萧振瀛与二十九军长城抗战》，《史学集刊》2000 年第 3 期。

③ 李明远：《1931 年～1937 年间的萧振瀛》，东北师范大学 2009 年中国近现代史硕士论文。

④ 齐福霖：《宋哲元与长城抗战》，长城抗战学术研讨会论文集，2005，第 11～14 页。

⑤ 冯炳如：《冯治安将军与喜峰口大捷》，长城抗战学术研讨会论文集，2005，第 15～17 页。

⑥ 季安：《黄炎培力促淞沪与长城抗战》，《文史精华》2001 年第 2 期。

（三）长城抗战的具体战役研究

长城抗战从1933年1月2日日军突袭榆关起，至5月31日签订《塘沽协定》宣告结束，历经5个多月。长城抗战并非是一次孤立的抗战，而是由很多次战役组成的。学界关于长城抗战诸役的研究主要集中在喜峰口激战、古北口鏖战、榆关之战等。鲍星时、曹友林的《长城抗战主战场古北口鏖战》指出当时学界“每当提及长城抗战，人们只知道宋哲元第二十九军在喜峰口的战斗，而对于主战场古北口的战况则知之甚少”。有鉴于此，其认为长城抗战主战场古北口鏖战值得深入探讨，应该得到重视，并认为“长城各口抗战历时最长，战斗也最激烈，是长城抗战的主要战斗阶段。在长城各口抗战中，古北口之战又号称‘激战中的激战’”，并通过大量事实证明古北口之战之重要，然后提出自己的观点：“喜峰口第二十九军取得的胜利，是长城抗战取得的唯一胜利，这次胜利虽然对中国人民的抗日斗志起了巨大的鼓舞作用，但若讲对长城抗战全局的影响，喜峰口战场远比不上古北口战场。”[①] 其论证严密，论据清晰，令人信服。陈兵的《长城抗战的序幕——榆关之战》，通过“风云紧急的山海关前线”，“榆关前线中日两军的态势”，“中日两军鏖战榆关”，“石河西岸的防御战”，“榆关保卫战失败的原因”等内容，系统而深入地探讨了长城抗战的序幕——榆关之战。朱芮瑶在《1933年长城抗战新论》中还就中日军力及第二十九军英勇无畏进行探究，指出“在长城抗战中，中国军队的武器装备与日军的武器装备相比相距甚远。第29军开往前线时，所携带的武器中重武器很少，给士兵配置的枪也是很落后的。第29军的士兵们所用的步枪上没有安置刺刀，他们就想办法用大刀代替。整个第29军只有十余门山炮和野炮。轻重机枪的数量也是十分有限的，甚至每个连只能配备几把。即使是配备如此低劣的武器装备，但是他们面对武器精良的日军仍然毫无惧怕”。[②] 实际上，长城抗战中诸战役的研究并非尽善尽美，仍有很大空间值得挖掘。如战事给养，民众在诸战役的参与、中下层官兵的抗敌心理等，都值得深入研究。

（四）长城抗战与国民政府对日政策的变化

九一八事变后，中日交涉一直不断，起初由于国民政府过于听信国联，导致日本步步紧逼。长城抗战之后，国民政府也未放弃交涉，但对日政策明

① 鲍星时、曹友林：《长城抗战主战场古北口鏖战》，《北京党史研究》1990年第4期。

② 朱芮瑶：《1933年长城抗战新论》，辽宁大学硕士论文，2014。

显开始发生变化。以往在研究长城抗战时，对最终结果《塘沽协定》的签订，大多把责任归咎于蒋介石的不抵抗政策。金以林对此曾指出："这次战役中，国民党政府的对日态度和九一八事变时已有所不同：从最初的不抵抗，一味寄希望于国联调停，转向一面抵抗，一面交涉。"① 王青亦有同感，认为：长城抗战时期："此时的蒋介石一反常态，并没有一味宣扬'攘外必先安内'的论调，而是在'剿共'的同时转向进行局部抵抗。"但另一方面亦提出："他一直将抗日战争胜利的希望寄托在国际局势的巨大变化，却不能下定'倾其全国之力'来坚决抗日的决心，这就造成了国民政府陷入不时停战议和的不良惯性中，不能自拔。"② 由此可见，学界对此问题已有关注，但是成绩并不令人满意。这体现在：一是对南京国民政府在长城抗战时期对日策略变化原因分析不够；二是对国民政府对日方针变化内容没有过多着墨，仍停留在"攘外必先安内"政策之上；三是国民政府蒋介石对日态度的转变，到底在国民政府内部影响多大，尚无人系统述及。

由以上学界研究成果可知，长城抗战研究有这样一个现象，即是从二十世纪八十年代起，长城抗战逐渐被学界重视，而似乎在 2005 年长城抗战研究达到了一个高峰之后，研究重新进入一个相对稳定和缓慢时期，不冷不热，不温不火。为了更好地推进长城抗战史研究，根据学界已有研究成果，进行总结分析其研究侧重点，试图探索制约长城抗战研究的瓶颈所在，是十分必要的。

三 长城抗战研究的几点思考

经过学界的重视和努力，长城抗战史研究应该说取得了阶段性的成果，但是不足之处亦十分明显，根据前文所述以往学界研究成果，我个人认为还有诸多尚需改进的地方，现提出几点不成熟的意见和建议：

（一）要加强相关长城抗战史料的整理与利用

史料对史学研究的重要性不言而喻，因此，要想把长城抗战史研究推向深入，就需要在史料上下大功夫，要敢于坐冷板凳，要"上穷碧落下黄泉，动手动脚找东西"。③ 就目前有关长城抗战的史料整理方面，专门性的

---

① 金以林：《论长城抗战》，《抗日战争研究》1992 年第 1 期。

② 王青：《蒋介石与长城抗战》，浙江大学硕士论文，2008。

③ 傅斯年：《历史语言研究所工作之旨趣》，《中央研究院历史语言研究所集刊》1928 年第 1 期，第 9 页。

直接相关的并不多见，这是今后从事这方面研究学人应当注意的地方。我以为在史料整理收集方面，努力的方向主要有以下几点：

第一，加快政府档案资料整理、抢修与开放的力度。在政府档案资料方面，有关长城抗战的一些史料还存在比较分散、难以收集等问题，这要有志之士沉心静气认真收罗齐全，整理出长城抗战的专题史料，相信这部专题性史料必将会推动长城抗战史乃至整个抗日战争史的深入研究。还有另外一些史料由于年久，纸张破碎，整理起来颇费时日。但因档案史料在史学研究中的地位与作用，我们要敢于克服困难，尽快整理抢救刊布，以待学界研究利用。

第二，庞大的报刊资料尚待系统整理与利用。长城抗战发生在二十世纪三十年代，此时报刊媒介已经大行其道，不仅种类庞大，而且内容丰富。报刊可谓是当时中国最普遍、最具有影响力的大众传播媒介。“凡有政治、经济、教育、社会等各种重大问题发生时，稍有知识者，莫不以一观报纸为快。”① 由此可见，报刊已是在人们生活中了解信息不可或缺重要来源。当时比较著名的报纸主要有《大公报》（天津版）、《益世报》、《中央日报》、《申报》等，这是一座巨大的、有待进一步挖掘的史料宝库，研究价值极高，在近代中国社会具有相当的影响力。它们对长城抗战及其前后的国际国内形势都有十分详细的报道，当然对长城抗战的过程，特别是榆关、喜峰口、古北口等诸役都有细致入微的报道，对当时民众对国民政府的态度以及民众对抗击日军的二十九军的支援等亦有描写，这些都是丰富长城抗战研究的史料来源，理应成为今后学界注意的要点。

第三，加强个人文集、日记、年谱、口述史料、回忆录的利用。与长城有关的国民政府主要领袖大多都有文集、日记甚至年谱问世，在长城抗战中它们的决策与反应直接影响抗日进程。当然，也有很多未参与决策其事，却十分关心时局发展的国民政府及地方政府要人也有相当一部分日记留世，如从《徐永昌日记》相关记述可以了解长城抗战的背景；从《王世杰日记》能够观察长城抗战后国内时局。而直接参与谋划组织其事的张学良、宋哲元、萧振瀛等口述资料、回忆录亦是研究长城抗战不可多得的资料来源，目前这一块的工作做得不够，无论是口述资料还是当事人的回忆录都十分少见，这要尽快加强整理，如不尽快收集整理，恐怕将来会更加困难。参与长城抗战将领们恐怕都已不在，而他们的子女可能还保留着其父辈们的资料，现在应加强与他们子女之间的联系，克服困难，想方设法

① 王伯衡：《中国与报纸》，《民国丛书》二编，上海书店出版社，1990，第236~237页。

把这些未见天日的资料刊布于世。

（二）史实重建仍需下大功夫

长城抗战史尽管取得了一定的成绩，但因长城抗战历经时间长，抗击日军侵略惨烈，在整个局部抗日战争中具有重要的地位与作用，要想系统、客观、完整地对其进行深入研究，一方面要借助丰富的史料，另一方面需要加强史实梳理与重建。就目前学界已有的研究成果来说，今后关于长城抗战的史实重建应着眼以下几点：

第一，长城抗战的背景、过程、影响等再梳理。这仍是长城抗战将来研究的重点，长城抗战研究不能仅仅着眼其从发生到结束的短短五个月时间，应将其拉长放大，这样才更利于准确把握和认识。关于此，有相当多的问题有待深入探讨：一是长城抗战与蒋介石内政外交思想转变的原因、影响的论述，尚未看到有专门文章对其进行令人信服的梳理。二是蒋介石开始改变不抵抗政策，力图进行抵抗日军侵略，其真实意图是什么；这种看似积极应对策略，为什么没有被认可；特别是张学良在长城抗战中的反应，到底是出于什么考虑，对此应该如何评价等内容也要用心探究。三是从长城抗战论时局变动。因国民政府内部蒋介石的真实意图与被怀疑的可能意图相互掺杂，抗日并未形成上下一致的共识，这显然与国民政府内部权力纠葛，上下互不信任大有关系，怎样将此与长城抗战联系起来论述，仍需仔细打磨。四是长城抗战失败原因分析，应该更为客观，用事实说话，还需要拿出更多论据。

第二，历史人物与长城抗战。目前这一问题上的研究还很薄弱，只有几篇专题论文。首先，长城抗战的组织实施离不开广大爱国将士的参与，包括中央军、东北军、晋绥军和西北军，他们在长城抗战中发挥了怎样的作用值得探讨。要弄清楚这一问题就必须认真思索如下问题：其一，军队组成复杂，如何把这些军队调集整合不是一件容易的事情，当时是怎样做到的，效果如何；其二，中央军、东北军、晋绥军和西北军抗敌的决心和目的是否一致，他们在战场上是如何协作的，对战局有什么影响，其间有何龃龉。就笔者所见尚无专文论及；其三，战场投入的兵力有待进一步考证。目前关于这一问题就有不同的说法，孰是孰非，仍需下功夫考证辨伪，得出准确结论，避免以讹传讹；其四，长城抗战也有不少社会力量参与其间，如普通民众，社会知识精英、商人，社会名流等，他们是如何对战局产生影响的，产生了哪些影响，亦值得探讨；其五，缺乏中国共产党在长城抗战中参与的研究。九一八事变后，中国共产党就立即号召驱除日本出中国，长城抗战中亦必定积极参与，至今未见专文论及。

第三，社会舆论对长城抗战的记述。从社会舆论审视长城抗战，可以弥补档案史料研究之不足，比如当时报纸舆论对动员民众支援前线，为抗战募捐的报道，对日本步步紧逼的愤慨，对国民政府盲目自大的批评等，都是政府档案史料中缺乏的。而在对战役的深入描述与评价方面，亦十分独到，如："喜峰、古北两口这几天的激战，表现了中国军队的精神。热河全境，一星期几乎失尽，承德省垣，竟然自行弃守。比起嫩沪战事来，教国民感觉非常的失望。但战事到了长城，我军忠勇牺牲的精神，幸而充分表现。古北口的血战，已经一星期以上了，喜峰口也有四五天了。多少爱国英雄，在那里流血！这些牺牲者的净血，足以洗尽热河失守的一切污点！"① 这些细微的报道与内幕披露，有利于细化长城抗战研究，也能使长城抗战史更有味道，更真实。由此可见，通过当时的社会舆论来考察长城抗战不仅有利于增强民族凝聚力，激发民族自信心，而且有利于扩大和加强爱国主义教育。

（三）转换研究视角，创新研究方法

长城抗战在研究视角上略显单一，大都将之放在"攘外必先安内"的理论体系之下，这样一来，导致一些问题难以阐释，亦影响对长城抗战与其涉及历史人物的客观评价。今天我们重新审视这一问题，不能总是停留在老眼光、老观点上，应该将之放到整个中华民族抗日战争中去，历史地考察长城抗战。要敢于创新研究方法，要在考证辨伪的基础上，采用比较史学、心态史学等新的研究方法，并借用政治学、社会学相关研究理论，多角度审视长城抗战，长城抗战史研究的前景必将更为开阔、光明。

总之，与七七事变、九一八事变相比，长城抗战的研究还十分不足，仍需学界继续努力，克服困难，把长城抗战研究不断推进。重现长城抗战的伟大历史地位，加强长城抗战的历史研究，铭记历史，不忘耻辱，是目前我们纪念抗日战争胜利 70 周年亟须解决的问题。

---

① 《长城之激战》，《大公报》1933 年 3 月 13 日，第 4 版。

民国乡村教育研究述评

李金碧*

清末“废科举、兴学堂”引发了社会的剧烈震荡，亦导致了中国历史上传统文化资源与新时代价值之间的一次最重大的文化断裂，[①] 进而引发了中国乡村社会精神资源的贫困。诚如梁漱溟所言：“数十年来，与此乡村社会不切合的西式学校教育，是专门诱致乡人于城市，提高他们的欲望而毁灭他们的能力。”[②] 正是基于对国家、民族所肩负的神圣使命，一部分先进的中国人开始倡导乡村教育，试图以此来唤醒麻木沉睡的中国民众，共同担负起建设国家的重任。可以说，自民国始，中国学人开始了对乡村教育问题的关注，其研究和实践成果都非常丰富。但学术界对于民国乡村教育问题的研究成果缺少一个较长时段的梳理评述。鉴于此，笔者试图对民国乡村教育问题进行分时段的归纳综析，为将来学人的研究提供参考和借鉴。

一　民国学人关于乡村教育的著述及其主要观点

民国学人关于乡村教育研究成果几乎涉及乡村教育的方方面面。这些成果一部分以著作形式独立出版，另一部分以文章形式发表于各类报刊。

（一）民国时期关于乡村教育的著作

关于乡村教育的著作包括专著及普及性教科书，是对民国时期乡村教育问题的初步研究，也是研究民国时期乡村教育的珍贵史料。依其主要内容可分为：

---

* 山西大学历史文化学院博士研究生。

① 萧功秦：《从科举制度的废除看近代以来的文化断裂》，《战略与管理》1996年第4期。

② 马秋帆：《梁漱溟教育论著选》，人民教育出版社，1994，第42页。

第一，乡村教育的普及性读物及其相关教科书。其中较具代表性的编著有：李晓农、李伯棠编《乡村教育视导》（上海黎明书局，1935）、郜爽秋等编《乡村教育之理论与实际》（教育编译馆，1935）、干藻编《乡村教育》（商务印书馆，1938）、储劲编《乡村教育》（商务印书馆，1928）、古楳《乡村教育》（商务印书馆，1935）、《乡村教育新论》（民智书局，1932）、余家菊编《乡村教育通论》（上海中华书局，1931）、张宗麟编著《乡村教育经验谈》（世界书局，1932）、《乡村教育》（世界书局，1932）、赵冕、翁祖善编《乡村教育及民众教育》（上海中华书局，1937）、方舆严《乡村教育》（上海大华书局，1935）、金嵘轩编《乡村教育及民众教育》（正中书局，出版时间不详）、《乡村教育》（正中书局，出版时间不详）、孙铭勋《乡村幼稚教育经验谈》（上海儿童书局，1935）、傅葆琛《乡村平民教育的理论与实际》（无锡中华印刷局，1931）、王淋、程本海《乡村教育》（世界书局，1935）、甘豫源编《乡村民众教育》（商务印书馆，1934）、《乡村教育》（上海中华书局，1935）、郭人全编《乡村民众教育》（黎明书局，1934）、杨效春编《乡村教育论文集》（安徽省印刷局，1935）、《乡村教育纲要》（中华书局，1934）、龙发甲《乡村教育概论》（商务印书馆，1937）、王衍康编《乡村教育》（正中书局，1935）、徐阶平《乡村教育辅导记》（上海黎明书局，1936）等。

第二，介绍西方国家乡村教育理论的读物：古楳《美国乡村教育概观》（上海中华书局，1924）、赵演编著《美国乡村成人教育》（世界书局，1934）等。

第三，对中国乡村教育现状的反思性专著。刘炳藜编《乡村教育》（上海中华书局，1935）、喻谟烈编《乡村教育》（商务印书馆，1927）、刘百川《乡村教育实施记》（上海黎明书局，1936）、《乡村教育的经验》（商务印书馆，1948）、庄泽宣编《乡村建设与乡村教育》（中华书局，1939）、潘一尘著《乡村教育实际问题》（上海儿童书局，1933）等。

（二）民国时期有关乡村教育的报刊

20世纪二三十年代，随着乡村教育运动的逐步推广，一部分刊物开始为其理论传播提供平台，其中较具代表性的有：中央大学农学院编辑出版的《农学杂志》和《中央大学农学院旬刊》；周予同编辑、上海商务印书馆发行的《教育杂志》；农林新报社编辑出版的《农林新报》；广西教育厅编辑发行的《教育论坛》；浙江省立民众教育实验学校编辑出版的《民众教育季刊》；广东国民大学文法学院学术研究社编印的《民钟季刊》；正中书局教育学月刊社编辑出版的《教与学》；河南省立百泉乡村师范学校编辑出版的《乡村改造》；安徽省政府教育厅编译处编辑出版的《安徽教育》；山西省教育厅编辑出版的《山西教育公报》和《小学教育》；山西省教育会主办的《山西省教育会杂志》；新教育共进社编辑出版的《新教育》；中华书局编辑出版的《中华教育界》；中华职业教育社编辑出版的《教育与职业》；中华民国教育部主办的《教育公报》、北平村治月刊社编辑出版的《村治月刊》；河南省教育厅编辑发行的《河南教育》等。此外，《申报》《大公报》《中央日报》等民国主要报刊亦登载了数量极其丰富的相关理论性文章。

（三）有关乡村教育的主要文章及其观点

第一，民国时期乡村教育理论研究。王士勉的《乡村教育的研究》详细论述了乡村教育的意义，中国何以急需乡村教育，以及乡村教育存在的重要问题等，指出："现在中国是三民主义的国家，三民主义的教育方针已经确定了。我们要大多数的人民三民主义化、革命化、社会化与科学化职业化，非从乡村教育下手不可，因为乡村教育是以社会做对象，学校做中心，努力乡村生活的继续改造。不过，乡村教育要根据实际的生活，是有什么，学什么，学什么，就教什么；先生与学生都是朋友，所以说是友谊制。他是极求经济，使学生能有生活力，所以不是奢侈品。他是希求实用的，所以不是'洋八股'或'土八股'。"① 黄敬思的《四年来中国之乡村教育》则通过对教育行政、师范教育、小学教育、民众教育、出版方面的细致考察，认为民国时期的乡村教育还处于萌芽时期，要想发展，至少须从下列方面入手：行政方面，行政官应与乡村民众切实结合；有整个计划；中心小学区制应竭力推行；中央应从速成立乡师学院或乡村师范专修学校，使之成为乡村教育专门人才之中心。师范教育方面每省须单独设立一所乡村师范；设立试验乡师一所，课程自定。小学方面各省应自行规定乡小之经费，并鼓励成立乡村实验小学。民众教育则应注重生计和娱乐两个方面，如推广新农具，增加生产率及农民教育馆等。出版方面国内应发行乡村教育月刊，以促进乡教之发展及研究。②

第二，乡村教育的必要性。何思源在《乡村教育之重要》中认为，我国过去数十年来，政治上之所以纷乱，社会上之所以不安定，其原因固然

① 王士勉：《乡村教育的研究》，《农学杂志特刊》1929 年第 5 ~6 期合刊。

② 黄敬思：《四年来中国之乡村教育》，《教育杂志》1931 年第 23 卷第 7 期。

不止一端，然教育之不适合环境，实为其主要原因。我国过去之教育，最大弊病，就是不重实际，忽略了下级乡村的基础工作。事实上，乡村教育不特可以使一般民众的智识发达，且可以使农民的经济发达，并且可以训练农民的自治能力，而确立民主政治的基础。[①]秦秉中《乡村教育问题》认为，十数年来，吾中国人民之生活，颠沛流离，受尽人间苦楚，饥馑之声不绝于耳，而战祸复连绵不断，其受摧残最烈者，尤为一般农民。千头万绪，虽欲救济，却无从着手。故欲谋救国，必先救农民，救济农民之道，一方在解决土地问题，一方在应用新科学的农学。如解决土地问题及应用科学新知识，必先使农民有相当之知识，方能接受指导解决之法而不发生流弊，故乡村教育实为解决一切问题之锁钥也。[②] 李启田《乡村教育之重要》则从4个方面提出了乡村教育的重要性：第一，要提高我国的“文化”必须注重乡村教育；第二，要发展我国的经济必须注重乡村教育；第三，要健强我国的“人种”必须注重乡村教育；第四，要促成国民的“参政”必须注重乡村教育。[③]

第三，民国乡村教育推行中的困难与问题。高希裴的《乡村教育的初步认识》从乡村教育的特殊性、乡村教育的社会基础、乡村教育的当前问题3个方面论述了民国时期乡村教育的实施状况及其问题，认为现阶段的中国教育可称之为千疮百孔，空虚无用。如用简明的词来描述中国乡村教育的现状，“贫”“劣”“缺”3个字便很恰当。贫指经费贫窘；劣指设备腐劣；缺指学校缺少。[④] 蒋荫松的《对于现在乡村教育的感觉》认为，普及乡村教育的呼声虽愈唱愈高，然其成效甚微，究其原因，一是缺乏实用人才；二是任意使用教法；三是任意更动教员；四是督学人员不力；五是薪水欠缺。[⑤] 陈锦堂《发展乡村教育问题的总探讨》指出，普及教育应以乡村为起点，而改良社会要用学校作中心，然过去的教育只知一味地谈论学校社会化、教育生活化等表面的东西，与农村关系脱离，与农村生活断绝，这种抽象的设施，简直是偏狭的知识教授，理想支配的教育，这种教育模式永远不可能完成其改造社会的任务。[⑥] 裴本初的《中国乡村教育问题》从农村教育之现状、乡村学校校舍、设备、编制组织、假期以及师资

---

① 何思源：《乡村教育之重要》，《山东教育行政周报》1930年第112期。

② 秦秉中：《乡村教育问题》，《中央大学农学院旬刊》1930年第5期。

③ 李启田：《乡村教育之重要》，《农林新报》1933年第10卷第15期。

④ 高希裴：《乡村教育的初步认识》，《经世》1937年第1卷第8期。

⑤ 蒋荫松：《对于现在乡村教育的感觉》，《农林新报》1929年第166期。

⑥ 陈锦堂：《发展乡村教育问题的总探讨》，《江苏学生》1936年第8卷第2期。

问题等方面对民国时期中国乡村教育问题进行了讨论。[①] 张伯谨的《乡村教育上亟待解决的两个问题》通过对河北数县乡村教育的实地调查，指出目前乡村教育上亟待解决的两个问题：一是行政单位问题；二是经费筹集问题。[②]

第四，乡村教育与中国命运。周淑贞的《乡村教育与中国之前途》通过对乡村教育的意义及其范围的考察，认为乡村教育与中国政治、经济、社会关系至大。究其原因，一是乡村教育为实现民主政治之先决条件，亦为贯彻三民主义之根本办法。二是农业为我国一大利源，其与中国经济前途关系良非浅显，然增加其出产量，又非乡村教育不为功。因此，欲发展中国经济，无论开源抑或节流，均非乡村教育不为功。言经济而不及乡村教育者，犹陟山而不穷其巅，涉水而不探其源，非知经济之发展者也。三是因中国乡村教育之不普及，生产方法之不良，以致乡村经济日趋艰窘，加以几年来天灾人祸之频来，乡民生计日益困难，于是弃农富兵，群离乡村者，比比皆是。城市人口遂增加无已，而乡村农民日见萧条矣。由斯现象，遂引发诸多社会问题。吾国之病根，非实施乡村教育不为功也。[③]

第五，乡村教育运动之讨论。程仲文的《乡村教育运动评价》通过对乡村教育运动现状的介绍，指出当时乡村教育运动中所存在的问题：如农民流亡的不能制止；小国寡民的生活方式；头疼医头的治标办法；不能有一箭双雕、事半功倍的效能等。为此，欲推动乡村教育运动，需政治、经济、教育的有机配合；设施上的和谐并进；教学方法上科学技能的运用等。[④] 蒋杰的《改进乡村教育与复兴农村运动》认为，复兴农村之入手办法，可分为三：一曰安定农村，二曰救济农村，三曰建设农村，唯有首先安定农村，始能进行救济农村，救济之工作既竣，最后始能谈建设农村。较近举国人士，对于上项工作，正在进行，唯其办法，大部侧重治标，且有语而不详，或言而未行之弊，其实复兴农村，必先改进乡村教育，否则源不深而望流之长，根不固而求木之长，其可得乎。[⑤]

第六，对于西方发达国家乡村教育理念的介绍。王衍康的《各国乡村教育的新趋向》认为，欧美日本各国虽国情不同，教育设施也不完全一致，然因日本以模范西洋为皓首，其整个国策亦自然朝着西洋模式运行。

① 裴本初：《中国乡村教育问题》，《教育论坛》1931 年第 2 期。

② 张伯谨：《乡村教育上急待解决的两个问题》，《教育杂志》1936 年第 26 卷第 3 期。

③ 周淑贞：《乡村教育与中国之前途》，《汇文校刊》1933 年第 7 期。

④ 程仲文：《乡村教育运动评价》，《政治评论》1935 年第 147 期。

⑤ 蒋傑：《改进乡村教育与复兴农村运动》，《农林新报》1934 年第 11 卷第 18 期。

近百余年来，西洋教育发展的路线，有很明显的三大潮流：第一，民族主义的潮流；第二，民主政治的潮流；第三，工业革命的潮流。综观欧美日本等国乡村教育之特点：第一，提高文化水准，使感染文化力量较弱的乡村民众从速取得文字的工具，以加强其吸收文明的能力，而使全民族一般文化水准的提高；第二，各国乡村教育的设施莫不注意国民体育的提倡，军事常识的普及，以及浓厚民族意识的培养，忠勇牺牲精神的提倡；第三，欧美各国均将解决经济问题作为乡村教育的中心环节。[①]

第七，关于乡村教育实施现状的实地调查。杜光远的《十八年的河南乡村教育》通过对民国初期河南乡村教育现状的实地调查后指出，自民国九年（1920）起，便有人开始提倡并发表议论，继而由倡导而至试验，以致到现在几乎全国教育人士都认为，欲增进中国教育效率，提倡乡村教育似乎成为中国教育复兴的不二法宝。河南乡村教育发端于民国初年，后经发展，学校逐渐林立，遍及四野，以数量比较计算，也算一时之盛。但从办学的行政计划、教育设施及其结果来看，理想与现实之间几成南辕北辙。[②]

第八，民国乡村教育的目的与功能。陈建业的《中国乡村教育的前路》详细论证了教育与社会的关系、乡村教育的社会背景及其需要后指出，在现在中国经济凋敝、政治紊乱的情况下，单凭教育的力量图谋中国社会的向上是不可能的。所以乡村教育当前之急务，首要唤起民众，培养民众的势力，外则打倒帝国主义者的侵略，内则铲除封建官僚军阀等的剥削，从而把握住民生主义的原则，建立新的经济制度，同时依据民权主义组织廉洁为民的政府，促使整个社会组织步入轨道，一切的建设事业自然就容易发达。[③] 林仲达的《乡村教育能改造中国乡村教育吗?》认为，今日我国乡村教育之最重要的目的，即欲借乡村教育以实现改造乡村社会之目的。然上述目的的实现，则须先做到政治、经济、教育三者之合力，三者合力，始可以言“改造”，三者异趋，只是“盲动”，改造云何哉![④]

第九，乡村教育与乡村建设之关系。陈培光的《乡村民众教育与乡村建设》从乡村建设与乡村教育的关系入手，探讨了当时的中国是否需要乡村建设，乡村建设应从何入手，以及乡村民众教育应怎样实施，认为在当时内忧外患之中国国情下，乡村建设作为民族复兴的根本工作是非常需要

---

① 王衍康：《各国乡村教育的新趋向》，《教与学》1935 年第 1 卷第 2 期。

② 杜光远：《十八年的河南乡村教育》，《河南教育》1929 年第 2 卷第 10 期。

③ 陈建业：《中国乡村教育的前路》，《文化与教育旬刊》1934 年第 30 期。

④ 林仲达：《乡村教育能改造中国乡村教育吗?》，《中华教育界》1935 年第 23 卷第 9 期。

的。乡村建设是一种社会运动，必须多数人信仰，而后始能发挥力量，而获得多数人信仰的方法，就必须加强宣传。乡村建设应以教育为开政开路先锋，尤其应从乡村民众再教育入手。担任乡建先锋的乡村民教，应从学校式的和社会式的双方并进。办理方法，一面求达乡建目的，一面需合农民需要。[①] 金永铎、王向升的《非常时期教育与乡村建设运动》通过对抗战时期乡村教育与乡村建设关系的论述，认为乡村建设与非常教育同是因为民族的衰亡以求民族复兴的运动，虽然在时间上有先后，在事业的范围上有广狭，但前者的对象是农村，后者的主要对象是农民，故其关系非常密切。将来非常教育能否达到其所预期的目的，要看乡村建设者能否运用政治的力量，求得乡村建设之普及，能否对自身的改良，以教导训练组织农民为先决的条件。[②] 袁倩伦的《乡村建设与乡村教育》认为，乡村教育能使乡村民众建立新的情谊，新的道德标准和人生观念，使中西交汇变荡紊乱的乡村社会变为有组织的、安定的、进步的乡村社会。[③] 梁漱溟的《广西国民基础教育与乡村建设运动》对广西国民基础教育与乡村建设运动之间的关系进行了论述。[④]

第十，对于中国乡村教育前途的深思。丁十《乡村教育的道路——参观乡区学校的散录》通过对江苏镇江东区乡村学校的考察，指出中国乡村教育走了几千年的死路，教人吃饭不种田，教人穿衣不织布，教人住房不造林，教人行动不筑路。置之死地而后生，新教育应从乡村实际生活中产生，从乡村生活中成立活的国民学校，从活的国民学校中促成中心国民学校，从活的中心国民学校中出生活的乡村师范，从活的乡村师范培养出一批活的教师。活的乡村教育，要有活的方法，活的方法就是做学教合一，一切在做中学，做中教，做中求创造，事情怎样做，便怎样学，怎样学便怎样教。[⑤] 黄君实的《怎样去发展乡村教育》认为，目前乡村教育之最大障碍：一是经费缺乏；二是师资缺乏；三是不得民众信仰。因此，将来推进乡村教育之途径：一是经费方面需要开源节流；二是师资方面需要增加数量、改良待遇；三是农民信仰方面需要加强宣传，提倡劳动，多为农民直接解除文字痛苦。当然，以上问题的解决均为学校本身，对于乡村种种不良亟待改革的事体，还是不能直接发挥效能，因而乡村教育的最大根基

① 陈培光：《乡村民众教育与乡村建设》，《文化与教育旬刊》1936年第46期。

② 金永铎、王向升：《非常时期教育与乡村建设运动》，《乡村改造》1936年第5卷第7期。

③ 袁倩伦：《乡村建设与乡村教育》，《行政干部》1941年第2卷第1期。

④ 梁漱溟：《广西国民基础教育与乡村建设运动》，《乡村建设》1934年第4卷第18期。

⑤ 丁十：《乡村教育的道路——参观乡区学校的散录》，《农村月刊》1948年第2卷第7期。

仍未真正建筑，所以要想真正发展乡村教育，更需从事乡村运动。[①] 此外，杨永颐的《中国乡村教育之痼疾及改进之方针》、孟知我的《改进乡村教育底我见》、王衍康的《中国乡村教育前途之展望》、黎正甫的《乡村教育实施的困难及今后进行的途径》等论文从不同的层面对乡村教育的前途提出了应对之策。[②]

除此之外，周意彪的《乡村教育与社会发展》从乡村教育与社会发展的视角探讨了乡村教育的重要意义，认为乡村教育是解决当时中国社会畸形发展的唯一"救星"。[③] 杜光远的《乡村教育与乡村经济》从乡村教育与乡村经济的关系入手，认为乡村教育的举办应以乡村经济为注意焦点，教育的效果是实用的、生产的、有利的。[④] 王正宇《乡村教育的行政》对乡村教育行政问题进行了系统论述，认为乡村教育虽不是特殊的教育，然有其本身的特殊问题，实施上尤其千端万绪，所以非有专门人才及负有专责的人去办理不可。因此在行政系统上自中央教育部至各县教育局，都应当组织乡村教育委员会办理乡村教育之行政事宜。[⑤]

纵观民国时期的各类著述，不难发现如下特点：第一，对国家命运的关怀成为民国时人倡导乡村教育的一个基本出发点。"吾国以农立国，至今农民占全人口百分之八十四以上，以往教育设施偏于城市，未免失着。现为补救计，亟宜普及乡村民众教育，使占大多数之农民进步，吾国始确有进步之希望。"[⑥] 第二，试图借助乡村教育来改造乡村社会政治紊乱、经济凋敝与社会不宁之现象，成为这一时期学人关注的核心内容。第三，引进和介绍西方乡村教育的理论与方法成为这一时期乡村教育的一个侧面。第四，对部分县市乡村教育的实地调查，成为这一时期乡村教育研究的一种新尝试。第五，出版和介绍大量的乡村教育教材，成为这一时期推动乡村教育的必要条件。李晓农、李伯棠在编写《乡村教育视导》时称："近年来，乡村教育的机关，一天天增加起来，这不能不认为是教育界的好现象。可研究乡村教育的书籍到现在还是少见，至于有系统的丛书更说不到。以致从事乡

① 黄君实：《怎样去发展乡村教育》，《安徽教育》1931 年第 2 卷第 4 期。

② 杨永颐：《中国乡村教育之痼疾及改进之方针》，《夜光》1931 年第 2 期；孟知我：《改进乡村教育底我见》，《新虞西》1921 年第 1 卷第 4－5 期合刊；王衍康：《中国乡村教育前途之展望》，《中华教育界》1934 年第 22 卷第 4 期；黎正甫：《乡村教育实施的困难及今后进行的途径》，《新北辰》1935 年第 3 期。

③ 周意彪：《乡村教育与社会发展》，《村治月刊》1930 年第 2 卷第 1 期。

④ 杜光远：《乡村教育与乡村经济》，《河南教育》1930 年第 2 卷第 14 期。

⑤ 王正宇：《乡村教育的行政》，《河南教育》1930 年第 2 卷第 14 期。

⑥ 邰爽秋等编《乡村教育之理论与实际》，教育编译馆，1935 年 4 月，第 1～2 页。

村教育的人，每感参考工具缺乏之苦。”而“工具用书的缺乏，足以减少教育的效率，足以阻滞乡村教育的进程。为了要解决这个问题，决定刊行本丛书，以适应乡村教育界之急切的需要。”① 总而言之，民国时期学人对乡村教育的研究，虽具有当时人论当时事的真实性，但限于历史情境之束缚，他们的论述仍难免隐含着“不识庐山真面目，只缘身在此山中”的感慨。对于民国时期的著述，目前学界将其视为研究这一时期乡村教育的重要史料。

二 近三十年来关于民国乡村教育研究的主要成果

新中国成立以后，到20世纪80年代末，由于受诸多因素的影响，学术界对于民国乡村教育的研究几近停顿，曾经喧嚣一时的乡村教育研究也在历史的浪潮中黯然消顿。然而，民国乡村教育的理念和对国家民族的期望并没有在历史车轮的挤压下变色，因为它必然会随着时代的发展而重新焕发其应有的光芒。事实证明，它对新中国基础教育的建构与发展发挥了重要的借鉴作用。即使到了今天，我们仍然能从民国乡村教育的理念和实践中汲取营养。改革开放后，随着学术氛围的渐为宽松和民国史研究的逐步兴起，加之众多学者的积极参与，民国乡村教育研究逐步打破意识形态的局限而向纵深发展，研究触角涉及乡村社会的多个方面。综观近30年的研究成果，可概述为如下几个方面：

（一）对于民国乡村教育实践者本人及其教育思想的研究

1. 陶行知乡村教育思想的研究。梁淑美、司洪昌论述了陶行知乡村教育思想的时代背景、主要内容、组织形式、乡村教育出路和当代意义，并在此基础上对陶行知的乡村教育思想和当前乡村教育进行了反思，提出乡村教育既要适应乡村生活的实际需要，也要为乡村儿童未来在城市生活做准备。② 霍玉敏认为陶行知是中国近代乡村教育的先驱者之一，他的乡村教育思想是在长期的实践中形成和发展的，陶所主张的乡村教育应该是教学做合一，而乡村教育的关键是在乡村中培养的乡村教师。③ 蒋纯焦认为

---

① 章益、郭人全主编《黎明乡村教育丛书序言》，李晓农、李伯棠编《乡村教育视导》，上海黎明书局，1935年3月，第1~2页。

② 梁淑美、司洪昌：《对陶行知乡村教育思想的评述与反思》，《国家教育行政学院学报》2009年第11期。

③ 霍玉敏：《论陶行知乡村教育思想》，《理论导刊》2005年第10期。

陶行知乡村教育思想的核心是以教育改造乡村社会，以纠正现代学校教育与中国农村社会的脱节。陶的教育理念在义务教育普及的今天，对于新农村建设仍然具有很强的启示价值。[①] 吴擎华通过对陶行知乡村教育思想发展的渊源脉络、理论来源和核心成果等问题的论述，指出陶行知的乡村教育思想是在长期的实践中形成和发展的，它对今天的农村教育仍具有重要的指导意义。[②] 郑艳萍从陶行知乡村教育思想产生的社会和教育背景出发，基于对陶行知乡村教育实践及其对传统教育的批判阐述，对陶行知乡村教育的重要性和作用的认识、乡村教育的目的、内容与方法、师生关系，乡村师范教育等方面进行了系统分析。[③] 此外，张春喜亦从不同的视角对陶行知的乡村教育思想进行了论述。[④]

2. 梁漱溟乡村教育思想的研究。王海霞在综合运用历史研究法、文献研究法的基础上，对梁漱溟乡村教育思想的形成、发展与完善之过程进行了较为系统的分析和研究。[⑤] 陈奇娟认为梁漱溟是近代中国乡村教育运动的先驱人物，梁的教育思想不仅仅是对狭义的教育的认知，而且蕴涵着对"人"的理解，他所提倡的人生教育是真正以人为本的教育。[⑥] 李劼采用文献分析法对梁漱溟的乡村教育思想进行了系统梳理，认为独特的心路历程和文化思考决定了梁漱溟对乡村教育问题的认识，儒家精神的发掘奠定了梁漱溟乡村教育理论的基础，对新教育运动失误的批判提供了梁漱溟乡村教育理论的现实契机，西方思想和丹麦教育的影响为他的理论注入了新的活力，同期教育家的实践启示也加快了梁漱溟投入乡村建设的步伐。[⑦]

3. 晏阳初乡村教育思想的研究。张惠娟通过对晏阳初乡村教育思想的评述，认为晏阳初在20世纪初期积极倡导开启民智的乡村教育，致力于教育本土化的积极探索，并且提出了以社区建设为中心的"四大教育"和"三大方式"，蕴含城市、乡村一体化的教育思路和方法，对当代中国农村教育改革和农村社会的发展仍具借鉴价值。[⑧] 佘万斌认为晏

① 蒋纯焦：《试析陶行知乡村教育思想对新农村建设的启示》，《教育发展研究》2005年第5期。

② 吴擎华：《陶行知乡村教育思想的形成与发展》，《中华文化论坛》2014年第11期。

③ 郑艳萍：《陶行知乡村教育思想研究》，河北大学2006年硕士学位论文。

④ 张春喜：《试论陶行知乡村教育思想及其现实意义》，华中师范大学2007年硕士学位论文。

⑤ 王海霞：《梁漱溟乡村教育研究》，西北农林科技大学2008年硕士学位论文。

⑥ 陈奇娟：《论梁漱溟乡村教育实践中的人生教育思想》，《教育评论》2011年第2期。

⑦ 李劼：《梁漱溟乡村教育理论与实践探析》，西北师范大学2005年硕士学位论文。

⑧ 张惠娟：《评晏阳初的乡村教育思想》，《教育探索》2005年第8期。

阳初的教育思想包括以人为本的教育观、德才兼备的德育观、学用结合的教学观、多元的教育功能观、“新民”培养的规格观和教育平等观 6 个方面。①

此外，许亚昔对古楳的乡村教育思想进行了研究，指出古楳作为乡村教育运动的后起新秀，深入农村，展开调查研究，逐渐形成了自己独特的乡村教育思想体系。其思想虽受历史的局限，具有一定的空想性，然其许多观点亦闪耀着理性的光辉，诸多成功的经验仍值得学习与借鉴。② 苗春德、张光辉通过对民国时期“乡村教育”运动先驱者现代教育观的分析，认为 20 世纪上半叶的“乡村教育”实验运动，具有丰富的现代化教育思想和主张，“乡村教育”运动的先驱者们进行了长期的探索和实践，为中国教育现代化做出了重大贡献。③

（二）对民国时期乡村教育运动实践的历史考察

吴洪成通过对 20 世纪三四十年代乡村教育倡导者如陶行知、晏阳初、梁漱溟等人的教育立场、观点及其所办之乡村教育事业进行个案考察后认为，他们的教育理念虽各有侧重，如有的以教育为中心，有的以生产为中心，有的以政治组织为中心，有的把政治、经济、教育融合并进，但不可否认，他们的乡村教育实验都对我国基础教育改革产生了不同程度的影响。④ 杨茂庆认为，20 世纪二三十年代留学生群体在河北定县从事的乡村教育实验活动，不仅是推动中国社会进步、促进乡村教育发展的一件大事，亦是把中国农村融入现代化轨道的一次有益尝试。他们深入定县农村，开展社会调查，并以此为依据来推进乡村教育实验，提高农民的识字率和文化素质，提高农业生产率和促进生产发展等。他们的成功经验为我国当下农村教育改革提供了有益的启示。⑤ 朱汉国、王印焕则采用了实证和比较的研究方法，考察了近代华北农村教育，认为教育的滞后，不仅影响了农村经济生产的发展和农民思想观念的更新，而且影响了农村社会秩序的安定、家庭生活的幸福和人际关系

① 佘万斌：《晏阳初教育思想对当代教育的启示》，《教育探索》2014 年第 4 期。

② 许亚昔：《古楳乡村教育思想研究》，河北师范大学 2014 年硕士学位论文。

③ 苗春德、张光辉：《论中国“乡村教育”运动先驱者的现代教育观》，《河南大学学报》2004 年第 5 期。

④ 吴洪成：《二十世纪二三十年代中国的乡村教育实验》，《四川师范大学学报》2002 年第 5 期。

⑤ 杨茂庆：《民国时期留学生与乡村教育实验——以河北定县为例》，《徐州师范大学学报》2009 年第 5 期。

的正常发展。[①] 周谷平、陶炳增对20世纪初期中国乡村教育思想的形成进行了历史性考察。[②]

（三）乡村教育与近代中国社会变迁

郑起东认为，近代华北的乡村教育经历了由旧式教育至新式教育的转变，其组织形式也发生了巨大的变化。旧式教育曾经对古典文化的传播起过不可替代的作用，然而，在近代它已极不适应社会的发展，成为新式教育的障碍。新式教育是在同旧式教育的斗争中发展起来的，这一过程也是农民对新式教育由敌视到接受的过程。因此，面对近代华北乡村教育的落后状况，要使乡村教育有重大发展，关键在于改善农民生活条件以及转变农民忽视教育的观念。同时作者认为，要使华北乡村教育的研究得以深入，前提应是搞清华北乡村教育的历史状况，尤其是其发展和变迁的轨迹，只有这样，才能把历史问题放回到它产生和发展的环境之中，使之得到更圆满的解决。[③] 王先明、郝锦花借鉴社会学和文化学的一些基本概念和理论，从社会史角度，以近代“新学”教育为切入点，对清末民初“新学”兴起之后给乡村社会造成的种种影响及其原因做了历史性考察，并进而透视“新学”教育和中国现代化模式的一些基本特点。其可贵之处在于深入剖析了“新学”教育对乡村社会的正面和负面影响，揭示了近代乡村社会变革的深层次原因。[④] 袁绍光在农村城镇化视野下论述分析了民国时期的乡村教育问题。一方面强调国民政府对乡村教育的作用，突出政府的行为；另一方面则以农村城镇化为主线，强调乡村教育与农村城镇化之间的关系。[⑤]

（四）民国乡村教育运动的基本特点

苗春德认为，20世纪上半叶的“乡村教育”运动，不仅是中国现代教育史上活跃一时的一种重要的教育思潮，也是中国现代史上一次重要的社会改革运动。尽管这一思潮运动已经过去六七十年了，但“乡村教育”各

① 朱汉国、王印焕：《20世纪20～30年代华北农村教育滞后问题及其对社会的影响》，张国刚《中国社会历史评论》（第二卷），天津古籍出版社，2000，第177～187页。

② 周谷平、陶炳增：《20世纪初乡村教育思想形成的历史回顾与思考》，《河北师范大学学报》2004年第5期。

③ 郑起东：《近代华北乡村教育的变迁》，《中国农史》2003年第1期。

④ 王先明、郝锦花：《近代“新学”教育与乡村社会变迁》，山西大学历史系、《近代史研究》编辑部联合举办的“华北乡村史研讨会”论文。

⑤ 袁绍光：《民国时期的乡村教育与农村城镇化》，中共中央党校2007年硕士学位论文。

流派创始人所具有的深固的忧患意识、忠贞的爱国热忱、崇高的使命感和事业心，以及执着的探索精神仍历久弥新。① 张彬、李更生认为，中国是一个农业国，农村问题和农民教育的问题依然是影响并决定着中国现代化进程的重要因素。20世纪20～30年代兴起的乡村教育运动是进行农村教育综合改革的一次可贵的探索，是把中国农村融入现代化轨道的一次伟大的尝试。黄炎培、晏阳初、陶行知、梁漱溟是乡村教育运动的代表人物，他们在从事乡村教育的目的、手段、理念及思想认识等方面有着诸多的相同和相异之处，其经验和教训为今天从事乡村教育改革的人们提供了借鉴和启示。②

（五）民国乡村教育实施中的困难与问题

田正平通过对清末毁学风潮的分析，认为科举制度的停废使现代教育制度在乡村获得很大发展，同时也导致乡村教育矛盾不断激化，教育冲突日益激烈。毁学是一种群体性破坏新式教育的暴力行为。清末十年间，毁学事件在各地乡村屡屡发生，几有遍及全国之势，对刚刚起步的乡村教育现代化产生很大影响。几十年中，新、旧教育的冲突始终没有得到很好的解决，一直困扰着中国乡村教育，是导致乡村教育早期现代化步履蹒跚的重要原因之一。此外，经费难筹、学生难招、合格师资难觅，这些困扰20世纪初的乡村新式教育的问题仍没得到很好解决，抗拒学款、教育诉讼以及毁学等乡村教育冲突事件在各地也是时有发生。③ 然而，从清末乡村教育负担的实际情况来看，新式教育给乡村社会造成的经济压力非常有限，而教育经费之所以屡屡引发教育冲突事件，主要是由于清末乡村教育财政制度的不健全导致了经费分摊中的实际不公平，地方绅士在经办教育经费过程中存在着严重的腐败现象，地方政府与官员在教育财政政策中缺位造成乡村教育与乡村社会之间缺乏必要的缓冲，以及这种新财政体制对传统农民的心理和日常生活所产生的强烈冲击。④ 姜朝晖通过对1930年代乡村教育经费短缺的原因分析后认为，民国时期，在乡村教育经费问题上实际发挥作用的主要是两股力量：政府和乡绅。政府在教育财政体制上的缺位和乡村社会对教育投资的冷淡，直接导致了民国乡村教育经费投入的不

---

① 苗春德：《论20世纪上半叶“乡村教育”运动的基本特点》，《河南大学学报》2003年第1期。

② 张彬、李更生：《中国农村教育改革的先声——对20世纪20年代至30年代乡村教育的再认识》，《浙江大学学报》2002年第5期。

③ 田正平：《清末毁学风潮与乡村教育早期现代化的受挫》，《教育研究》2007年第5期。

④ 田正平、陈胜：《教育负担与清末乡村教育冲突》，《浙江大学学报》2008年第3期。

足，政府在乡村教育管理职责上的失职渎职，土豪劣绅在乡村教育管理中的腐败则进一步加剧了乡村办学经费的紧张。①

（六）对城乡教育分化问题的关注

丰向日认为，20 世纪二三十年代的中国知识精英认识到中国现代教育不考虑本国是个乡村社会的实际，完全照搬西方的都市化教育，造成了城乡教育机会的不平等。故此，他们提出了实现乡村自救、解除国难以及防止城乡阶级分化，普及乡村教育等理念。② 高盼望指出，民国乡村教育的知识论立场体现了传统中国与现代西方在知识结构、思维模式、认知空间、生存哲学等方面的不同，也即对待人生第一问题与第二问题的侧重偏差，传统中国社会侧重对第二问题的探索，文化较为早熟，其后果是科学知识的落后和近代话语权利的旁落。③

（七）对中国乡村教育历史变迁的总体性研究

姚荣依据韦伯“理想类型”的概念工具以及国家与社会分析框架提出，乡村教育在我国教育现代化的百年历程中，大致经历了从“文字不下乡”到“文字下乡”再到“文字上移”3 个阶段，亦经历了从“嵌入”到“悬浮”的历史变迁。根据乡村教育与乡土社会的关系，将乡村教育“嵌入”可分为清末民初前的“内生型嵌入”与清末民初至 20 世纪 90 年代的“行政型嵌入”两种类型。④

（八）对民国乡村教育的区域性研究

许庆如以山东作为研究区域，以 1901～1937 年间山东乡村教育的变革历程为考察对象，从国家与地方社会的视角切入，通过对区域教育复杂现象的细微考察与典型个案的深度分析，勾勒出始于国家层面的现代教育改革逐渐地方化的内在发展逻辑。⑤ 常钊以 20 世纪二三十年代山西乡村教育

---

① 姜朝晖：《民国时期乡村教育经费短缺的原因分析——以 1930 年代为核心》，《德州学院学报》2014 年第 1 期。

② 丰向日：《城乡教育机会平等：20 世纪二三十年代知识精英的观念》，《教育评论》2015 年第 6 期。

③ 高盼望：《民国乡村教育的知识论立场及其批判》，《清华大学教育研究》2015 年第 2 期。

④ 姚荣：《从“嵌入”到“悬浮”：国家与社会视角下我国乡村教育变迁研究》，《清华大学教育研究》2014 年第 4 期。

⑤ 许庆如：《变革与传承：近代山东乡村教育研究（1901～1937）》，华东师范大学 2012 年博士学位论文。

的发展为契点，系统论述了山西乡村教育运动的兴起、发展历程、特点及其对当今农村教育改革的启示。①

（九）对民国时期乡村教育研究者群体分析

曲博通过对民国时期乡村教育研究群体如地域构成、学历结构、活动空间等基本信息的系统分析，突出了这一群体在民国教育发展史上的特殊地位，并详细梳理了这一群体所关注的问题，研究的倾向和旨趣，所形成的理论及所运用的方法，以及他们的努力所产生的影响和所蕴含的时代价值。②

（十）对民国乡村教师待遇与生存状况的关注

姜朝晖、朱汉国通过对民国时期乡村教师地位、待遇及其生活状况的详细考察，指出民国时期乡村教师的工作条件艰苦，工作繁难，待遇低下，同时还遭受到乡村民众的抵触和乡村士绅的排挤，事实上沦为乡村社会的边缘人。乡村教师普遍心情苦闷，状态低迷，对自身职业的认同感不高，对自身的社会角色定位比较游移。这种生存状况反映出在国家教育体制、专家精英和乡村社会等外在规约中成长起来的乡村教师，其在乡村教育中的主体价值和主体意识是薄弱的，并没有发挥社会所期待的“中心”或“导师”的作用。③

三　关于民国乡村教育研究的局限与发展趋势

近 30 年以来，学术界对于民国乡村教育的研究不仅成果丰硕，而且研究的触角已涉及民国社会的各个方面。然民国乡村教育不仅仅是一场教育革新运动，它更是一次社会改良运动。在近代中国积贫积弱、内忧外患的国情下，一部分先进的中国人试图通过倡导乡村教育以提高民众素质，提高农业生产，提高国家实力，从而使中华民族走向复兴之路。然而，目前学术界对于民国乡村教育的研究仍局限于就事论事，就教育论教育，缺乏社会学者的参与，或者说缺乏从社会学角度，从宏观的、历史的、近代化

① 常钊：《20 世纪二三十年代山西乡村教育的发展研究》，福建师范大学 2005 年硕士学位论文。

② 曲博：《民国时期乡村教育研究群体分析》，华东师范大学 2012 年硕士学位论文。

③ 姜朝晖、朱汉国：《民国时期乡村教师的生存状况》，《史学月刊》2015 年第 4 期。

的视角去深层挖掘民国乡村教育倡导者背后所隐藏的真实动机，去发现民国乡村教育的社会学意义。

另一方面，我国地域辽阔，各地区之间的发展极不平衡。就目前史料看，民国乡村教育的实践集中发生在华北、华东、华中等地域，实践的力度和广度各不相同，得到的体验亦千差万别。如何归纳出这一时期乡村教育的总体性特征？一方面，要借用地方资料，分区域、分类别地考察民国乡村教育的特征及其影响，另一方面，还是要采用社会学田野调查的方法，收集整理乡村教育与乡俗民约以及乡村社会变迁资料，探究其互动与关联，这或许是对民国乡村教育做深入研究的可取路径。以山西为例，民国山西乡村教育可谓独具特色。民国以来，山西一直处于阎锡山的有力控制之下，外来势力很难涉入。为了巩固其在山西的有效统治，在20世纪二三十年代，阎锡山对山西乡村社会进行了一系列的改造活动，而山西乡村运动亦在这一教育改革中备受关注。同时，民国时期的山西村治为全国基层社会治理之典范，而村治的推进与发展与这一时期山西的乡村教育实践密不可分，那么，山西村治的发展与该地乡村教育的运行之间究竟具有什么样的关系，在乡村新式学堂的推行中，传统的私塾教育将何去何从？阎锡山基于诸多考虑，在推进民众教育方面做出了哪些努力，绩效如何？民国山西乡村教育、民众教育以及社会教育对于该地乡村社会控制、乡村社会治理方面又具有哪些影响？对于上述问题，学术界尚未进行专门细致的研究。因此，系统分析民国时期山西乡村教育的缘起、发展及其最终失败的历史情景，深层探究山西村治与乡村教育之间相互借重而又制度重叠的矛盾关系，以及如何解析新学教育与传统私塾之间的碰撞与融合等问题，都是目前民国乡村教育中值得关注的学术命题。

2015年中华民国史研究综述

般昭鲁*

2015年中华民国史的研究，从宏观上来看，井喷与平流错落相间，新史料与新视野互为奥援，呈现出一体推进、两翼雄展的局面。本年度适逢抗战胜利70周年和《新青年》创刊100周年两大历史节点，这为抗战史和思想文化史的研究提供了契机，新资料的不断发掘，新视角不断涌现，研究的精细化程度更为提高；社会史的研究蓬勃发展势头依然，社会生活的细致入微处也为研究者所关注；中外关系史研究中战时中日、中美关系仍旧成为关注焦点，成果丰富并且也有所创新；此外，经济史、教育史等领域的研究视野也不断拓展。

一 政治史研究

民国政治史一直是民国史研究关注的重点。随着民国政治人物的日记与档案资料的开放，以及相关学科研究方法的引入，民国政治史的研究更为细致、立体，新意频出。

（一）政府管理与地方关系

在政府管理方面，徐升对南京国民政府时期国民党中央与立法院在不同阶段的关系进行了梳理，认为在二者的博弈中，对立法权的运作及整个国民党政权都产生了重要影响。①

房列曙考察了抗战时期国民政府公务员的聘用、派用与内外调任制

---

* 鲁东大学马克思主义学院讲师。

① 徐升：《南京国民政府时期国民党中央与立法院关系的变迁》，《安徽史学》2015年第4期。

度，指出，这些举措主要是为了适应抗战建国的需要，但是由于公务员任用制度本身存在缺点，在执行的过程中“事前审查”变成“事后追认”，以及专制制度的危害，孙中山关于考试权独立的理想没有完全实现。①

在中央与地方关系方面，刘文楠梳理了从 1931 年阎锡山在中原大战败后避居大连到 1934 年秋蒋介石走访晋绥这段时间中，蒋介石与阎锡山、徐永昌的互动博弈关系，并将其置于当时“攘外安内”的大背景下，分析了中央与地方如何从各自利益和诉求出发，寻求一种理想的中央—地方关系。② 政治区域化是民国政局的一个重要内容，西南军阀即是政治区域化的产物。段金生从民初、护国运动、护法运动、南京国民政府成立后等几个时期探讨了西南军阀地域范围的流变情形。③

(二) 政治实态

在政治实态研究方面，严泉研究了靳云鹏与皖系北京政府时期的院会关系，认为靳云鹏和安福系之间的院会之争，因“军绅政权”的制约，无法长期停留在宪政轨道上解决，最后还是演变为直皖战争。④ 杨天宏通过对民初国会存废之争的考察，认为“由于政治家面临‘法统’与‘革命’的两难选择，结果在未明确否定国会制度的前提下取消了现存国会。随之各界提出了体现直接民主的‘国民会议’主张”。但“南京国民政府成立之初的政制设计与实践证明，直接民主在实际运作中难免因‘僭代’而发生畸变，结果走向民主政治的反面”。⑤ 桑兵研究了辛亥南北议和与国民会议问题，该文主要对涉及各方的立场责任进行了详细的梳理。⑥ 而汪朝光则对国民党临时全国代表大会从酝酿、召开到讨论、决策的过程进行了探讨。⑦

对于杨度、汪精卫等人成立的国事共济会，学界一直认为其不得人心，因而短命，但对其组织、人员都语焉不详。桑兵通过对新旧各类相关资料仔细梳理比勘，对国事共济会成员的身份以及该会与辛亥政局鼎革的

---

① 房列曙：《抗战时期中国公务员任用制度》，《安徽史学》2015 年第 6 期。

② 刘文楠：《寻找理想的中央—地方关系——蒋介石与晋绥地方实力派的博弈（1931 ~ 1334)》，《史林》2015 年第 5 期。

③ 段金生：《试论西南军阀地域范围流变（1916 ~ 1927)》，《史林》2015 年第 4 期。

④ 严泉：《靳云鹏与皖系北京政府时期的院会关系》，《史林》2015 年第 5 期。

⑤ 杨天宏：《民初国会存废之争与民国政治走向》，《近代史研究》2015 年第 5 期。

⑥ 桑兵：《辛亥南北议和与国民会议》，《史学月刊》2015 年第 4 期。

⑦ 汪朝光：《抗战与建国——国民党临时全国代表大会研究》，《抗日战争研究》2015 年第 3 期。

复杂关系进行了考证，并探究了国民会议发生演化的脉络及其对近代中国政制建构的长远作用。他进而得出结论："国事共济会虽然为时短暂，所提出的国体政体主题，却牵动南北各方的敏感神经。而其主张的以国民会议（大会）公决形式解决重大国事纷争，不仅成为南北和谈纠结不已的一大关键，而且对民初以来中国政制架构的发展演变产生了深远影响。"①

（三）政治人物

近年来随着蒋介石日记、档案文献的公布，蒋介石研究也是成果频出。在分析蒋介石外交战略方面，尤淑君对蒋介石放弃外蒙古的战略考虑、决策经过及自我辩解以及随之衍生的外交冲突等方面进行了考察。②陈伟分析了蒋介石在九一八事变后的学生请愿中的应对情形，认为由于蒋介石对青年运动的认识与应对存在制约与偏差，使南京政府对青年学生运动陷于失控状态，同时这也使得蒋介石充分认识到处理民运问题的复杂性，从而逐步转变了其应对类似事件的思路和方法。③ 段智峰则对1936年蒋介石与胡汉民之间的政治博弈问题进行了探讨。④

宋子文档案文献的公开也为研究其个人及与其他政治人物的关系提供了契机。通过对哈佛大学所藏宋子文档案、台北"国史馆"所藏蒋介石档案及斯坦福大学所藏蒋介石日记等一手档案的分析考订，吴景平探讨了国民革命时期宋子文与孙中山、蒋介石的关系。其研究表明，从20世纪20年代初供职于陆海军大元帅大本营起，宋子文就得到孙中山的信任和重用，他也完全服膺孙中山的领袖地位。孙中山去世后，宋子文一度与蒋介石有过合作，但随着国民革命的深入，特别是北伐的迅速进展，国民党各派之间、党权与军权之间、集体与个人之间等各种矛盾逐渐凸显，并与国共关系的演变相交织，宋子文与蒋介石之间的分歧冲突公开化，并在宁汉对峙之际分道扬镳。⑤ 在另一篇论文中，他又考察了战时蒋宋之间的关系，指出蒋介石经常起用宋子文承担重要财政军需任务，由于体制和人事的原因，却未给予宋子文任何实际职衔，这些也导致了战时国民政府财经决策

① 桑兵：《辛亥国事共济会与国民会议》，《近代史研究》2015年第2期。

② 尤淑君：《蒋介石与1945～1952年的外蒙古独立问题》，《抗日战争研究》2015年第1期。

③ 陈伟：《尝试与困境：蒋介石在九一八事变后学生请愿中的应对》，《民国档案》2015年第1期。

④ 段智峰：《国民党团结再造的困境与限界：1936年蒋介石与胡汉民的博弈》，《民国档案》2015年第2期。

⑤ 吴景平：《国民革命时期宋子文与孙中山、蒋介石关系之比较研究》，《近代史研究》2015年第5期。

和高层人际关系的复杂性。[1] 另外，李吉奎则通过对民国中央银行成立的过程，央行设立之初究竟有无保证金，为何任命宋子文为行长，宋子文长央行后最初的班底如何等几个方面考察了宋子文与民国中央银行的关系。[2]

在孙中山研究方面，彦德如对孙中山革命受挫原因的反省进行了分析；王鹏辉对孙中山的边疆革命和国家建国方略进行了探讨；王建伟则研究了建党初期孙中山与中国共产党之间的彼此观察和认知。[3] 胡波对孙中山、廖仲恺的财政思想与实践的异同进行了探究。[4]

在其他政治人物的研究方面，任天豪考察了巴黎和会时期胡惟德的外交活动及其对中国外交的影响问题。[5] 沈成飞通过对吴稚晖在李济深被拘汤山这一事件的角色分析，指出吴稚晖在此事件的活动透视出“近代中国政局之波谲云诡，以及中国传统政治现代转型的困境与多歧”。[6] 在汪精卫亲日、反苏问题上，李志毓从汪精卫思想演变的脉络，国际、国内环境等因素分析了其对抗战从悲观失望发展为公开主和的心路历程。[7] 刘大禹以1940～1944 朱家骅与战时国民党湖南省党部改组为研究个案，透视出抗战时期国民党省市党部建设受到了派系冲突的严重制约，人事难以保持稳定。[8] 孙宅巍从指挥战事、主持省政及与蒋关系 3 个方面，论述了陈诚在抗日战争正面战场的主要活动及其贡献。[9]

（四）政治文化

随着近年来新文化史引入政治史研究，它不仅弥补了传统政治史研究方法上的不足，而且也为政治史研究拓宽了视野。

在民众动员方面，宫炳成分析了国民党改组前后对民众动员的不同政策，从执政前激进的政治动员到执政后的控制监督，此种变化改变了国民

① 吴景平：《抗战初期蒋介石与宋子文关系研究》，《抗日战争研究》2015 年第 3 期。

② 李吉奎：《宋子文与中央银行的设立》，《广东社会科学》2015 年第 5 期。

③ 彦德如《孙中山对革命建国受挫原因之反省》、王鹏辉《孙中山的边疆革命与国家建设方略辨析》、王建伟《建党初期中共与孙中山的彼此观察与认知》，《社会科学战线》2015 年第 12 期。

④ 胡波：《孙中山廖仲恺的财政思想与实践》，《广东社会科学》2015 年第 5 期。

⑤ 任天豪：《巴黎和会（1919）中的胡惟德与中国外交——两种既有权力位阶的体现者》，《民国档案》2015 年第 2 期。

⑥ 沈成飞：《吴稚晖在李济深被囚汤山案中的角色》，《近代史研究》2015 年第 1 期。

⑦ 李志毓：《汪精卫对日求和的政治环境及其思想脉络》，《安徽史学》2015 年第 3 期。

⑧ 刘大禹：《朱家骅与战时国民党湖南省党部的改组（1940～1944）》，《民国档案》2015 年第 2 期。

⑨ 孙宅巍：《论抗日战争时期的陈诚》，《民国档案》2015 年第 4 期。

党改组初期具有广泛群众基础的现代动员型政党的性质，也导致了国民党专制体制下“民众疏离”和“民心流失”结果的出现。①

在国家纪念日和政治节日的研究方面，郭辉对国家纪念日对抗战时期“革命”话语的建构关系进行了研究，他认为，正是通过抗战时期国家纪念日构建出革命话语，强化抗日战争的正当性和合法性，也凸显出革命理念和话语本身的延续性。② 周游则考察了抗战时期政治节日与民众动员的关系。③

二 经济史研究

2015 年民国经济史研究热度不减，金融财政、三农问题、企业制度、对外经济等方面都有不少成果问世。

（一）金融财政

金融财政研究一直以来是民国经济史研究关注的焦点与热点。抗战时期国民政府的金融货币情况与中国经济增长之间的关系问题引起了学者的关注。1942 年前后，国统区金融面临着新困境。国民政府出台了四行专业化决策，以统一发钞权为关键举措，明确各国有银行的专业范围，提升中央银行的地位和职权，意图应对金融困境。尤云弟对此问题进行了探讨，他指出：“四行专业化在金融制度建设层面上的调整是成功的，然而囿于战局发展、金融领域的人事沟通不畅、监督制度不足和 5 亿美援错失良机等，解决困境的实际成效不如预期。”④ 省地方银行肩负着本地区金融的调度和融通，抗战时期，在国民政府鼓励支持下，省地方银行得到空前发展。刘志英以抗战时期国民政府对省地方银行的监管为研究对象，探讨具体的监管举措和影响。她认为，国民政府此一举措，“既有利于促进经济发展、社会秩序稳定，也增强了国民政府对金融的控制，并最终确立对银行乃至整个国民经济的垄断”。⑤ 此外，朱荫贵对 1939 ~ 1944 年间国统区

---

① 宫炳成：《动员与控制：国民党执政前后民众政策的转型》，《民国档案》2015 年第 4 期。

② 郭辉：《国家纪念日与抗战时期“革命”话语之建构》，《江苏社会科学》2015 年第 3 期。

③ 周游：《政治节日与民众动员：以抗战时期国民政府的国庆纪念日为中心》，《民国档案》2015 年第 2 期。

④ 尤云弟：《战时金融的困境与应对：1942 年“四行专业化”述论》，《抗日战争研究》2015 年第 1 期。

⑤ 刘志英：《全面抗战时期国民政府对省地方银行的监管》，《历史研究》2015 年第 4 期。

15 个省的农村金融借贷、放款利率、放款期限、借贷办法、放款机关等情况进行了具体考察，并分析和观察了其成效与特点。[①]

税收研究上，营业税是民国时期从西方引进的一种现代税收制度。柯伟明通过对民国时期的营业税税率与税负的考察，认为民国时期营业税在成为政府重要收入来源的同时，也给工商业经济和普通民众带来沉重的税收负担。[②] 王瑞庆则以杭州为例探讨了南京国民政府时期开征地价税的动因、成效及面临的困境等问题。[③]

（二）对外经济关系

对外贸易方面，王翔对 20 世纪 20 年代苏州丝绸业抗击日本实行奢侈品进口税案进行了探讨。他研究指出，在抗争日本增税的过程中，苏州丝绸业又一次变压力为动力，化危机为转机，实现了行业面貌的重塑，完成了自身的改良升级。[④] 厚植抗战经济力是抗战时期国民政府经济总动员的最大目标。赵国壮以川东桐油业的外销为考察对象，分析了抗日战争的影响渗透到后方特产行业发展的内在机理之中，使战争、资源、行业三者之间呈现出紧密的互动关系。[⑤]

姚会元则从扩大日伪货币流通区域、套取中国外汇、抢夺中国金银、制造假币、实行通货膨胀 5 个方面探讨了抗战时期日本对华的货币战问题。[⑥]

（三）企业制度

企业史的研究也在不断深入。李健英、赵津对北洋政府与久大精盐公司的关系进行了研究。他们认为，久大精盐的市场准入、精盐销区的拓展及与旧盐商争夺市场都得到了北洋政府不同程度的帮助。但政府的强势地

① 朱荫贵：《抗战时期的国统区农村金融——以农村合作金融事业为中心》，《安徽史学》2015 年第 5 期。

② 柯伟明：《论民国时期的营业税税率与税负》，《安徽史学》2015 年第 3 期。

③ 王瑞庆：《论南京国民政府开征地价税过程中地方财政与地政的纠葛》，《中国社会经济史研究》2015 年第 1 期。

④ 王翔：《外贸摩擦、合群抗争与产业升级——以 20 世纪 20 年代苏州丝绸业为中心》，《历史研究》2015 年第 4 期。

⑤ 赵国壮：《抗日战争与后方特产行业发展——基于川东桐油业的考察》，《抗日战争研究》2015 年第 3 期。

⑥ 姚会元：《探研日本侵华战争中的货币战》，《福建论坛（人文社会科学版）》2015 年第 9 期。

位对企业的抑制作用也在所难免。因此，为了能在这种环境下更好地发展，久大筹建了精盐公会，将各精盐公司整合为一个能与政府相抗衡的力量。[①] 魏晓锴以西北实业公司为考察对象，探讨了抗战胜利后山西地区工业接收问题。他的研究指出，西北实业公司的接收资源因为当时地方最高统治者阎锡山再“接收”，西北实业公司未能获得正常发展，而沦为地方势力的战争机器。[②]

杜恂诚对 1928～1937 年中国的新设企业与政府投资进行了探讨。他认为：“全面抗战前中国经济新设企业投资模式已发生变化，即由市场主导逐渐转变为由政府主导。”这种以政府投资和政府行政控制为主导的经济统制模式在他看来，“从短期来看，有助于当时处于困境中的中国经济摆脱世界经济危机的影响，获得回升的动力。但从长期来看，这种政府主导模式会造成‘金融抑制’的后果，不利于民营经济的发展，并在权力缺乏制约的情况下演化为权力寻租的官僚资本主义”。[③] 而梁娜则以山西省斌记商行为考察中心，从产权主体和组织架构两方面探究了民国时期山西企业制度嬗变的动因及其近代化进程中的特殊性。[④]

劳资关系是企业史关注的一个重点。近代广州传统的劳资关系特征以“劳资合行”的形成出现，在此形式下劳资双方共生于同一行会，而“无劳资阶级之观念”。1924 年国民革命兴起后，由于国共两党的党化渗透，广州劳资关系遂由“劳资合行”的行会特质向党派政治属性演进，协商合作与阶级斗争构成此时劳资群体互动的双重主题。霍新宾对这两种主题的演进进行了探究，进而揭示了国民革命时期国共两党围绕劳资问题的复杂利益博弈，以及传统行会近代转型时劳资阶级意识分野的诸多关联。[⑤] 而郭岩伟、张华勇以华商上海水泥公司资本增值为中心，探讨了近代中国华商企业“红股”的嬗变情况。[⑥]

---

① 李健英、赵津：《北洋政府对久大精盐公司的协助与抑制（1914～1927）》，《史林》2015 年第 6 期。

② 魏晓锴：《抗战胜利后山西地区工业接收研究——以西北实业公司为中心》，《民国档案》2015 年第 3 期。

③ 杜恂诚：《1928～1937 年中国的新设企业与政府投资》，《中国社会科学》2015 年第 3 期。

④ 梁娜：《民国时期内地企业制度近代化问题研究——以山西省斌记商行产权主体与组织架构变迁为例》，《中国社会经济史研究》2015 年第 4 期。

⑤ 霍新宾：《行会理念、阶级意识与党派政治：国民革命时期广州劳资关系变动》，《历史研究》2015 年第 1 期。

⑥ 郭岩伟、张华勇：《近代中国华商企业“红股”的嬗变——以华商上海水泥公司资本增殖为中心》，《安徽史学》2015 年第 5 期。

（四）三农问题

“扶植自耕农”是国民政府抗战时期和抗战后实行的一项重要的土地改革政策。黄正林研究了战时及战后国民政府的这一政策。他指出，战时，国民政府扶植自耕农试验区，实现了平均地权，农村社会经济也发生变化。但同时他也强调因受国民党政权性质、社会惯性和国民党权贵与官僚阶层反对等因素的影响，抗战时期国民政府的土地改革没有在全国展开。战后，由于国共政争，特别是随着国民党在大陆统治的结束，“扶植自耕农”主张者所倡导的土地改革最终以失败结束。①

为解决粮食供应问题与稳定物价，国民政府实施了以改善农村人地关系、提高土地利用效率为主要内容的农地整理运动，最大限度地动员农民耕作积极性，提高土地利用效率，以增强抗战力量。王强的研究表明：“农地整理运动在一定程度上促进了后方粮食生产，缓和了人地关系的紧张局面，但因拘泥于局部的改良措施，未能真正实现在抗战建国背景下践行‘耕者有其田’的政治目标。”② 此外，毛光远研究了 20 世纪三四十年代关中地区役畜繁殖问题，在他看来，“由于战时频繁征调及草畜关系紧张等问题的存在，抗战开始直至解放前夕，关中地区役畜供求紧张状况未能得到彻底缓解，农业生产活动受到严重影响”。③

（五）经济战略和对策

战时经济战略与对策对支持抗战影响极大。游海华考察了抗战时期中国东南地区的工业合作化情形。他认为：“东南工合是中国战时经济动员的重要新手段之一；它的迅猛发展，进一步充实了我国的‘经济国防线’，稳定了东南地区的抗战形势，有力支持了中国的持久抗战，并为新中国的工业化奠定了一定的基础。”④ 而梁严冰、方光华则对抗战前后国民政府的西北工业建设战略进行了梳理分析，认为“西北工业战略的实施，不仅支持了长期抗战，促进了西北的开发与建设，而且对西北经济与社会产生了重大而深远的影响。它改善与提高了人民的生活，形成了一批新兴工业

① 黄正林：《国民政府“扶植自耕农”问题研究》，《历史研究》2015 年第 3 期。

② 王强：《“地力动员”：抗战时期国统区的农地整理运动及成效》，《社会科学辑刊》2015 年第 3 期。

③ 毛光远：《20 世纪三四十年代关中地区役畜繁殖考察》，《中国农史》2015 年第 5 期。

④ 游海华：《抗战时期中国东南地区的工业合作》，《抗日战争研究》2015 年第 1 期。

区，并加快了西北城镇化的进程”。[①]

物价问题事关国计民生和人心所向，政府如何处置是其统治力的重要体现。抗战时期，物价上涨引发了大后方严重的经济与政治危机。1940年末，蒋介石以物价不平、营私舞弊为由，兴起“平价大案”。傅亮以农本局改组为中心对该问题进行了探讨，认为该问题内里实际反映出财政部孔祥熙、徐堪与经济部翁文灏、何廉之间的权力斗争。[②] 朱英和邱小磊则对抗战时期川康区食糖专卖中的蔗糖定价之争进行了研究，指出此一纷争在很大程度上体现了抗战特殊时期协调国计与民生内在关系的紧张与矛盾。[③]

三 思想史研究

今年适逢新文化运动100周年纪念日，在此历史关键节点使本来就受学术界关注的“五四”新文化运动更是受到学术界的关注和深入探讨。相关成果大量涌现，新观点不断提出，达到较高水准。《中国社会科学》出专栏刊载纪念性文章。陈廷湘、谢地昆、陈卫平、朱寿桐等名家从不同角度对新文化运动价值及影响进行了论述。[④] 陈廷湘以大历史观的角度看待了中国文明自创生至20世纪20年代的中国思想学术问题，他认为新文化运动同春秋战国时期的诸子百家争鸣、两宋理学诸学派的论争辩驳一起构成了中国思想学术上的3次高峰。同时还指出，新文化运动非单纯探讨学术，还体现了追求人的解放与新道德统一的重要特点。[⑤] 传统观点认为，新文化运动把中国近代以来的反孔批儒推向了高潮。但陈卫平经过考证认为，新文化运动并不是单单以反传统示人，实际上，新文化运动整理国故，以科学取代经学，打开了研究传统文化的现代新天地，而并非妖鬼化传统文化。[⑥]《北京大学学报（哲学社会科学版）》也邀请厉以宁、李捷、

---

① 梁严冰、方光华：《抗战前后国民政府的西北工业建设战略》，《广东社会科学》2015年第3期。

② 傅亮：《抗战时期的“平价大案”始末：以农本局改组为中心》，《江苏社会科学》2015年第1期。

③ 朱英、邱小磊：《国计与民生：抗战时期川康区食糖专卖中的蔗糖定价之争》，《安徽史学》2015年第5期。

④ 陈廷湘、谢地坤、陈卫平、朱寿桐《问题与辨析：新文化运动再反思》、陈廷湘《新文化运动：中国思想创新的里程碑》、谢地昆《永恒的“五四”：启蒙与思想解放》、陈卫平《新文化运动反传统之辨析》、朱寿桐《五四新文学发生的内在必然性》，《中国社会科学》2015年第11期。

⑤ 陈廷湘：《新文化运动：中国思想创新的里程碑》，《中国社会科学》2015年第11期。

⑥ 陈卫平：《新文化运动反传统之辨析》，《中国社会科学》2015年第11期。

林毅夫、耿云志等名家学者进行探讨。[①]《探索与争鸣》也邀请秦晖、陈平原、任剑涛等围绕“新文化运动百年价值重估”这一议题进行了笔谈。[②]

近代中国如何选择马克思主义？其历史逻辑如何？冯昆、刘喜发研究指出：“近代中国选择马克思主义既是世界历史发展的深层逻辑使然，也有着近代中国历史发展的深层实践逻辑。它是世界历史与中国历史互动影响下，近代中国社会变迁的历史实践性选择。而中国传统文化在价值追求、思维方式、文化经验、实践取向等维度上的文化特质，则为近代中国选择马克思主义提供了文化的底蕴和中介。”[③]

五四时期是近代中国思想史转型时代的高潮，五四知识分子多注重个人德行与伦理规范的互动。段炼以李大钊和章士钊为中心考察了五四“群德”的思想分途。他指出，章士钊、李大钊等致力于民初宪政实践的知识分子，虽然将宪政秩序视为塑造共同体公共认同的重心，但在他们看来，国家不仅仅是一个“政治共同体”，还是一个内含公共伦理的“道德共同体”，而这种公共伦理形成了独特的现代性。[④] 陈同在对第一次世界大战期间杜亚泉的思想分析后认为：“战争的破坏性及残酷性促使他更为关注西方文化的负面因素，并强调固守中国传统伦理的重要性。他的东西方文化调和思想也由此经历了从以借鉴西方为重到以中国固有文化为主的变化。”[⑤]

军阀问题是五四前后思想界颇为关注的重大政治和社会问题。对于时人如何认识军阀现象？他们认识军阀现象的思想资源是什么？他们对军阀问题的讨论和认识在今天看来是否成立等问题，翁有为进行了深入的研究和探讨。在他看来，时人对军阀形成的一种否定性认知是他们对军阀之行事的具体观察和切身感受的结果，而“这些对军阀的认知，对我们今天客观和理性地认识近代中国革命过程中的民初军阀问题以及反对军阀问题，

---

① 厉以宁《新文化运动与西学东渐》、李捷《新文化运动与民族复兴的正确道路》、林毅夫《对新文化运动的反思：经济学的视角》、耿云志《〈新青年〉与新文化运动的百年回响》，《北京大学学报（哲学社会科学版）》2015 年第 6 期。

② 秦晖、杜维明《新文化运动与中国文化的未来》、陈平原《作为一种“思想操练”的五四》、任剑涛《认同现代之难——新文化何以在中国未能成为主流文化》、罗多弼《21 世纪与新文化运动》、舒衡哲、张小溪《反思启蒙：超越激进人类中心主义》，《探索与争鸣》2015 年第 7 期。

③ 冯昆、刘喜发：《近代中国选择马克思主义的历史逻辑》，《南京社会科学》2015 年第 7 期。

④ 段炼：《“群德”的思想分途：宪政秩序与国民公德——以五四前后章士钊及李大钊的论述为中心》，《史林》2015 年第 3 期。

⑤ 陈同：《第一次世界大战背景下的杜亚泉》，《史林》2015 年第 6 期。

均具有重要参考价值”。[①]

此外，郑大华对九一八事变后“中华民族复兴”思潮形成问题进行了研究，他认为，中华民族复兴从思想发展成为一种思潮，是九一八事变后日益严重的民族危机，激化了人们的民族认同感和民族责任感，从而为中华民族的复兴提供了契机。[②]

四 社会文化史研究

2015 年民国社会文化史研究，既有对社会救济和社会生活的探讨，也有对社会转型与社会各个阶层的透视。

在社会救济和慈善方面，孙江对“一·二八事变”中红卍字会的掩埋尸体活动进行了研究。[③] 抗日战争时期的难民问题是中国近现代社会史研究的重要课题。任轶结合原始法文档案与中文资料，运用中外文献互证的“双重证据”方法，分析了 1930 年代法租界当局与天主教会在上海难民救助中的角色与立场。本文最大特色是将近代中国对弱势群体的救助活动与天主教会策略、法国外交及国际关系等方面紧密连接起来考察，视野比较开阔。[④] 苏智良、王海鸥则探讨了饶家驹在上海、武汉设立难民区及对难民救济等问题。[⑤] 此外，郝红暖以直隶获鹿县为中心探讨了 1918 年流感的中国疫情问题。[⑥] 刘秀红对民国北京政府时期劳动灾害赔偿制度进行了研究。在她看来，该制度虽然实施效果不佳，但这是劳动灾害赔偿首次进入立法，对后来政府的立法有借鉴意义。[⑦]

城市与乡村生活是民国社会文化史研究的重要领域之一。近代城市成长过程中，与近代交通体系的发展息息相关。江沛、李海滨以京奉铁路对唐山发展的影响为考察中心，探讨了资源型城镇与近代交通体系的发展交

---

① 翁有为：《五四前后时人对军阀现象之认识》，《历史研究》2015 年第 6 期。

② 郑大华：《论九一八事变后“中华民族复兴”思潮的形成》，《史学月刊》2015 年第 5 期。

③ 孙江：《战场上的尸体——“一·二八事变”中红卍字会的掩埋尸体活动》，《江海学刊》2015 年第 2 期。

④ 任轶：《浅析两次淞沪抗战时期法租界当局与天主教会对难民的救助》，《民国档案》2015 年第 1 期。

⑤ 苏智良、王海鸥：《饶家驹与难民区相关问题再探讨》，《安徽史学》2015 年第 6 期。

⑥ 郝红暖：《1918 年流感的中国疫情初探——以直隶获鹿县为中心》，《安徽史学》2015 年第 5 期。

⑦ 刘秀红：《民国北京政府时期劳动灾害赔偿制度探析》，《安徽史学》2015 年第 5 期。

互作用问题。[①] 秦熠则探讨了胶济和津浦铁路对近代济南城市空间变迁的影响问题。[②]

尤育号以温州旅沪同乡会为例考察了民国时期旅外同乡组织与家乡社会的双向互动关系，在他看来：“同乡会在维护商民利益、慈善赈济和地方政治等方面，广泛而深入地介入家乡公共事务，在发挥助乡功能的同时，强化了旅居地和家乡社会之间的联结和双向互动。”[③] 土地租佃是佃农生存之本，也是地主获得土地资产性收益的重要方式。民国法律如何规范佃俗中欠租与撤佃之间的关系？陈和平的研究指出：“欠租与撤佃关系复杂，国法在此问题处理上也比较审慎，其背后凸显的是业佃间的利益博弈以及业佃双方的理性和无奈。”[④]

社会转型也是研究者关注的一个焦点。赵英兰、贾小壮从社会转型、政治动荡、西方传教路径调适等几个方面对民国时期社会信仰态势嬗变缘由进行了研究，他们认为：“在这些因素的影响下，整个中国的社会信仰呈现出新旧并存、传统衰微的局面。”[⑤] 彭南生、邵彦涛通过对民国时期兰州教育界籍贯冲突的透视，考察了民族国家建构过程中民众的期盼与诉求问题，他们认为：“民族国家建构所倡导的地域平衡和公民平等理念与中国现代化进程开启后所加剧的区域失衡之间存在结构性的紧张。”[⑥]

在概念研究上，李玉教授通过对《申报》中出现的“倭寇”一词的考察分析，探讨了不同时期“倭寇”一词的“指意”与“指义”内涵。在他看来：“尽管国人附着在这一名词之上的情感一直是仇恨与愤恨，但从长时段体察，则不难发现其背后的意向逐渐由甲午战争时期的‘忧愤’过渡为‘九·一八’事变之后的‘激愤’，并最终汇入抗日的洪流中。”[⑦]

---

① 江沛、李海滨：《京奉（北宁）铁路与资源型城镇唐山的近代变动》，《历史教学（下半月刊）》2015年第5期。

② 秦熠：《铁路与近代济南城市的空间变迁（1904～1937）》，《历史教学（下半月刊）》2015年第5期。

③ 尤育号：《民国时期旅外同乡组织与家乡社会的双向互动——以温州旅沪同乡会为例》，《社会经济史研究》2015年第2期。

④ 陈和平：《民国法律与佃俗中欠租与撤佃关系之辩》，《中国农史》2015年第4期。

⑤ 赵英兰、贾小壮：《民国时期社会信仰态势嬗变之缘由》，《社会科学战线》2015年第2期。

⑥ 彭南生、邵彦涛：《反抗边缘化：民国时期兰州教育界籍贯冲突之透视》，《江汉论坛》2015年第1期。

⑦ 李玉：《近代中国对日怒称“倭寇”的历史考察——以〈申报〉为中心的分析》，《南京社会科学》2015年第12期。

五 中外关系史

2015 年的中外关系史研究主要集中在两个时间段，一个是一战期间北京政府的对外交涉问题，另一个是抗战时期的中外关系。

一战爆发后，中国一度保持中立。学界对一战初期中国的中立多不持肯定态度。侯中军通过对一战爆发后中国中立政策的背景和原因以及英、美、日等列强在中国中立问题上的态度的考察，认为“在宣布中立前，外交部希望能得到美国的外交支持和日本自身中立的保证，但内外形势并未给外交斡旋留出更多的时间。在未能达到最佳的外交局势下，北京政府于 8 月 6 日宣布中立。某种程度上，中国的中立主要为了防日，但并未达到目的”。[①] 对于第一次世界大战与中国的研究，学术界讨论颇多的是中国对巴黎和会的参与，特别是中国代表团成员在巴黎和会上的表现，对于如何筹备参加战后和会这一问题则鲜有论及。罗毅、金光耀以台北中研院所藏《外交档案》为基本史料，对此问题进行了探讨。其研究指出：“北京政府很早就开始为参加和会做准备，且未曾间断，并随战局和国际形势的变化有过各种应对方案。这些筹备工作折射出民初外交的一些特征，并对此后民国对外关系的走向产生了重大影响。”[②]

抗战时期的中美关系是民国中外关系研究的一大热点。抗战时期，美国长期大量向日本出售钢铁、石油等战略物资，助长其侵华实力。1939 年 7 月，蒋介石致电罗斯福，建议美国采取办法，削弱日本的战斗力与经济力。同月，美国政府宣布废止美日商约，对日实行经济制裁。为了维持战力，日本多方向美国提出交涉，罗斯福为避免美国过早陷入大西洋和太平洋两面作战的不利局面，提出退让、妥协方案，企图在一定时间内放松对日本的经济封锁。杨天石研究指出，面对此局，“蒋介石坚决反对美国政府改变对日政策，愤而以‘国际信义’与‘人类道德’相责，胡适、宋子文也积极与美方交涉。最终，美国对日政策由有限度的妥协恢复为全面强硬，美日谈判破裂。日本指责美国已彻头彻尾地成为蒋介石的代言人，于 12 月初突袭珍珠港等地，太平洋战争爆发”。[③] 贾钦涵对战时美国情报局

---

① 侯中军：《一战爆发后中国的中立问题——以日本对德宣战前为主的考察》，《近代史研究》2015 年第 4 期。

② 罗毅、金光耀：《北京政府筹备参加欧战和会考析——以外交界为中心》，《历史研究》2015 年第 6 期。

③ 杨天石：《珍珠港事变前夜的中美交涉》，《近代史研究》2015 年第 2 期。

与中美关系进行了研究，指出，战时情报局对中国抗战的宣传方针，尤其对中国共产党及其抗日武装的态度，直接反映了二战期间美国政府对华政策的走向，揭示了美国远东外交战略的实质。[①]

在中日关系研究方面，刘利民考察了 1927～1937 年中日渔业交涉问题。[②] 刘丽丽通过对《中央日报》在九一八事变后对马占山抗战的报道，考察了九一八事变后南京国民政府对日政策的演变问题。[③] 段瑞聪则以战后对日和约审议委员会为中心，考察了战后初期国民政府对日讲和构想问题。[④] 张生以东亚地中海理论探讨了中日钓鱼岛问题，不仅对钓鱼岛问题产生的内层原因进行了分析，而且还有利于加深对近代以来中日美三国关系的理解。[⑤]

在中英关系上，葛玉红对 1916～1924 年的中英沪宁铁路余利交涉进行了研究，她认为“中英沪宁铁路余利交涉不仅使英国在华利益和在沪宁铁路上的权益逐渐减弱，也对推动中国政府废除不平等条约运动的发展以及中国外交政策的转变与实施，起到了重要作用”。[⑥] 刘本森则对南京国民政府为收回威海卫与英国的谈判及其实现情形进行了探讨。[⑦] 魏兵兵考察了一战后北京政府遣送德侨及与英国交涉情形。研究表明，中国遣送德侨工作虽遭到英国的反对和干扰，但由于中国朝野人士的帮助以及巴黎和会后遣送计划的变更，大量德侨最终得以留在中国，这对战后中德关系乃至整个东亚国际关系格局都具有深远影响。[⑧]

在中苏关系上，陈开科以苏联援华空军志愿队为研究对象分析了战时战略协调背景下的中苏外交关系。[⑨] 抗战后期中苏之间围绕“假道运输”展开交涉，此交涉因中国的实力不济没有成功。邵玮楠对该问题进行了探

① 贾钦涵：《战时情报局与美国对华政策（1942～1945）》，《抗日战争研究》2015 年第 2 期。

② 刘利民：《试论 1927～1937 年国民政府制止日人侵渔政策——以中日渔业交涉为中心》，《抗日战争研究》2015 年第 1 期。

③ 刘丽丽：《九一八事变后南京国民政府对日政策的演变——以〈中央日报〉对马占山抗战的报道为中心》，《民国档案》2015 年第 4 期。

④ 段瑞聪：《战后初期国民政府对日讲和构想——以对日和约审议委员会为中心》，《抗日战争研究》2015 年第 3 期。

⑤ 张生：《“东亚地中海”视野中的钓鱼岛问题》，《抗日战争研究》2015 年第 3 期。

⑥ 葛玉红：《中英沪宁铁路余利交涉（1916～1924）》，《江海学刊》2015 年第 6 期。

⑦ 刘本森：《南京国民政府收回威海卫的谈判及其实现》，《江苏社会科学》2015 年第 4 期。

⑧ 魏兵兵：《第一次世界大战后北京政府之遣送德侨与对英交涉》，《史林》2015 年第 3 期。

⑨ 陈开科：《中苏外交战略协调背景下的苏联援华空军志愿队》，《抗日战争研究》2015 年第 4 期。

讨，认为“这一结局的产生，不仅深受二战进程和战时国际关系的影响，新疆问题作为地方性因素也扮演了重要的角色，显示出盟国之间根深蒂固的矛盾与不信任”。[①]

此外，何铭生、李珊还探讨了抗战时期丹麦和瑞典在华“双重外交使节”的现象。[②]

六 教育史研究

民国教育史的研究，近年来有回暖的趋势。2015 年民国教育史研究领域更为广泛，教育制度、大学教育、乡村教育、留学教育等问题都受到关注。

教育制度方面，南京国民政府初期的大学院制是中国历史上教育独立的一次积极尝试，但最终以失败告终。田子俊对其失败原因进行了分析：“大学院制的建立，虽然反映了中国教育理论界的觉醒，但是教育不可能脱离政治而独立存在，所以，大学院制的建立，必然是昙花一现的尝试。”[③] 虞和平以民国前中期商人捐办大学为考察重点，探讨了辛亥革命对教育变革的影响。他认为，辛亥革命为大学教育的发展建立了新的平台，开启了国立、公立、私立三路并进的新模式，使私立大学领先发展，在民国时期大学教育发展过程中引领潮流。[④] 施扣柱从资格认定制度、薪酬制度、进修和科研制度、著作奖励和子女入学免费制度、精神和物质相结合 5 个方面研究了民国时期上海的教师管理制度。他认为该制度在上海教育发展过程中发挥了不可或缺的促进作用，于今亦不失借鉴价值。[⑤]

抗战时期，蒋介石通过军事化、训导制、大学党团化等方式强化对高等教育的统制。中国高等教育何去何从？张凯在其研究中指出，如何平衡中国化与科学化成为一个不可回避的时代性难题。而结局只能是“教育统制”成为国民党内派系斗争的催化剂，“中国化”的理想被贴上“复古”

① 邵玮楠：《抗战后期国民政府关于假道运输之交涉》，《南京大学学报（哲学·人文科学·社会科学版）》2015 年第 2 期。

② 何铭生、李珊：《并不“一切如常”：抗战时期丹麦和瑞典对华外交政策的比较研究》，《抗日战争研究》2015 年第 1 期。

③ 田子俊：《南京国民政府初期大学院改制失败原因又解》，《史学月刊》2015 年第 3 期。

④ 虞和平：《辛亥革命对教育变革的影响——以民国前中期商人捐办大学为中心》，《史学月刊》2015 年第 6 期。

⑤ 施扣柱：《民国时期上海教师管理制度述略》，《史林》2015 年第 3 期。

与统制手段的标签。[①] 陈钊研究了抗战时期陈立夫对西北联大改组的问题。他指出，抗战时期陈立夫为平衡地域高等教育，采用铁腕手段对西北联大进行改组，此举奠定了今日西北，特别是陕西高等教育的基本格局。[②] 此外，黄伟考察了民国高等教育奖学金制度。[③] 付启元则对抗战时期汪伪政权从调整教育方针、整顿教育行政、整合多种教育形式等方面以加强对中等教育界思想控制的问题进行了分析。[④]

研究者对高等教育的关键群体——高等院校或研究机构的负责人以及与政府的关系给予了较多关注。蒋宝麟通过对 1945 ~ 1948 年间吴有训在中央大学进退的考察，指出了战后中国动荡政局中大学生存和发展的困境，以及此时期"学术自由"艰难的状况。[⑤] 周雷鸣则对抗战时期中央研究院的改隶风波进行了研究，他的研究表明，在中央研究院建立和发展过程中，国家政权起着举足轻重的作用；学者们提倡和标榜的"学院自由""学术自治"的空间是十分有限的。[⑥] 何方昱考察了战时浙江大学中的三民主义青年团。抗日战争爆发以后，国民党有意将党派势力移植进入大学场域，同时依凭大学教授的威信及声望，对学生加以感召和疏导，以维系战时大学校园的秩序与稳定。但由于其在组织方式和运动策略方面的弊端，再加上浙大左翼学生团体的斗争与抵制，收效甚微。这种战时校园中的党派之争，一直延续到战后，且对国民党政权的负面影响愈演愈烈。[⑦] 沈文君则考察了近代上海的大学教授团体，探讨了其公共政治生活与传统社会网络与同乡组织的不同之处。[⑧] 刘长林、刘强研究了陈独秀对上海大学创建所起的作用，他们认为："显性的文化名人效应与隐性的政党组织运作是陈独秀影响上海大学创立与发展，影响上海大学青年学子的两条重要路径。"[⑨]

乡村、职业教育研究方面，姜朝晖、朱汉国对民国时期乡村教师的生

① 张凯：《蒋介石与国难之际高等教育之走向》，《广东社会科学》2015 年第 1 期。
② 陈钊：《陈立夫与西北联大的改组》，《民国档案》2015 年第 3 期。
③ 黄伟：《民国高等教育奖学金制度的历史考察》，《历史教学（下半月刊）》2015 年第 12 期。
④ 付启元：《试论汪伪政权对中等教育的"整顿"》，《复旦学报（社会科学版）》2015 年第 5 期。
⑤ 蒋宝麟：《战后中国的大学校长与大学困境：吴有训在中央大学之进退（1945 ~ 1948）》，《民国档案》2015 年第 2 期。
⑥ 周雷鸣：《中央研究院改隶风波探析》，《民国档案》2015 年第 4 期。
⑦ 何方昱：《战时浙江大学校园中的三民主义青年团》，《史林》2015 年第 3 期。
⑧ 沈文君：《文人议政：近代上海大学教授职业团体之考察》，《史林》2015 年第 3 期。
⑨ 刘长林、刘强：《论陈独秀在上海大学创建中的作用》，《抗日战争研究》2015 年第 5 期。

存状况进行了分析，他们的研究表明，民国时期的乡村教师的生活并不尽如人意，进而指出，这种生存状况反映出，在国家教育体制、专家精英和乡村社会等外在规约中成长起来的乡村教师，其在乡村教育中的主体价值和主体意识是薄弱的，并没有发挥社会所期待的“中心”或“导师”的作用。[①] 毕牧则对抗战前青岛下层社会的职业教育进行了探讨。[②]

留学教育研究上，徐志民选取被伪政权派往日本的留日学生群体为研究对象，他认为“战时日本主导下的中国人赴日留学，既然偏离了以传播科学文化知识为目的的正常轨道，结果必然随着日本侵华战争的失败而终结”。[③] 另外，他还对抗日战争爆发后日本对华殖民教育的决策问题进行了探讨。[④] 殷昭鲁则对战后国民政府对留日学生的甄审政策进行了考察。[⑤]

七　军事史研究

2015 年民国军事史的研究仍呈现不瘟不火的局面。研究对象上主要集中在军队建设、军事活动和相关战略及中外军事合作等方面。

在军队建设方面，陈默对抗战相持阶段国军的编制状况进行了探讨。他认为，相持阶段国军编制艰难演进的过程，既体现了国军在部队编制制订上逐渐趋于实际的取向，又反映了战争条件下国军所遭遇的越发严重的困境。[⑥] 叶铭则对战时军令部致力于建立中国参谋系统进行了考察，认为此举虽是战时中国军事现代化的尝试，但由于各种原因，军令部参谋人事管理并未完全达成统制参谋之目标。[⑦] 十九路军在一·二八淞沪抗战中声名远扬，福建事变后番号被取消。两广事变期间蔡廷锴、蒋光鼐等将领积极推动十九路军的重建，并一度付诸实现，但随后被蒋介石再次取消。朱庆以此次十九路军重建为考察重点，认为：“虽然这次重建再次被取消番

① 姜朝晖、朱汉国：《民国时期乡村教师的生存状况》，《史学月刊》2015 年第 4 期。

② 毕牧：《抗战前青岛下层社会职业教育论析》，《东岳论丛》2015 年第 6 期。

③ 徐志民：《敌国留学——抗战时期在日中国留学生的生活实态》，《近代史研究》2015 年第 5 期。

④ 徐志民：《日本侵华殖民教育之决策——基于战时日本档案的分析》，《福建论坛（人文社会科学版）》2015 年第 10 期。

⑤ 殷昭鲁：《论战后国民政府对战时留日学生的甄审政策》，《历史教学（下半月刊）》2015 年第 3 期。

⑥ 陈默：《艰难的演进——抗战相持阶段国军的编制嬗变（1939 ~ 1944）》，《抗日战争研究》2015 年第 2 期。

⑦ 叶铭：《军令部与战时参谋人事》，《抗日战争研究》2015 年第 4 期。

号，但此次重建对宣传抗日、两广事件和平解决以及壮大抗日军事力量都有重要影响。”[①]

在军事活动及相关战略方面，孙宅巍对南京保卫战的历史地位和影响进行了思考，认为“南京保卫战在背景、时空、原因、人数等多方面，与南京大屠杀有着多重关联，给予南京大屠杀以重要影响，从而也加重了它在历史天平上的分量”。[②] 抗战期间，以广东为主体的华南抗战是全国抗战的重要组成部分，1936 年两广事变后，国民党中央恢复了对广东的实际控制，随之蒋介石把广东纳入准备和实现全国抗战的统一筹划之下，开始对广东军政的具体领导和指导。左双文的研究指出：“在此期间，蒋介石虽对协调广东军政、指导对日布防投入了一定心力，曾设想以华南为第二大抗日基地。但蒋对于日军大举侵粤，在判断与指导上存在明显失误。他对华南地区的人事安排和调整未能尽如人意，军政之间长期不能配合，致使华南抗战工作遭受一定损失。”[③]

在中外军事合作方面，袁成毅以中美对日空战为研究点分析了中美军事合作的状况。他指出，虽然中美两国国力相差悬殊，但双方的军事合作并不仅仅是一种简单的援助与被援助关系，更有基于共同战略利益和各自优势的彼此呼应，体现了互为战略支持的合作关系。[④]

此外，王萌分析了 1936 年日本华北驻屯军的增兵、升格问题。她指出，战前，通过一系列协定，日本确立了其在华北问题上独立、强势、广泛的对华话语权。不断增兵屯兵，而随之的繁杂的教育训练与频繁的夜战演习导致抗战前夜平津一带出现高度紧张的局势。[⑤]

八 战后遗留问题研究

2015 年是中国人民抗日战争暨世界反法西斯战争胜利 70 周年，在此一重大历史事件的时间节点，强化历史记忆，引人集中关注。关键时间节点、新史料、新视角使得战后遗留问题研究上更为多元和细化。研究对象上主要集中在南京大屠杀、细菌战、战后处置日本等方面。

南京大屠杀的研究近年来受到史学研究者的关注，研究热度不减。杨

① 朱庆：《论十九路军的重建及影响》，《江海学刊》2015 年第 4 期。
② 孙宅巍：《论南京保卫战的历史地位与影响》，《南京社会科学》2015 年第 7 期。
③ 左双文：《蒋介石与华南抗战》，《近代史研究》2015 年第 6 期。
④ 袁成毅：《从对日空战看中美相互战略支持》，《历史研究》2015 年第 4 期。
⑤ 王萌：《1936 年日本华北驻屯军的增兵、升格及后果》，《史林》2015 年第 4 期。

夏鸣、王卫星根据最近新发现的美国外交史料，重点探讨了美国总统罗斯福对日军南京暴行的反应及其构想落实的因素。在他们看来，“美日最终走向战争的具体诱因之一是美国逐步对日本实行石油、废钢铁等物资的禁运及冻结日本在美国的资产，这实际上是罗斯福‘隔离’战略的落实，而‘隔离’战略的产生在很大程度上源于日本的侵华战争，特别是日军的南京暴行”。[①] 南京大屠杀期间，日本外交官面对日军暴行，在人类良知与国家利益间是如何选择的？王卫星认为：“日本外交官，他们一方面出于本国利益的考虑，尽可能避免引起外交纠纷，另一方面又竭力掩盖事实真相，阻止日军暴行的消息外传，以维护日本的‘颜面’和日军的‘荣誉’。”[②]

在细菌战研究方面，包晓峰从义乌疫菌的来源、疫菌传播的范围，以及由此造成的大量平民伤亡的严重后果等几个方面考察了抗战时期日本对义乌实施细菌战的罪行。[③]

如何处置日本是战后一项重要议题。太平洋战争爆发后，国民政府就同盟国一起搜集日本的相关罪证。国民政府为此在行政院下正式成立了“敌人罪行调查委员会”进行调查工作，张连红以该委员会为考察对象对战时国民政府对日罪行调查进行了研究，他认为：“虽然调查委员会进行了十分认真艰辛的努力，也整理汇编了近三千件罪证材料，但由于各级政府对调查敌人罪行认识不足、敌人罪行调查委员会缺失权威以及特定战争条件等因素的制约，国民政府战时日军罪行的调查成效并不显著。”[④] 对此问题，刘萍也进行了探讨。与张连红教授不同的是，刘萍不仅考察了战时的罪行调查委员会，而且还考察了战后国际检查局在中国的取证工作以及确定中国出席远东国际军事法庭做证的证人问题。[⑤]

九　余论

通过对 2015 年民国史相关学术研究成果的耙梳分析，我们可以发现，中国大陆的民国史研究成果取得了相当大的进展。最具特色的是两大历史

---

① 杨夏鸣、王卫星：《日军南京暴行与罗斯福的反应》，《历史研究》2015 年第 5 期。

② 王卫星：《日本外交官对日军南京暴行的反应与应对》，《南京社会科学》2015 年第 8 期。

③ 包晓峰：《日军在义乌实施细菌战的罪行研究》，《浙江社会科学》2015 年第 9 期。

④ 张连红：《战时国民政府对日军罪行的调查——以“敌人罪行调查委员会”为中心》，《江海学刊》2015 年第 2 期。

⑤ 刘萍：《国民政府之日军罪证调查问题再考察》，《东岳论丛》2015 年第 12 期。

时间节点为推动民国史的深入研究提供了有力支点。民国政治史研究相对平稳，思想史研究借势成果频出，社会文化史研究势头强劲依然。

成果虽然丰富，但是2015年民国史的研究还有值得斟酌及探讨之处，未来民国史研究的走向还需进一步思考。

首先，2015年因是两大历史事件的周年纪念，相关论文井喷式呈现。诚然不少文章是对新史料的发掘辨析、研究方法上的推陈出新，但其中也有不少是应景之作，或者是重复劳动。因此，民国史的研究不仅要注重史学经世的理当回应，更加要注重学术研究上的严谨求实。

其次，民国史研究的维度如何界定。目前民国史研究更多是国民政府史而非民国史。比如北京政府时期，虽然其文武制度在整个中华民国史中起到承前启后的作用，但在北洋军阀的观念之下，研究严重不足。如何平衡这种关系，至关重要。

再次，如何处理好民国史研究中史料、框架、方法与理论的关系问题。研究历史，史料至关重要，民国时期国际化程度极高，因而史料的搜集不仅要注重本土化，更应注重国际化。革命史与民国史研究的对象处于同一时空之下，但长期以来二者研究势同水火，革命史框架与民国史框架之间是否能有融通的可能，值得思考和探究。民国史研究的多元与立体，以传统的研究方法和理论进行研究显然是不够的，这需要对多学科理论和方法的借鉴。

最后，如何看待民国史研究“碎片”化的现象。“碎片”化不是研究的支离破碎，而应该是带着关怀去研究细节，应该是在对民国史有一个整体想象下的“碎片”，使“碎片”成为一个有思维的碎片，也就是说要在宏大的视野之下，考虑细节，并思考由细节整合到整体的路径。

总之，只有通过历史学人的共同努力，海内外民国史研究者的交流互动，才能更好地把握民国史研究的脉动，才能深入推进民国史研究。

【书评】

阎锡山及“山西模式”

——读《政制转型与山西政治秩序重构研究（1911～1928）》的几点认识

张　玮*

20世纪初期是中国历史上少有的激变时代，其间传统的“家国天下”正在演变为现代民族国家并从“四民社会”走向市民社会，科举制被一座座新式学堂取代，整个社会新陈代谢、变与不变相当吸睛。辛亥革命后，中央权威土崩瓦解，旧制已废而新制未立的中国社会处于一种政治失序状态。之后，虽出现过短暂的威权统治，但随袁世凯中央集权努力的失败，“五代式”的民国登上历史舞台。在此镜像中，新秩序如何构建则成为各方政治力量不得不面对的难题，亦为各种政制创设提供了机遇与空间。

学界先前对阎锡山的研究多着眼于南京国民政府时期阎锡山与蒋介石斗法、阎锡山与中原大战、阎锡山与西安事变、阎锡山与山西近代工业体系建设、阎锡山与山西乡村治理（亦称“山西村治”）等方面，而极少关注阎氏在民国北京政府时期的政治行为，更未将其放在民国政治及社会转型的路径下进行考察。这种局限性一方面是受传统史观影响，然而更主要的是受到了史料限制。不过，随着《阎锡山档案要电录存》出版，大陆学界对阎锡山的研究状况正在逐步改变，这批重要档案主要汇编了1912～1926年阎锡山与北京政府要人通电和密电并涉及民国一系列重大政治问题，如袁世凯称帝、护法战争、曹锟贿选、北伐战争等。张文俊副教授的《政制转型与山西政治秩序重构研究（1911～1928）》（台湾花木兰文化出版社，2015，上下两册），则正是大量运用这批档案资料对北京政府时期

* 太原理工大学马克思主义学院教授。

的阎锡山进行探讨的重要著作之一。

该著全文由4部分构成，第一部分由“‘督抚革命’：新旧政权更替与军绅秩序构建”和“失序中的有序：变动秩序中军绅政权的调适”两章组成，着重探讨了山西军绅政权建立过程及其建立之初阎锡山与袁世凯、北京政府之间的政治博弈；第二部分为“军主绅辅：军绅政权的实践表达”，论述了阎锡山治晋举措及省内军绅冲突与妥协情形，探究了阎锡山治晋的合法性；第三部分阐述了北洋体系与南方国民政府政争中的阎锡山，尤着力考察了阎锡山在急剧转变的政治形势中“应时而变”的政治态度及“趋于理性化”的政治选择，呈现了山西政治“以不变应万变”和“似变而非变”的特征；第四部分为结论，重点对辛亥革命以来阎锡山在国家权力与地方政治合力作用下构筑的“山西模式”进行了解读。这一独特政治类型的出现是对民国政治变迁的一种折射。此4部分各有侧重，但内容交集互涉，几乎每章都从不同角度探索了山西在全国政局中的位置、阎锡山的治晋理念与对外交往以及阎锡山与士绅合作建立的军绅政权，进而演变成别具一格的“山西模式”。作者将这一模式定义为“政制转型中山西一直由阎锡山控制的一种稳定且准独立的军绅秩序”，这种模式可视为阎锡山牢牢掌控山西的独特理念和手段之集成。

那么，“山西模式”是如何构建的？首在武昌起义后山西同样以兵变方式使太原迅速光复。美国学者唐纳德·G. 季林（Gillin D. G.）曾与阎锡山交谈“关于阎在辛亥革命期间被举为山西都督”一事，获知是因阎锡山有同盟会员身份及其与孙中山的联系。但作者认为阎锡山与山西立宪派梁善济等势力构建的关系网络是其被举为都督不可或缺的重要资源，这亦可以理解为革命的成功依赖于一个可以统合新旧势力的政治强人，此则从局部反映出辛亥革命能够在短时间内成功的历史动因。作者从深层分析中意识到山西新旧政权更替与武昌起义相似，都是通过“督抚革命”结束清朝政治秩序，且在颠覆政权时非真正“革命者”发挥重要作用。“督抚革命”可称为上层革命，即革命由统治阶层进行笼络强势或强势“入伙”而完成，这种革命造成的结果是社会震荡较小且相对温和而不具备底层革命的暴烈性，但存在容易反复和不彻底性等致命弱点。正如山西由帝制向“共和”转变时官、绅、商人与民军由合作走向分离然后又走向合作，最终山西政治秩序由“督抚”主导，即具有同盟会员身份又与士绅关系较好的阎锡山得到士绅阶层支持确立了“军主绅辅”的政治新秩序。至此，山西摆脱帝制时代“绅—军”政治架构，并向武主文从的政制格局演进。这一变化不仅是近代山西最大的一次历史变迁，亦是武人崛起、士大夫逐渐边缘化的社会结构变迁的真实写照。

阎锡山除与中央层面进行博弈外，亦与山西地方社会进行博弈。为获取地方社会的合法性认同并实现自己的政治理想，他对山西进行了有效的社会治理。然这种治理究竟又做何评价？对此，张著既未用传统眼光将之视为一般军阀统治又非一味肯定阎氏功绩，而是在大量史实考证的基础上将阎氏治晋中鲜为人知的面相呈现。作者认为阎锡山为山西创造了一个相对稳定的社会生态环境，并将传统儒家思想与外来治理技术相结合而从顶层设计了“用民政治”的理论及其制度体系，随即令行全省推行。在中央政府无力控制地方财政及给予地方资金的情势下，山西通过自身解决了浩大的财政开支，将财政收入绝大部分用于军事建设并由此形成了军事化财政。阎锡山的军事财政虽给山西民众造成经济负担，但对山西稳定政治秩序是有益的。同时，作者注意到山西村治虽在制度上有所创设且取得一些成效，然在实践层面往往受传统因素与军人政治约束，存在官吏贪污腐化严重、烟赌之风难以禁绝等缺陷。军绅之间的关系并非总是士绅绝对服从军权，有时存在冲突，如士绅对阎锡山某些政治所为大肆抨击甚至进行倒阎活动，以绅权对抗军权；有时存在合作，如在防疫抗灾突发性事件中军绅合作共治使灾难迅速平息。在兴办教育方面亦走在全国前列，但阎锡山的教育思想还是相对保守的，所建学校多以洗心自省为宗旨而非大家一直肯定的那样。此外，阎锡山对宣传、舆论、底层民众政治活动管控严格，利用警察、便衣侦探控制民众言行，导致省城街巷无人敢议阎政。

综前所述，“山西模式”在政制转型中得以创建并得到山西社会普遍认同，但令人困惑的是其如何应对民国初期动荡的社会及政治秩序？张著对此做了探究并提出阎锡山“以不变应万变”和“似变而非变”的政略。阎锡山是一位实用主义政治家，其在局势尚不明朗的情况下从不轻易得罪任何一方，不失时机地与各方联络，由此被各派视作可以拉拢的对象。如阎被北洋体系接纳为真正“盟友”共同打击国民军，而南方国民政府对之亦未产生过多敌意并仍将其作为能够革命的“盟友”。北伐军兴后，阎不像李宗仁和冯玉祥等人迅速投向革命，而是观察时势并认真考量易帜的利弊得失，与各方势力开展“亲睦外交”，直到认识到蒋介石集团是最大赢家后才以索取更多政治资源为条件做出选择，放弃武汉和奉系而追随南京，进而一跃成为南京国民政府的“地方霸主”。阎锡山从辛亥革命到北伐战争都选取换旗，通过易帜成为新生政权的“革命功臣”且势力越来越大。当然，易帜现象在民国时期极普遍甚至胜过中国历史上的乱世，其不仅是政局动荡的结果，更折射出时人思想观念的巨大变化。

阎锡山走上“督抚式的革命”道路后，口头答应接受“党国体制”，实际仍维持既有统治。如其运用三民主义解释山西村本政治而使村本政治在党国体制下合法化，对原有政府结构采用党治原则进行制度和人事上的变更而使政府班底变为新体制的权力机构，山西由此披上“党治”的合法外衣，实现“新瓶装旧酒”的政治转向。然而国民党在山西的活动受到了阎锡山的严格控制，党权从属于阎的威权，山西政治秩序未发生实质性变化。阎锡山不同于其他军阀一样忙于混战，而是将农村分散的人力物力财力通过行政警察及编村制度聚集到现代化上，在山西一域扭转了清末以来国家政权“内卷化”的现象，进行开明专制，建构意识形态，获取合法性统治。阎锡山虽在打败国民军后势力扩大，但其仍将主要精力投放于山西。因此，孙传芳将之称为“厨子将军”，意指阎仅在以山西为中心的政治空间内活动而很少跳出域外参与政争，结果在新旧交替、中西碰撞的“五代式”民国，这位奉行“适中求对”的“山西厨子”构筑了特色鲜明的“山西模式”。

一般而言，研究者将某一问题谈得非常透彻，他人没谈过，这就是其学术贡献。张著利用档案史料和报刊资料系统研究了民国北京政府时期的阎锡山，解读了“山西模式”的形成、特征及其影响，这一研究貌似区域研究而实则是站在整个民国史角度探究政制转型与中国政治社会变迁关系的宏观性研究。进一步说，作者提出的“山西模式”有助于理解“五代式”的民国与20世纪前半期中国社会转型中的多重面相，更何况还能让人们重新认识那个离人们并不遥远的阎锡山。

稿　约

《民国研究》系教育部哲学社会科学重点研究基地南京大学中华民国史研究中心主办的学术专刊。创办20年来，在国内外民国史研究专家学者的关注与支持下，产生了良好的社会影响与学术效应，现为CSSCI来源集刊。

为适应民国史研究学科发展的需要，本刊现改由社会科学文献出版社每半年出版一辑。本刊主要刊载关于1949年前之中华民国时期相关史实与理论的研究文章，注重实证，提倡探索。热诚欢迎海内外专家、学者赐稿。

来稿要求文风朴实、论从史出、观点新颖、逻辑严密、引文准确、注释规范。本刊采用社会科学文献出版社的投稿格式和注释体例，请各位作者投稿前务必参照改妥，并校订无讹，否则恕不受理。

由于人力所限，对于来稿不能一一回复。作者自投稿之日起一个月未接到本刊备用通知者，请自行处理。本刊对决定采用的稿件，有权进行修改、删节。

根据著作权法规定，凡向本刊投稿者皆被认定遵守上述约定。

本刊专用电子邮箱：minguoyanjiu06@ sina. com

电话（兼传真）：025－83594638

南京大学中华民国史研究中心

《民国研究》编辑部

图书在版编目(CIP)数据

民国研究.2016年.秋季号:总第30辑/朱庆葆主编.--北京:社会科学文献出版社,2016.11

ISBN 978-7-5097-9868-3

Ⅰ.①民… Ⅱ.①朱… Ⅲ.①中国历史-现代史-研究-民国 Ⅳ.①K258.07

中国版本图书馆CIP数据核字(2016)第254822号

民国研究(2016年秋季号 总第30辑)

主　　编／朱庆葆

出 版 人／谢寿光
项目统筹／宋荣欣
责任编辑／赵　薇　夏仲壮

出　　版／社会科学文献出版社·近代史编辑室（010）59367256
地址：北京市北三环中路甲29号院华龙大厦　邮编：100029
网址：www.ssap.com.cn
发　　行／市场营销中心（010）59367081　59367018
印　　装／北京季蜂印刷有限公司

规　　格／开　本：787mm×1092mm　1/16
印　张：17　字　数：300千字
版　　次／2016年11月第1版　2016年11月第1次印刷
书　　号／ISBN 978-7-5097-9868-3
定　　价／59.00元